论公共收费

赵全厚 著

经济科学出版社

图书在版编目（CIP）数据

论公共收费/赵全厚著. —北京：经济科学出版社，2007.12
 ISBN 978-7-5058-6757-4

Ⅰ.论… Ⅱ.赵… Ⅲ.公用事业—费用—管理研究—中国 Ⅳ.F812.43

中国版本图书馆 CIP 数据核字（2007）第 186078 号

序

改革开放以来，伴随着经济体制转轨，我国公共收入体系日益规范和完善，一方面我们通过税制改革构建了基本适应社会主义市场经济发展的现代税收体系，另一方面以分税制方式就公共收入在各级政府之间进行了较为合理的划分。但是，我国公共收入体系依然有待于进一步健全和完善。其中，加强政府非税收入管理、规范政府非税收入行为是完善政府公共收入体系的重要内容。

非税收入，顾名思义，是除政府税收收入之外的公共收入。按照目前的定义，非税收入是由各级政府、国家机关、事业单位、代行政府职能的社会团体及其他组织依法利用政府权力、政府信誉、国家资源、国有资产或提供特定公共服务、准公共服务取得并用于满足社会公共需要或准公共需要的财政资金，是政府财政收入的重要组成部分。2004年财政部颁发的《关于加强政府非税收入管理的通知》明确了非税收入的管理范围，即行政事业性收费、政府性基金、国有资源有偿使用收入、国有资产有偿使用收入、国有资本经营收益、彩票公益金、罚没收入、以政府名义接受的捐赠收入、主管部门集中收入以及政府财政资金产生的利息收入等。社会保障基金、住房公积金不纳入政府非税收入管理范围。从其构成来看，非税收入主要是公共收费。所以，规范政府收费行为、管理好政府收费资金是政府非税收入管理的核心内容。

收费，作为一个分配范畴，存之久远。在财政统收统支的计划经济时期，收费收入要么被严格局限在统收统支的管理之中，要么项目零星、收入甚少，仅仅作为补充，所以政府收费行为基本上是可控的。随着财政统收统支制度逐步解体，而新的收费管理模式尚未形成，收费行为的不规范现象逐步增多，不仅广泛，而且混乱，多头立项、坐收坐支的收费行为一方面加重了社会各界的负担，扰乱了经济秩序，阻滞了市场的发育和完善，另一方面也造成分配不公和腐败浪费，引发诸多矛盾。

加强政府收费管理最早是从治理整顿"三乱"行为入手的。"乱收费、乱摊派、乱集资"等"三乱"行为，在20世纪80年代就初露苗头，政府对"三乱"行为的控制也随之着手进行。但对收费进行大规模的治理整顿却是从1997年开始的。十年来，中央政府一方面通过对收费管理权限的控制、大规模清理违规收费项目、规范收费征管程序和有步骤地开展"费改税"工作，有效地抑制了"三乱"行为的蔓延，另一方面通过纳入财政预算管理、财政专户管理，以及以"票款分离"、"收缴分离"和"收支脱钩"等为主要内容的"收支两条线"管理改革，日益强化了公共收费资金的收支管理，逐步将收费收入纳入较为规范的渠道。可以说，近年来我国公共收费管理和改革的成效是十分显著的，其经验也是很宝贵的。但也必须看到，我国目前的公共收入体系仍然存在较多问题，尤其是公共收费体系，仍然需要进一步规范，在这方面，还要结合我国社会经济特点，借鉴国际经验，继续进行改革和创新。

赵全厚同志攻读博士学位期间正值我国大规模治理"三乱"行为的初期，积极参与了对公共收费治理的理论与政策研究，并选择了公共收费作为博士研究生论文选题。本书是在作者博士论文基础上修改而成的，主要是在研究公共收费的适宜领域和合理定位的基础上，追踪我国公共收费管理和改革的历程，探索我国公共收费的改革方向和规范性对策。无论从理论上还是实践上考虑，这种研究都是非常有益的，作者也提出了一些值得参考的思路，有助于我国公共收费管理制度的完善。我祝贺该书的出版，也欣然为之作序。同时，我也希望作者继续努力，在这方面取得更大的成绩。

2007年12月6日于北京

目　录

导论 …………………………………………………………………… 1

第一章　公共收费的概念 …………………………………………… 6
第一节　既有的几种认识 …………………………………… 6
第二节　准公共产品与公共收费 …………………………… 13
第三节　政府干预与公共收费 ……………………………… 16
第四节　公共收费与收费、价格和税收等的
　　　　区别及联系 ……………………………………… 24
第五节　公共收费的种类和层次 …………………………… 34
第六节　作为公共收入重要来源的公共收费 ……………… 42

第二章　公共收费的决定 …………………………………………… 46
第一节　准公共产品的均衡问题 …………………………… 46
第二节　准公共产品的私人提供与政府提供 ……………… 60
第三节　公共定价——公共收费水平的决定方法 ………… 66
第四节　公共收费的决定程序 ……………………………… 76

第三章　公共收费的经济影响 ……………………………………… 82
第一节　公共收费对公平和效率的影响 …………………… 82
第二节　公共收费的收入效应 ……………………………… 86

第三节 矫正有害的外部性公共收费 ………………… 91
第四节 限制自然垄断的收费 ……………………………… 99
第五节 鉴定和规范产权、合理配置公共资源的收费…… 102
第六节 规范社会秩序和保障公共利益性的
　　　　行为性证照收费 …………………………………… 106
第七节 对公共收费经济影响不同意见的比较分析……… 109

第四章　我国公共收费的实证分析 ……………………… 116
第一节 我国政府收费的历史沿革 ………………………… 116
第二节 我国经济转换时期政府收费扩张的原因 ………… 128
第三节 我国政府收费的经济影响 ………………………… 133

第五章　我国公共收费的规范化 …………………………… 153
第一节 公共收费规范化的目标定位 ……………………… 153
第二节 我国目前业已采取的规范政府性收费的
　　　　措施及其评价 ……………………………………… 162
第三节 进一步规范公共收费的相关制度
　　　　建设和政策措施 …………………………………… 177
第四节 一些国家改进收费管理的经验总结和
　　　　相关案例 …………………………………………… 184
第五节 建立规范合理的收费管理和监督机制…………… 200

第六章　"费改税"与公共收费的规范化 ………………… 214
第一节 "费改税"的内涵及其目的 ……………………… 214
第二节 "费改税"对公共收费规范化的意义 …………… 217
第三节 "费改税"的项目选择 …………………………… 219
第四节 "费改税"与公路收费体系的规范化 …………… 224
第五节 农村收费的规范化与"费改税" ………………… 231

第六节 "费改税"与教育收费体系的规范化 …………… 249
第七节 社会保障税的建立 …………………………………… 259
第八节 "费改税"与房地产税费体系改革 ………………… 264
第九节 结论 …………………………………………………… 271

参考文献 ……………………………………………………… 273
后记 …………………………………………………………… 279

导　论

一、问题的提出

"乱收费"是我国经济转轨时期政府分配行为不规范的突出表现形式，也是我国目前对收费进行治理整顿和"费改税"的直接原因。我国近30年的改革开放历程，也是不断强化对"乱收费"治理的历史。然而，收费行为的混乱状态依然未能得到有效根治，甚至在某些方面愈演愈烈。收费行为的混乱造成了诸多消极影响，也拖曳了改革的进程。

收费行为的混乱有多种因素，但对收费定位的不合理以及制度创新不足是根本性原因。因此，加强对收费的研究，给收费以合理的定位就显得极为重要。

在现代经济中，税收收入是公共收入的主体，因此，有关税收的理论研究和制度设计受到广泛重视，其成果可谓浩如烟海。而收费在很多国家的公共收入体系中所占比重并不大，且主要存在于地方政府级次，所以，收费理论研究难免相形见绌，不仅数量很少，也不集中。

国外有些学者，如日本的山田浩之、美国的科斯和斯蒂格里茨、英国的阿特金森等人，在相关的理论论述中，从不同的角度对某些收费现象进行相应的阐述，其中也有许多发人深省的论述，但毕竟没有对收费进行系统的探讨，因而缺乏系统化。日本的植草益教授虽然在其《微观规制经济学》中对收费标准进行了详细的理论分析,并对日本的收费实践进行了相应的考察,但主要局限于自然垄断行业,而且也没有对收费的本质进行全面的、系统的归纳总结。

在国内,随着近年来收费混乱局势的日趋严重,收费问题引起了广泛的重视。理论界和实际工作部门也开始对收费进行相应的研究,但探讨的重点往往偏重于收费混乱的原因和危害以及如何治理乱收费,而缺乏对收费理论的系统性研究。一些研究收费的专著涉及了一些相关理论,并有所创新,但重点还是落脚在收费管理而缺乏对收费属性和定位的思辩。

实际上,充分发挥收费的作用,以及有效治理我国目前存在的收费混乱局面,需要对收费进行必要的基础性、系统性研究。这样,才能给收费以合理的定位,才能设立科学的收费管理体制,才能真正把握治理收费或进行"费改税"的确切方向。本书旨在这方面进行一些有益的探讨,希望能够起到"投石问路"或"抛砖引玉"的作用。

二、基本思路

本书是在系统地鉴定公共收费的前提下,论证公共收费存在的合理性及其积极影响,并在此基础上探索规范我国公共收费的可行之路。

在市场经济条件下,公共收费是政府干预与市场调节相结合的产物,有其适宜的领域,因而也有其存在的基础。正是由于存在着政府干预的因素,这种收费才可以名之曰"公共收费"。不过,公共收费尽管有政府干预的因素,但并不等同于政府收费,而是一个更为宽泛的范畴。同样,公共收费尽管有市场因素的存在,但并不等同于市场价格。税收、公共收费和价格有其各自的领域,即纯公共产品、准公共产品和私人产品。

公共收费是在政府干预的前提下,为社会提供特定产品或服务的生产者向该类产品或服务的受益者收取相应费用以弥补生产成本的活动。这些特定的产品或服务主要是准公共产品。

关于决定公共收费的量的因素，涉及准公共产品的均衡问题、政府干预的边界、公共定价和公共收费的决策程序。这些是公共收费合理定量的前提。因为，公共收费只有在定性科学、定量合理的情况下才能是规范的收费，才能有效发挥其积极作用。公共收费的积极作用是多方面的，既有公平或效率的因素，也有具体经济调节方面的积极影响。这些是公共收费的一般性。

我国公共收费的"特殊性"根源于我国的国情：（1）我国是一个经济转型国家，目前正处于从计划经济向社会主义市场经济的转轨过程之中；（2）我国是一个经济相对落后、市场发育不充分的发展中大国。由于公共收费的定位是相对于市场而言的，因此这两方面的因素决定了我国当前公共收费定位的独特性。我们不仅面临着公共收费观念上的更新（即公共收费不能仅仅定位于政府本位），而且不得不在观念更新的基础上进行有效的制度创新，以建立规范的公共收费机制和充分发挥公共收费的积极作用。同样，这两方面的因素也决定了我国公共收费的规范化是一个动态的调整过程，其情况极为复杂。

也正是因为如此，我国收费混乱的问题，在改革开放的近30年来，似乎成为一个久治不愈的"顽症"。然而，"乱收费"与收费的存在是两码事。乱收费造成的社会性危害与规范的公共收费的积极影响是不可同日而语的。因此，我们不能在"泼脏水的同时把婴儿也泼掉"。循着这一思路，本书通过对我国公共收费的实证分析，重点描述了经济转换时期我国公共收费的现状，分析了收费混乱的原因，论证了收费的积极影响和消极影响。隐含的结论是：公共收费存在的原因在于它对经济运行具有不可替代的作用，即公共收费形成于增进社会福利和提高经济运行效率之中。但这是以公共收费的规范有序为前提的，"没有规矩，不成方圆"，否则公共收费的积极影响就可能会被"乱收费"的危害所吞噬。在此基础上，探讨了我国公共收费的总体目标定位和公共收费规范化的阶段性任务，并提出了规范公共收费的一些制度措施。

本书中，"费改税"（狭义上的）是作为公共收费规范化的重要措施之一来看待的。这首先是因为研究主题的限制，其次也是考虑到"费改税"并不能解决所有公共收费中存在的问题，而且显然也不能把所有的收费改为税收，而且"费改税"如果不能规范有序地进行，对公共收费的规范化同样有不良的影响，因此理应纳入公共收费规范化的考虑之中。

市场经济是有"共性"的。在市场经济较为成熟的国家，公共收费的鉴定和管理是相对有序地进行的，因此也是较为规范的。在研究公共收费时，本书也不可避免地引证和借鉴了一些有益的理论成果和成功的实践经验，以达到"洋为中用"的目的。

三、框架结构

本书共分为六章。前三章主要论述了公共收费的一般性，后三章注重研究中国的特殊性。大体来看，是一个从一般到特殊的过程。

第一章：公共收费的概念。本章意在通过对公共收费的鉴定来论述公共收费的一般。首先依据社会产品的市场性划分理论（即公共产品理论）论证了公共收费的适宜领域和公共收费存在的前提或依据；其次，指出公共收费与习惯上的收费概念、政府收费的差异性，比较了公共收费和税收、价格的异同，最终得出公共收费的确切概念；最后，论述了公共收费的种类和层次。这实际上是对公共收费进行质的鉴定。

第二章：公共收费的决定。公共收费的决定是对公共收费进行量的限定。公共收费是针对准公共产品而言的。准公共产品的外溢性使得不可能单纯依靠收费来内在化其成本与受益之间的差异，还需要政府公共部门的一般性税收补贴。这说明，在准公共产品的价值决定方面，依然存在着内在效用和外溢效用的准确评价和与此相关的"搭便车"的问题。在效用价值量的决定上,准公共产品的均衡(这决定着理论上的公共收费标准)和公共定价(这是需要考虑具体情况的实际定价标准)是理论联系实际的过程,也是一个技术经济的选择或论证过程。而政府干预的边界和公共选择的程序则更多地属于政治选择问题。公共收费水准的决定是社会政治经济过程的一个综合性产物。

第三章:公共收费的经济影响。公共收费既然有其存在的合理性,就有其积极的影响。在公平与效率方面,公共收费有独特的视觉,与税收相比体现着更多的内在激励因素。公共收费机制在矫正外部性、解决"拥挤现象"、免除"公共地的悲剧"等方面有着不可代替的作用。

第四章:我国公共收费的实证分析。本章从历史纵向考察了我国收费的历史变迁,重点描述了改革开放以来我国公共收费的状态和特征,说明了政府收费混乱的原因和危害,也指出了收费对我国经济发展和经济改革的积极影响。

第五章:我国公共收费的规范化。本章论述了我国公共收费的合理定位和公共收费规范化的阶段性目标。在适当介绍和评述我国业已采取的"三乱"治理措施的基础上,提出了进一步规范我国公共收费的制度建设和政策措施。隐含的观念是,公共收费的规范化并不是一般意义上的"管住"或"控制好",而是要基于经济运行逻辑来合理定位公共收费和建立规范的公共收费机制。

第六章:"费改税"与公共收费的规范化。首先,探讨了"费改税"的内涵、目的和对公共收费规范化的意义;其次,论述了"费改税"的项目选择与公共收费规范化的关联性,并对公路收费改革、农村收费改革、教育收费改革和社会保障基金改革等进行了一定的回顾和探讨。隐含的结论是,"费改税"有助于公共收费的规范化,但公共收费的规范化是一个更为广阔的范畴和长期性的过程,"费改税"只是其中的一步。就我国的现实情况来看,公共收费的规范化"任重道远"。

第一章
公共收费的概念

公共收费经常被混同于一般的收费,但公共收费与人们经常谈论的"收费"存在着一定的差异性。而且,作为一种收入机制,公共收费与价格、税收等其他收入机制也密切相关。因此,研究公共收费问题,必须首先合理鉴定公共收费的内涵和外延。因此,在相互比较的基础上鉴定公共收费的内涵和外延是本章的目的所在,也是本书展开探讨的基础。

第一节 既有的几种认识

关于收费的概念,在国内外的有关文献中多有涉及,特别是近年来,一些收费的专门著作更是对概念问题进行了重点分析。但很明显的一个事实是,人们的认识很不一致,仅举几例:

1. 收费是指"居民生活文化服务部门"的服务或劳务价格。[①]这是以社会主义产品经济体制或计划经济体制为背景对收费进行的定义。由于在传统的社会主义计划经济体制下,只有"居民生活

---

① M.B.沙洛特科夫主编、蒋家俊等译:《非生产领域经济学》,上海译文出版社,第284页。

文化服务部门"的服务或劳务采取市场交换方式,因此把这些服务或劳务的交换价值(货币形态)不直接称为"价格"而称之为"收费"。这是因为,按照马克思主义理论,服务或劳务属于"非生产性劳动",是一种不创造社会财富或剩余价值的劳动,并且其也是一种不属于资本的劳动。① 也就是说,劳务价格是由工资规律决定的,而不是由平均利润率规律和供求规律决定的。

2. 收费是"受规制的产业部门"的价格。② 为什么说受规制产业部门的价格就成为收费呢?是因为政府的规制政策,如控制或限制价格、限制进入和退出、产品与服务的质量检验等,或者人为地抑制了平均利润率规律的自然作用,或者人为地抑制了供求规律。这必然会导致价格的扭曲,从而使生产企业受损。为了保证效率和公平,政府必须对企业给予资助或直接由国家经营。这种因政府管制而扭曲的价格,显然是不完全的价格,因此可以认为是收费。

3. 在中国特色社会主义市场经济条件下,收费是指受国家或政府规制的、存在"市场失败"(Market Failure)因素的产业或行业,公共部门(包括有关国有企事业单位)、民间团体和私人企业所提供的有偿劳务的价格。③ 这种收费概念认为收费首先不能仅仅局限于"居民生活文化服务部门"的价格,但"也不能把收费扩展为所有'国家定价'、'国家指导价'和公共部门以及国有企业所执行的价格"。

4. 收费即非商品收费,是指在一定场所,利用一定设备、工具、服务性劳动,为消费者提供某种服务所收取的费用。④

5. 收费,不是指商品经济中那种卖出商品同时就收回货币或

---

① 《马克思恩格斯全集》26 卷 I,人民出版社 1972 年版,第 435 页。
② [日] 植草益著:《微观规制经济学》,中国发展出版社 1992 年版,第 65 页。
③ 赵振东、张念瑜主编:《收费理论与收费管理》,中国物价出版社 1995 年版,第 3 页。
④ 乔荣章主编:《价格管理词典》,中国物资出版社,第 81 页。

支付货币同时享受服务的交换行为,而是专指某些社会政治、经济组织利用国家或各级政府的行政权力,在实施某项社会经济管理职能过程中向社会团体或个人收取费用的行为。① 收费具有行政的强制性、无偿性和非等价性、税收的可逆性等三个基本特性。

6. 收费是受社会公共机构规制的无形产品的比例价,同时又是补充国家财力的继补税。简言之,收费是价格与税收的交集。② 这种观点的进一步解释是:"收费是个独特的经济范畴,是不能由价格范畴或税收范畴统而揽之的范畴,是介于价格和税收之间,既与价格相联系,又与价格和税收相区别的经济范畴"。

提出这一认识的作者还列举了目前国内对收费界定的几种主张:

(1) 认为收费是行政性收费,事业性收费和经营性收费因侧重于考虑价值补偿问题而应该纳入价格体系。这是收费的税收性质论;认为事业性收费和经营性收费才是收费的真实内容,而行政性收费理应并入税收之中。这是收费的价格性质论;认为收费只包括行政性收费和事业性收费两部分,经营性收费与价格无异。这是强调收费的政府行为和政策因素;认为收费包括行政性、事业性和经营性收费三大块。因为这是收费管理职能部门的业务。至于集资、摊派、基金、罚款、各种学会、协会和研究会会费则不在其列,业务不属于收费职能部门的业务之内;认为收费包括行政性、事业性、经营性收费,也包括集资、摊派、罚款和基金等一切导致"三乱"的筹资行为。这是出于治理"三乱"的需要出发的管理性收费概念。③

(2) 政府收费是以交换或提供直接服务为基础的收入形式。收费与税收的根本区别在于,收费以交换或提供直接服务为基础,

---

① 陈绍森主编:《收费管理学》,中国财政经济出版社1997年版,第2页。
② 伍世安著:《中国收费研究》,中国财政经济出版社1997年版,第10页。
③ 伍世安著:《中国收费研究》,中国财政经济出版社1997年版,第9页。

税收则以政治权力为基础。①

（3）政府因提供公共产品和公共服务而向公众收取财力时，可采取多种形式。税收和收费本质上是一样的，都属于政府收入。两者的区别在于：纳税与公共产品和服务的具体受益不发生直接的对应关系，付费则与公共产品和服务的具体受益存在直接对应。换言之，政府可把税收收入用做社会成员转移支付的来源，而收费收入却不具备转移支付功能，只用做弥补提供公共产品或服务的成本费用。②

（4）财政性收费是以交换为基础的收入形式。财政性收费虽然也有法律的规定，但本质上是以交换为基础的，即消费者一手交钱，一手获得公共消费。③

（5）所谓"费"，是指政府部门、企业和事业单位由于给受益人提供一定劳务或者资源、资金使用权而向受益者收取的费用。它通常包括：国家机关收费，即行政性收费；公用事业收费，即事业性收费；公益服务收费；中介服务收费；经营性收费。传统意义上的规费是由国家机关向部分社会成员提供特定的劳务服务而按照规定标准收取的成本补偿，具有等价性补偿和自愿等特征，规费的收付是一种准商品货币关系。④

（6）收费主要是规费和使用费，其中，规费是国家行政、司法、民政和工商行政管理等部门在特定范围内，对居民、企业、团体或其他单位提供某些特定劳务服务，或履行政府职能，收取的一种工本费和手续费，如商标注册费、企业登记费、公正费等，目的

---

① 高培勇：《市场经济条件下的中国税收与税制》，《"费改税"经济学界如是说》，经济科学出版社1998年版，第6页。
② 贾康：《财政若干问题研究》，《税费改革问题研究》，经济科学出版社2000年版，第118页。
③ 吴俊培：《税费简论》，《"费改税"经济学界如是说》，经济科学出版社1999年版。
④ 张培森：《"费改税"：利益关系调整中一个不轻松的话题》，《"费改税"经济学界如是说》，经济科学出版社1999年版，第57页。

是"以费促管",便于对某些特定事项进行管理和提高效益。也是对国家机关提供劳务或服务成本的一种补偿。使用费也是在特定范围内,政府部门向特定公共设施和公共服务使用者收取的费用,如行使车辆使用高速公路的收费、桥梁通过费等。两种收费的标准都约束在成本费用限度内,不以财政收入为目的,专款专用,满足缴费人特定需要,用于特定支出,在交费与受益之间基本上具有直接的对等补偿性质。收费的范围、标准、时间,也都较为灵活,可因地区、部门而有所不同。费与税的一个最大的区别,在于是否无偿。①

(7) 税收收入和收费收入都是国家财政收入形式之一。作为国家财政收入形式,虽然其调节对象有区分,但它们都是由于市场调节失败而产生的政府调节工具,这从本质上决定了两者的征收目的都是非营利性的,一般不能像私人产品那样进行企业化经营。但是,另一方面,税收和收费这两种不同的财政收入形式的定位又是不同的。具体而言,税收服务于公共产品,而收费则主要服务于准公共产品。这是由公共产品和准公共产品的特性所决定的。②

(8) 政府以何种形式占有经济资源,是由所提供公共产品的性质决定的。政府提供纯公共产品发生的费用,只能以税收来补偿,不能以收费来补偿。相反,政府提供准公共产品所发生的费用,则不能全部由税收来补偿。准公共产品的生产费用,应当由税收和收费两种形式来补偿。对某一准公共产品,应当在多大范围或程度上用税收补偿,在多大范围或程度上用收费补偿,主要取决于两个因素:受益程度和生产成本与交易成本的高低。③

---

① 王诚尧:《改革税小费大的不合理分配格局》,《"费改税"经济学界如是说》,经济科学出版社1999年版,第90页。
② 邓力平:《关于税费改革的四点看法》,《"费改税"经济学界如是说》,经济科学出版社1999年版,第128页。
③ 马国强:《论税收与政府收费的合理定位》,《"费改税"经济学界如是说》,经济科学出版社1999年版,第140~141页。

(9)税收具有固定性、强制性、无偿性,收费则具有灵活性、适度强制性、补偿性,并且税收还具有程序性,需要经过严格的立法程序,收费一般只需要通过行政程序即可;税收的征收对象具有普遍性,向税法规定范围内的所有纳税人普遍征收,依法纳税是每个公民的义务;收费的征收对象是特定的受益者,只有涉及某些特定行政管理和享受某些特定服务的直接受益者才缴费,具有受益与支出的直接对应性;税收收入由国家统筹使用,一般与政府的事权挂钩,用于一般性的财政支出,满足共同需要,收费除了一小部分"规费收入"上缴国家财政统筹外,其余一般与特定的行为挂钩,用于特定支出,满足特定需要,基本上具有对等补偿性质;税收一般具有弹性,随着经济的发展、收入的提高而增加,又随着经济萎缩而减少,而收费一般具有刚性,并且也不考虑受益者的支付能力。①

(10)公共部门的收费是提供混合商品(准公共产品,又称混合商品,具有公共产品和私人产品的双重性质)的价格,它构成政府收入的重要组成部分。一般来说,收费作为混合商品的价格,是介于集体产权和私人产权制度之间的混合商品产权鉴定的方式之一。通过受益人交费和政府征税,可以较好地解决在混合商品供给过程中生产什么、怎样生产和为谁生产的问题。②

(11)政府收费是指国家行政机关、司法机关及其授权单位为行使特定的社会管理职能而向被管理者或受处罚者收取一定数量的货币或同值财产。政府收费这一范畴不包括资源性收费,也不包括公共事业性收费和公用事业性收费这两类使用性收费。资源性收费名费实租,公共事业性收费和公用事业性收费这两类使用性收费属于价格的范畴,是指国家通过事业单位、国有企业或

---

① 刘尚希:《"税"与"费"关系简论》,《"费改税"经济学界如是说》,经济科学出版社1999年版,第165页。
② 许建国:《地方政府收费的制度分析》,《"费改税"经济学界如是说》,经济科学出版社1999年版,第236页。

私营企业提供非纯公共产品或自然垄断产品，以商品所有权为依托，以对等交换（不一定为等价交换）方式所收取的使用服务费。另外，政府收费的概念与西方国家的规费收入也有差别，原因在于：虽然一般认为规费具有强制性，包括行政规费和司法规费两类，但西方国家在理论上和实践中都有将使用费列计规费收入的情况，容易产生混淆；规费不包括受处罚缴纳的惩罚性收费，范围较政府收费小。①

（12）收费，从财政角度看，也是属于非税收入，但必须指出，非税收入并不等价于收费。非税收入一般包括三类：第一，国有企业、资产和事业型企业的收入；第二，规费和国有事业单位的营运收入，如政府医院、学校、博物馆的收费；第三，罚没收入。在实际中，无论是收费还是非税收入，在不同的国家和一个国家的不同时期都存在着差异。② 事实上，就我国目前的情况来看，公共收费与非税收入的非等同性，尽管迄今为止还没有进行系统的探讨，但二者之间的差异也是明显的。首先，我国目前确定的非税收入中，诸如利息收入、国有资本经营收益、彩票公益金、以政府名义接受的捐赠收入等，显然不属于公共收费范畴。当然，政府非税收入一般主要是公共收费。其次，像社保基金、住房公积金、一些公用事业和公益事业机构的服务性收费等收入项目也并没有纳入非税收入管理范畴。

显然，以上给出的各种概念之间的差异，主要不是表达方式和所涉及内容的不同，而是对收费内涵的不同鉴定，对收费性质特征的认识不一致。进一步说，在于对收费运动内在规律的不同理解。为了解决这一问题，建立比较科学的概念，必须从对收费内在规律性的分析入手。本书首先研究公共收费的内在规律性，然后再分析一般收费及公共收费与税收、价格的关系。本书所说的公共收费是

---

① 杨斌：《政府税外收费的理论研究和实证分析》，《"费改税"经济学界如是说》，经济科学出版社1999年版，第250页。

② 汪洋主编：《收费管理概论》，中国物价出版社2002年版。

指为维持特定社会产品的生产或弥补特定社会公共服务的成本费用而向受益者征收相应收入的一种机制。

第二节 准公共产品与公共收费

公共收费收入是针对特定的社会产品或特定的公共服务的。这种产品或服务的"特定性"取决于社会产品的划分。公共产品理论给出了市场经济条件下的社会产品划分标准。

一、社会产品的市场性划分

按照公共产品理论，社会产品基本上分为公共产品和私人产品。所谓公共产品是相对于私人产品而言的。

所谓私人产品是指那些在消费上具有竞争性和排他性的物品与劳务。竞争性是指消费的独占性，即某一消费者对一定数量的某种私人产品的享用，实际上排除了其他消费者对该种物品的同时享用。例如，按台出售的电冰箱，当某一消费者将一台电冰箱购入家中后，其他消费者就不能同时拥有和享用这台电冰箱。消费的排他性是指，在技术上有切实有效的办法将拒绝为之付款的消费者排除在产品或劳务的受益范围之外。同样以电冰箱为例，在技术上的排他性就表现为可以按台划分，而且简便易行。这可以轻而易举地将拒绝付费者排除在外，而出价购买的消费者可以按技术划分单位来享受该种产品的全额效用。其他消费者如果想享受电冰箱的效用只能另行购买，从而相应增加了消费成本。也就是说，私人产品消费的边际成本显然是不为零的。

相对于私人产品而言，公共产品在消费特性上正好成为私人产品的对立面，即公共产品的消费既没有竞争性，也没有排他性。例如，国防提供的安全保障，只要生活在该国境内，任何人都自动享受这种服务，不可能创造一种市场将为之付款的人同拒绝为之付款的人区分开来。这就是消费的非排他性。而且，尽管人口与日俱增，但只要生活在该国境内，任何人都不会因此而减少其所享受的国防安全保障。也就是说，增加一个消费者不会减少任何一个人对该产品的消费量，其消费造成的边际成本为零。这就是消费的非竞争性。由此可见，国防就是一个典型的公共产品。公共产品，简言之，是指为一个人所用的，也可以在没有任何额外成本的情况下同时为他人所用的物品或服务。

私人产品和公共产品消费特性的不同也决定了由市场提供这两种性质不同产品的效率不同。私人产品因具有消费的竞争性和排他性，因此在技术上易于分割且较易形成明确的产权，从而为有效的市场交易奠定了基础。也正是因为如此，市场成为提供私人产品的有效机制。也就是说，该类物品适宜采取价格方式。相反，公共产品由于其消费的非竞争性或非排他性，使得其私有产权的实现较为困难（或几乎不可能）。因此该类物品缺乏交换的基础，是市场失效的领域，往往需要政府采取赋税制度来生产和提供，以满足社会必要需求。

显然，公共收费所针对的"特定"产品或服务既不是纯粹的公共产品，也不是纯粹的私人产品。这是因为，纯粹的公共产品的提供通过赋税制度即可解决，纯粹的私人产品的提供属于市场机制的作用领域。但是，有一类产品介于纯粹公共产品和私人产品之间，既具有纯粹公共产品的成分，也具有私人产品的成分。该类产品采用赋税制度和市场方式提供都有困难，从而为公共收费制度提供了空间，这类产品就是准公共产品。

概而言之，准公共产品是或者具有消费的竞争性但无排他性，或者具有消费的排他性但无竞争性的，或者只是具有有限的排他性和有限的竞争性物品。例如草原，当某一个人在草原上放牧时，该放牧者与这块草原的其他放牧者之间在消费上就具有竞争性关系，但却具有非排他性（或者说，即使能够实现排他性，但因费用高昂，很可能得不偿失）。再比如公路，在消费达到饱和点时，既具有消费的有限竞争性，也具有消费的有限排他性。总之，准公共产品就是那些既不能同时满足公共物品的消费特征，也不能同时满足私人物品的消费特征的物品。

准公共产品由于其生产或消费的特征介于公共物品和私人物品之间，因此，无论从公平还是从效率的角度来看，需要政府和市场的同时介入。政府的作用主要是校正准公共产品的外部性（亦即外部效应的内部化），市场的作用主要是体现受益的对应性，亦即体现谁受益谁付费的原则。正是因为政府和市场的同时介入，使得该类产品或服务的收入组织机制发生了变异，从而派生出公共收费机制。因此，我们可以认为，公共收费存在的适宜领域或"特定"领域是准公共产品。

二、准公共产品的外溢性

物品的非排他性决定了该类物品不可能定价出售，因为不按价格付款的人无法排除。物品的非竞争性虽然并不排斥定价的可能性，但既然是非竞争性，那么向额外消费者提供这种物品的成本为零，因而收取的边际价格也应该是零。前者直接决定了物品效用的共享性，而后者则使得这种共享性更为经济（因为你的享受不影响我的享受，但如果我要想排除你则还需要一笔额外的排除费用）。对单个生产者或消费者而言，物品的共享性决定了物品效用的外溢性。外溢性越大，私人通过市场直接生产或消费的可能性就越小。

由于纯公共产品具有完全的非排他性和非竞争性，因此该类物品的效用是完全外溢的，而私人产品却恰恰相反，其效用是完全内敛的，或者说其效用是能够完全内在化的。介于二者之间的准公共产品，其效用显然只具有有限的外溢性（即外溢性介于 0~100% 之间）。这样，我们也可以说，公共收费的适宜领域是具有有限外溢性的产品或服务，亦即准公共产品。

第三节 政府干预与公共收费

虽然我们认为公共收费的适宜领域是准公共产品，并找到了其合理存在的物质基础，但不能因此认为准公共产品领域的收入补偿机制只能是公共收费。也就是说，这并不意味着所有的准公共产品都可以纳入公共收费的范畴。该命题的不可逆性在于，公共收费的存在还需要以政府干预，即政府部门进行生产或管制为前提。然而，政府干预由于存在着种种原因，不可能覆盖整个准公共产品领域。

一、政府对一些准公共产品不干预和干预方式变化的理由

第一，有时一些特定产品或服务虽然因市场难以充分发挥其应有的配置作用而使其低效运行，但由于知识不足、信息不全、甚至存在着难以协调的利益冲突，政府性公共部门也就难以及时充分地意识到这些问题并实施有效的规制，因此也就不存在规范的公共收费制度。例如，环境保护只是在严重危及到人类的生存环境和生态平衡时，政府性公共部门才逐步将干预范围扩展到这一领域。

第二，有些准公共产品虽然存在着外溢性，但由于涉及的范围和人数较小，私人通过制度创新（如一体化），完全可以自行内在化其效用外溢性，从而属于市场价格范畴。

第三，有些场合，即使私人因受益范围较广和受益人数众多而难以内在化外溢性，但在政府干预不经济情况下，仍然是采取市场价格方式运行。只不过，可能存在着产量不足、价格垄断等方面的问题。

第四，在社会经济生活中存在着所谓的"第三部门"，亦即慈善家、慈善组织或非营利民间组织。这些组织进行的义务捐献或义务活动在一定程度上也能够弥补市场调节功能的不足。①

第五，政府对准公共产品的干预方式不同也决定着收入补偿机制的不同。比如，政府通过法令，严格限制排污，超标者给予重罚，那么污染制造者只能通过安装污染净化设备来内在化其外部效应，从而以价格方式实现补偿。同样的情况，政府也可以创造排污许可证市场，通过市场交易实现排污标准的有效控制。在这里，也同时包含着政府因此种干预方式而产生的制度创新和实施的交易成本费用，由税收进行补偿。

尽管有第五项因素的存在，我们仍然可以认为，公共收费的存在是以政府干预（包括政府生产、规制和提供等）为前提，以特定的产品或服务（即准公共产品）为基础。这是因为：政府干预和政府干预的方式是两码事，所遗留的问题只是进一步研究政府干

---

① 第三部门是以非政府形式提供公共产品的一种机制，亦即民间公益事业。在现代经济，它是独立于政府和市场之外而成其为"第三部门"的。一般来说，人类只要存在就会产生公共需求，也因此存在着为满足公共需求的"搭便车"困境。中国的谚语：供水问题，随着和尚规模的数学级数的增加，就变得越来越难了。但实际上，在有效的公共权力组织产生以前或在公共权力组织力所不及的地方，"供水问题"（即所谓的公共生产或消费的搭便车问题）似乎也没有影响人类的"可持续发展"。其道理很简单：因为人总得活着，但其原因分析可能很复杂。综观人类的发展史，慈善事业显然是有效解决这一问题的重要形式。综观人类的发展史，慈善事业的动机有多种：(1) 利他主义的牺牲奉献精神。(2) "与己无损，与人方便"，正如罗马诗人恩尼乌斯的名句"好心为迷路者带路的人，就像用自己的火把点燃他人的火把，他的火把不会因为点亮了朋友的火把而变得昏暗"。(3) "署名公益"，即"花钱买名声"，这可以满足一些人的"名誉偏好"，或者通过"广告效应"在其他方面谋取经济效益。(4) "赎罪"效应。一些人，或者因为以前的"十恶不赦"，或者是因为从前的"无意过失"，而给他人或社会造成"负外部效应"，需要通过捐献性或公益性方式来"矫正"，其中也包含着"为解脱个人心中炼狱"的自利因素。(5) "以公益谋权力"，也就是"收买人心，徐图霸业"。(6) 避税的需要。这是私人与政府"博弈"的结果。据王绍光收集的资料显示：20 世纪 90 年代初，美国公民的志愿捐款平均占其收入的 1.7%，而同期加拿大与英国人的捐款均不到其收入的 1%。如果将对宗教团体的捐款除外，在 20 世纪 80 年代末，美国人的捐款仅仅是其收入的 0.57%。而欧洲国家的这一比率要低的多：德国为 0.18%，法国为 0.13%。可见，第三部门在公共产品生产中所占据的份额不大。更何况，总的来说，第三部门目前存在着"慈善不足"（即商业行为明显）和"独立不足"（愈益依赖政府）的分化倾向。而且，私人公益性捐献也基本上不存在收费问题。即使有时存在收费问题，也可以纳入私人从事公共产品生产的规制方面。因此，在我们的分析中，从个人一般理性出发，仍然以政府与市场两个部门的对比为主。有关第三部门的详细情况，可以参阅秦晖：《政府与企业以外的现代化》，浙江人民出版社 1999 年版。

预的具体方式问题。而且，在准公共产品领域里，由于存在着市场介入的可能性，采取公共收费方式效率更高，从而也成为各国政府的首选工具。在OECD（经合组织）环境委员会的早期研究中，通过对意大利、瑞典、美国、法国、联邦德国、荷兰等六国的经济性污染控制手段的列举式研究，发现在85种控制方法中，收费占50%，补贴占30%。由此可见公共收费在矫正外部性方面的重要作用。实际上，即使是税收，即所谓皮古提出的著名修正性税收，也是依据收益或公害的程度而确定的征收额，其实质仍然是收费性质。

简而言之，如果一个社会根本不存在政治和经济的权力中心，而是完全以个体自由竞争为准则，那么即使存在着所谓的"特定"产品或服务，也不可能建立规范的公共收费机制。因此，鉴定公共收费必须根据产品或服务的特性来探讨政府生产或提供（亦即政府干预）特定产品或服务的可行性。

公共收费存在的具体领域是随着政府性公共部门职能的变化而变动的，而政府的行为往往又基于客观经济环境，或者说基于特定产品或服务的生产或消费特性。在现代市场经济条件下，政府性公共部门的职能呈逐步扩展之势，干预范围增大，因此公共收费的范围也较为宽阔。总的来说，政府性公共部门的职能在于矫正或弥补市场缺陷，维护市场运行。公共收费作为政府性公共部门的重要资金来源必须服从政府的职能目标。

那么，在政府干预的具体项目中，公共收费可触及的范围有哪些？这需要进一步考察政府干预的范围。

二、政府干预具体项目的产品属性鉴定

按照西方经济理论，政府为矫正市场缺陷、维护市场运行一般要涉足如下方面的产品或服务：

（一）维护市场运行、提供公共产品

这是指狭义的公共产品，其基本定义前面业已阐述，如国防、制度规则、公共工程等。其中，也包括着准公共产品，如公园、拥挤的道路、图书馆等。

(二) 消除外部性

经济的外部性是指一定的生产者和消费者的行为对其他生产者和消费者所造成的福利增加或者是福利减少，而且这些福利的损益难以通过市场价格表现出来。例如，一家排放烟尘的工厂虽然能使厂商获利，但却可能污染邻近地区的空气，给邻近住户带来损害。再比如，私人修建一个用于指导航海的灯塔，不仅能用于引导自己的船只航行，而且在此领域内的其他船只也可以借此航行，可以从中受益。这些均可产生外部性。只不过前者是将生产物品的部分成本（治理污染的成本）摊给他人，摊给社会，而后者是将部分受益（或收益）溢出，使社会受益。前者属于公害品的溢出，因为污染最终需要社会花费大量的成本来治理。后者属于公益品的生产，因为社会无须任何更多花费就可坐享其成。正是由于这些生产或消费行为的成本或收益的外溢使得生产或消费某种产品的边际成本和边际收益，私人成本和私人收益之间出现不同程度的偏离，产生差异。就个人理性（也可认为是有限理性）来说，每个人都想收益最大化，成本最小化。这最终会导致公害品越来越多，公益品越来越少，整个社会的资源配置存在着低效和浪费情况。这也客观上产生了对游离于交易双方，超越个人理性的第三者（比如政府）进行调节的需求，以矫正外部性，实现外溢性的内在化。

外部效应的内在化，亦即消除外部性的过程，实际上就是将该类产品或服务的私人成本或受益与相应的社会受益或成本之间的差异通过政府干预加以矫正的过程。

一般来说，政府在矫正外部性时往往采取直接管制或基于市场的经济激励方式。直接管制是政府完全以非市场途径（即规章制度）对诸如环境污染等外部性的直接干预，包括命令和控制（这种处理方式，从政府干预的角度来看，是将其当做纯公共产品进行的）。但更多的是采取经济激励的方式。所谓经济激励，是指从影响成本和收益入手，利用市场机制，采取鼓励性或限制性措施来矫正外部性。这种采取经济性激励措施消除外部性的服务是基于市场，以修缮市场、增进市场功能为准则的，也是针对相对有限的受益者，因而属于准公共产品范畴。也就是说，这类服务的效用只具有有限的外溢性。经济性激励措施一般包括对生产行为或产品实行税收、收费或补贴，其目的在于矫正成本或收益的外溢性从而使社会产出达到最优配置。

（三）反自然垄断

市场性垄断造成了垄断者利用垄断权力操纵市场，人为降低产量和提高价格，这使得资源的配置效率极为低下。政府的重要职责是要维护市场的正常运行，因此反垄断是政府干预的重要内容。但对自然垄断而言，由于技术的原因使得某种产品的生产只有集中进行才能取得规模经济效果。但自然垄断毕竟也是一种垄断，如果对这种垄断采取放任态度，往往会使垄断低效吞噬因集中进行生产所具有的规模经济效益。因此，政府必须在维持适度集中生产与规制垄断造成的低效之间进行权衡。

对一般性市场垄断，政府往往根据反垄断法将那些有碍效率增进的垄断企业拆散为若干个独立经营的公司，以维持市场竞争活力。但对自然垄断企业则只能在保持一定规模经济的基础上，减少垄断低效。因此，政府规制的方法通常是采取以价格管制（或公共定价）和质量监测为主的经济性措施。在这里，所谓的公共定价也就是管制性价格，即公共收费。这种管制价格的公共收费属性在于，政府管制不仅限制了竞争（存在着准入和准出障碍），而且使售卖价格大大低于本来由市场决定的垄断价格。这说明规制也可以认为是一种准公共产品。

自然垄断或矫正自然垄断成为准公共产品的原因是，社会能够容忍自然垄断存在的原因在于，在自然垄断行业中生产的集中产生了能够明显增进社会福利的规模经济效益或范围经济效益，但这种对集中性生产（即只有采取联合生产方式才能取得更好的效益，或曰这种生产的排他性显得不经济）的容忍必然在一定程度上造成了垄断高价、产量不足和垄断企业缺乏技术革新及制度创新的动力从而抑制了生产效率的提高和侵蚀了消费者利益。这实际上也是一种有害的外在性。社会公共部门在矫正这种外在性方面承担着重要的职责，以在确保规模经济或范围经济的同时消除垄断造成的不必要的负面影响。由此可见，反自然垄断，或矫正自然垄断的负面外部性影响，同样是一种准公共产品。

（四）沟通信息

所谓信息不对称，是指供求双方对同一个产品或服务了解的程度是不一样的，这很容易造成交易量过小甚至市场消失，引起市场缺陷的产生。因此，政府需要通过相关制度法规和政策措施强化对信息交流的引导与规范，尽可能消除信息不全和信息不对称而引发的高昂交易费用及生产与交易行为中存在的诸多不公平、不正义现象。

（五）公平分配和熨平经济周期

公平收入分配和熨平经济周期的活动是具有完全外溢性的公共服务。即使在市场经济最为发达完善的领域，社会收入分配差距的扩大和经济的周期性波动也是不可避免的，甚至是愈演愈烈的。这是由市场经济运行发展的内在逻辑导致的。从社会正义原则和道德原则来看，甚至从维持经济运行的可持续性来看，公平社会收入分配、熨平经济周期是经济社会所必须的产品或服务。但对私人部门而言，一方面由于单个个体难以影响全局，另一方面则由于这些产品或服务具有完全的外溢性，存在着完全的"搭便车"行为，更何况这些产品或服务是超然于市场之外的东西，因此理性的个人全然不愿提供这些产品或服务。即使是慈善家（或利他主义者），有时可能会捐献诸如战斗机、道路、公园等无偿性的公共产品，但也无力或无法提供公平分配和熨平经济周期等服务。

这样，公平社会分配和熨平经济周期虽然也是政府干预的重要内容，但由于这些公共服务是市场无法涉足的领域，因此只能以一般性的税收机制来加以矫正。如果说准公共产品（狭义的）的提供、矫正外部性和反自然垄断等是源于物品的生产与消费特性而使市场机制难以充分发挥作用的话，那么公平收入分配和熨平经济周期则是伴随市场运行且外在于市场的活动。也就是说，前者是属于微观领域的市场调节不充分，而后者则是属于宏观领域的、市场难以企及的领域。由于公共收费是市场和政府干预共同介入的结果，因此在市场机制难以企及的领域显然不是公共收费有效发挥作用的领域。

三、简要推论

从以上分析可知，在政府干预的主要项目中，狭义的准公共产品、矫正外部性和反自然垄断均可统一于广义的准公共产品，主要采取公共收费的方式来筹集所需费用。这样，在政府干预的前提下，公共收费具体存在的领域基本上是包括这三项在内的广义的准公共产品。但是，这同样是仅就一般情况或内在规律而言的，在实践中并不排除各种政府收入形式之间在一定条件下的代换，特别是在名称上，往往有滥用的问题。

正是由于一些产品或服务（如纯公共产品和准公共产品）存在着市场难以涉足或难以有效运作的问题，才产生了政府干预、政府介入的公共需求。然而，政府性公共部门生产或提供这些产品和服务同样也是有成本的，需要筹集相应的资金来源。

政府干预（即政府生产或提供）的方式不同，为公共服务筹集所需费用的渠道和方法也就不同。而且，在市场经济条件下，政府对资源的配置只是辅助性的，充分发挥市场对资源的基础配置作用也是政府经济运作的主要目的。因此，公共部门的收入组织方式要尽可能地不妨碍（甚至激励）市场功能的发挥。这在客观上要求公共部门依据所提供的产品或服务性质和方式的不同而分为税收、收费、财产收入、公债，甚至价格等。

税收是国家根据相关法律强制地、无偿地和规范地向纳税人征收收入的收入组织形式；收费是公共部门因提供特定产品或服务（即准公共产品）而向直接受益者收取的成本费用；公债则是政府以债务人的身份，采取信用的方式，向公债购买者筹集的收入；财产收入可以认为是国家出售其拥有的财产而取得的收入。

一般来说，各种收入方式的选择要依据公共部门提供的产品或服务的类别和具体实际情况而定。但在一定条件下，一些收入方式可以相互转化，如公债，实际上是属于政府税收收入或收费收入的一种提前预支，究竟公债收入最终需要由税收抵补还是需要由收费抵补，则要依据实际情况而定。如果不考虑其他因素，如果通过公债筹资提供了准公共产品，如地方政府利用公债建立了一所高等学校，那么公平而有效率的方式就是采取部分收费（或主要是收费）的方式来抵补公债的还本付息；如果公债是用于国防开支，那么利用未来税收收入进行抵补是有效率的，也是公平的。

税收和收费也同样可以进行相应的转换。例如，受益税在本质上是依据受益者付费原则进行的，因此基本上和收费是同质的。像社会保障税这样的税收，也可以采取社会保障基金或收费进行组织，关键是看哪种收入组织方式更能够节约交易费用，也就是说有更高的征收效率。有时，同样的政府干预性物品，如治理污染，政府如果直接采取法律和行政手段来限制污染的话，这种干预成本的补偿显然宜于采取征税的方式；但政府仍然可以采取收费的方式来干预，而且这已是很普遍的现象。在有些场合，税收与收费的可逆性也使得"费改税"或"税改费"即使不与"乱收费"、"以费代税"或者"以税代费"相联系也是可行的。

不过，这种可逆性或可转换性只是在一定的场合才能成立。总的来说，基于公平和效率的考虑，各种公共收入形式各有其较为适宜的领域，而不能随意"窜位"，否则往往会扰乱经济发展秩序，也会使公共收入体系陷入无序状态。为此，我们可以通过相互间的比较来阐明各自合理定位的必要性。

第四节 公共收费与收费、价格和税收等的区别及联系

如前所说,公共收费与人们经常谈论的"收费"存在着一定的差异性,与价格和税收有密切的关系,而且,也正是因为如此,人们往往难以清晰界定公共收费的内涵与外延,因此在界定公共收费的概念时,我们有必要基于市场重新看待相互间的关系。

一、公共收费与习惯性"收费"称谓

收费是一个人们经常谈论的概念。比如,娱乐性收费、电费、水费、咨询费、代理费、运费、租用费、检验费、培训费、医疗费、教育收费和集资、广告费、保险费、治安费及管理费等。

显然,人们习惯上所称谓的"收费"概念是一个相对宽泛的概念,其中,既包括公共收费,也包括价格范畴,甚至包括税收范畴。比如,一些娱乐费、培训费、代理费、广告费和咨询费本来应该属于市场价格范畴;一些教育集资或收费、管理费、治安费应该是税收范畴,或者是"以费代税"的内容;像水费、电话费、公园门票费等才属于公共收费范畴。

公共收费与人们习惯性"收费"产生差异的原因可能主要在于"理性鉴定"和"习惯称谓"之间的标准不同。另一方面似乎又与我国计划经济时期和市场经济时期,社会产品的划分标准不同相关。在计划经济时期,社会产品主要是以物质产品或非物质产品来划分的,而只有物质产品才具有价值(或者说才能凝聚劳动的价值),而非物质产品只是为生产物质产品服务的,因此只能是非生产性劳动服务的补偿,故称之为收费。另外,也有人认为,在计划经济时期,生产资料不是商品,只有关系人民生活的物质文化部门的服务才利用了"商品的外壳",所以这方面产品的价格称为收

费。但在市场经济条件下,社会产品的划分首先要以市场调节能力为基准,在市场失灵的地方往往是纯公共产品或准公共产品,而在市场能够有效调节的地方,其产品则是私人产品。公共收费的适宜领域是准公共产品。因此,社会产品的划分标准不同,也可能是习惯性收费概念与公共收费概念的内涵和外延不一致的重要原因。

另外,我国在经济转轨时期,税费价体系混乱也是混淆概念的原因之一。但这些论述显然并不想改变习惯,而是作一些必要的说明。

二、公共收费与政府收费

公共收费与政府收费的差异不只是表现在收费的主体不同,而且表现在收费的内容和收费资金的流向也不完全相同。总的说来,公共收费是一个比政府收费更为宽泛的概念。

从字面上理解,政府收费是以政府为主体的收费。在市场经济条件下,由于政府的主要职能是生产和提供公共产品或服务,所以政府收费实际上也就被纳入公共收费范畴之中。不过,在计划经济条件下,由于政府几乎包揽了一切社会产品的生产和供应,因此政府收费的外延就相对宽泛。也就是说,在计划经济条件下的政府收费不仅包括公共收费,而且包含了私人产品的价格费用。这是从收费主体生产什么来看待政府收费的内涵和外延的。

从收费主体的结构来看,"政府"的概念如何鉴定也决定着政府收费与公共收费的差异。政府仅仅是代表政府行政管理部门,还是包括司法、立法部门,甚至包括从事准公共产品或服务的国有企业?一般的理解是"政府"代表着履行国家职能的社会公共权力部门。这意味着,从事准公共产品或服务的国有企业可能不在其列,更何况从事这些特定生产的私人企业。但有一点目前是能够达成共识的,那就是从事市场性产品(即私人产品)的国有企业的销售收入不属于公共收费范畴,而是属于价格范畴。

从收费收入的流向来看,政府收费收入往往直接纳入财政收入(包括我国现行的预算内和预算外,甚至体制外)。但从事准公共产品生产的国有企事业单位的收费收入一般不应该属于政府收费的范畴。即使有时承认从事该类产品或服务的国有企业的收费收入也为政府收费，其收费收入往往不直接纳入财政预算收入，虽然其利润（如果有的话）也会上缴政府财政或冲抵政府拨款。然而，从事准公共产品或服务的私人企业的收费收入则肯定不能纳入财政收入范畴（这是由产权决定的），而必须形成企业收入，弥补其生产经营费用。在许多市场经济国家，私人从事准公共产品或服务生产是司空见惯的事情。这说明，公共收费收入并不等同于政府财政收入，尽管从实际情况来看，大部分公共收费收入形成公共收入或财政收入（这是因为直接通过大量该类产品的缘故）。在这里，私人从事的准公共产品的生产并不是指那些能够由私人自行在市场上内在化外溢性的情况，而是指在政府规制下的私人生产行为（也就是说，外部性的解决仍然需要通过政府干预来消除）。

从长远来看，政府的产生和政府规模的相对扩展是出于社会性管理的需求。也就是说，政府组织本身在很大程度上是公共需求的产物。因为，从社会组织效率来看，即使有时存在着坏的政府也比无政府要好得多。因此，在政府干预前提下的市场性收入组织方式也就称为公共收费。相对于能够内在化地自由竞争的私人部门来说，从事不能内在化的准公共产品生产者既包括政府公共部门本身，也包括受政府规制规则管制的其他生产经营部门。公共收费是指从事生产或提供准公共产品或服务的生产者收取相应费用的活动。

为什么从事准公共产品或服务的私人企业进行相应的收入组织行为被认为是公共收费？这一方面是由于这些准公共产品或服务是社会正常运行所必需的，而且必须保持稳定的供给，另一方面则是因为市场机制难以充分对这些资源实行有效配置（即单靠市场自身难以内在化效用的外溢性），因此政府必须进行相应的规制，以规范企业的价格水准和确保产品质量。伴随政府价格与质量规制的其他配套措施往往是相应的税收补贴和进入、退出限制。这意味着从事这些特定产品或服务的私人企业不同于从事竞争性产品的的私人企业。其"价格水平"并不能够完全体现该类产品或服务的效用价值（因为这些产品或服务效用的外溢部分是由税收补贴支付的）。我们可以认为，这些特定产品或服务是私人生产、政府提供的产品或服务。这些私人企业是受政府规制或管制的企业。在规范的市场经济国家，从事这些特定产品或服务生产的国有企业和私人企业均服从相同的管制规则，以确保竞争的公正和公平。

由此可见，公共收费的主体范围显然要比政府收费的主体范围大。

三、公共收费与价格的关系

价格，在这里是指严格意义上的市场性均衡价格。价格机制是市场经济运行的主要机制。价格是针对完全竞争性产品或服务而言的，成本或收益是完全内在化的。因此，价格显然直接地、完全地体现了效用内在化商品的交换价值，也体现了交易双方成本或受益的直接性和对称性。从微观经济学角度来看，在供需均衡点上所决定的价格不仅能够弥补生产者的生产经营费用，而且能够使生产者获取正常利润。也就是说，在边际受益和边际成本相等时，按照边际成本决定的价格，能够使在社会有效需求范围内的企业生产经营活动具有可持续发展的动量，也是确保经济有效运行的基础。

公共收费则不同。尽管公共收费仍然是基于市场机制，甚至可以认为具有价格风貌，但由于准公共产品生产和消费的效用外溢性以及缺乏完全的竞争性、排他性，使得这些产品或服务的生产经营活动难以在市场上形成真正的价格机制，或曰价格机制不能在这些领域得以充分发挥（这也是需要政府干预并派生出公共收费机制的重要原因）。公共收费的市场化基础不只是体现在公共收费产生于那些具有市场可能性的准公共产品，而且体现在公共收费本身即为产品或服务的提供者与直接受益者之间就产品或服务的直接受益部分进行的交换价值。这种交换价值并不全额等同于该类产品或服务的市场价值，而是在理论上等于该类物品的市场直接受益额。一般来说，除自然垄断外（其有关情况将在第二章作专门介绍），公共收费的效用价值构成，充其量只是相对于价格费用构成的平均成本部分（多数是小于），而不应该达到或超过该类产品或服务的边际成本价格。这是因为效用外溢产品的购买者不愿意也不应该承担效用外溢的那部分价值。外溢于市场直接交易的那部分效用则不具有市场交换的可能性，也是市场调节失效的所在，而只能采取"公费医疗"的办法由赋税制度支撑。这使得公共收费往往不能采取按照边际成本收费的办法。公共收费水平的决定，一般来说，是以生产和提供该类产品或服务的平均成本，而且常常略低于平均成本为标准的。企业的经营利润，甚至包括部分成本费用不得不依靠政府补贴来弥补。这是公共收费与价格由量的不同而决定的相互间质的差异，是公共收费与市场价格相区分的关键所在。但并不能因此断言，公共收费违反了等价交换的原则。恰恰是采取公共收费的形式，才能够使这些特定产品或服务的交换真正基于可直接交换的价值额度，基于市场规律。

  市场缺陷一方面是指市场对某些领域的资源配置效率不高，如具有有限外部性的准公共产品，另一方面是指市场调节难以企及的领域，如公平收入分配和稳定经济等纯公共产品。准公共产品具有一定的市场基础，只不过是由于物品效用的部分外溢使得难以通过市场完全实现外溢效用的内部化，从而使市场对该类资源的配置效率明显下降。在这种情况下，如果政府性公共部门通过一定的经济管制方式来矫正这种外溢性，那么市场对该类资源的配置效率会得到有效的提高。"公共收费—补贴"机制往往是矫正该类资源市场缺陷的有效方式。和采取价格机制相比，在准公共产品领域采取公共收费机制既能保持市场机制应有的调节力度，也能通过政府干预（如补贴）消除外部性对市场价格机制的扭曲，既遵循了等价交换原则，也会有效消除公害品或公益品的供给过度或不足，从而使资源配置更具效率。反之，如果单纯采取价格机制，往往会造成社会资源配置的效率低下，更有失公平。也就是说，价格机制能够有效发挥作用的地方主要是效用完全能够内在化的产品或服务，亦即私人产品领域，而不是在准公共产品领域。

基于上述论述，我们可以大致归纳出公共收费与价格的异同：

（1）公共收费与市场价格的共同的特点是：二者都是基于市场，基于交换，均体现着受益的直接性与对称性，遵循着等价交换规律，而且都是在自己的适宜领域内能够充分体现效率与公平。

（2）不同点是：第一，适宜领域不同。公共收费的适宜领域是准公共产品，而价格则是私人产品。第二，调节方式不同。价格机制是单纯由市场决定或调节的，也可以说是在市场的基础上自发形成的。公共收费则是政府干预或市场调节相结合的产物。第三，所反映的产品或服务的价值量不同。价格体现了所反映的产品或服务的全部效用价值，而公共收费则只能反映其产品或服务的市场直接受益额。第四，形成方式不同。市场价格的形成是以市场均衡点的边际成本决定的，而公共收费则是受其产品或服务的市场直接受益额决定的。在理论上说，公共收费水平与产品或服务的外溢性程度成反比，与市场直接受益程度成正比。但在实际应用中，由于产品或服务的外溢性程度（或市场直接受益的程度）在技术上难以测量，因此只能依据理论大致按照平均成本或略低于平均成本的水平来决定（这有时也考虑了生产部门的财务稳定性和国家财政负担能力的因素）。

四、公共收费与税收

在现代经济条件下，税收收入是政府财政收入的主体。政府为了履行其社会经济职能必然需要相应的经济保证。赋税制度是确保政府职能行使的主要物质基础。税收的特性是：普遍性、无偿性和强制性。税收的无偿性是指税收主要是针对纳税人的纳税能力（如收入、财产和所得等），而不是基于受益原则征收收入的。因此，税收收入与纳税人的直接受益程度无法建立对应的联系，因此往往被认为是无偿的。也正是因为没有基于受益原则，税收的征收必然会伴随着强制性，否则依据个人理性，税收将会成为无源之水。而且，这种因无偿性造成的负担，如果不普遍征收的话，显然会造成负担的不公平，同样会影响税收的征收效率。可见，税收的"三性"是有内在联系的。尽管也有的学者认为，税收在宏观上依然是政府公共部门在提供社会性产品或服务方面与纳税人之间存在着利益交换行为，但就某一具体产品或具体个人而言，这种普遍性服务并没有直接量化为精确的受益度量。因此，至少从微观领域来看，国家赋税制度是无偿的。税收的这种微观的、狭义的无偿性和税收广义上的"取之于民，用之于民"的原则并无实质性冲突。

与税收的无偿性相比，公共收费的显著特点是其费用收取的有偿性。公共收费是按受益程度向直接受益者收取的费用。这实际上是基于市场交换的一种收入机制，因而是有偿的。公共收费的有偿性，即受益的直接性或受益与负担的对称性，如果用通俗的话来说，即为"谁受益，谁负担"和"受益多少，负担多少"。和税收在宏观上被认为是有偿而微观却是无偿的特性相比较，公共收费所体现的直接受益性和受益与负担的对称性则是在宏观和微观两方面均浑然一体的。微观上的有偿性才是决定是否有可售性的基础。这也说明了公共收费所具有的市场性基础。这种有偿性或交换性，也决定了公共收费的自愿性。因为交换或等价交换必须以交换双方的自愿为前提，否则就是不平等或不公正的交换行为。自愿性同时也就意味着交换双方的相互选择性。在政府为公共服务部门的前提下，选择性更多地体现为消费者的选择权力，也可以称之为"消费者主权"。消费者有选择的付费与纳税人普遍性的纳税有明显的差别。可见，相当于税收的特性而言，公共收费的特性是有偿性、自愿性和有选择性。

值得注意的是，"干预"往往是或只能是出自有行政垄断权力的政府。政府对行政权力的垄断，与市场上的垄断厂商凭借经济垄断权力强取超额利润相类似，有时也会对受益者进行强制性的收费（在一定程度上，我国目前的"乱收费"也是如此缘故）。因此也有不少学者认为，公共收费同样有强制性或半强制性。归根到底在于，公共收费的消费者所面对的交易者是具有行政垄断权力的政府。滥用行政垄断权力同样是"政府失灵"的表现形式,它和其他原因导致的"政府失灵"一起,自觉和不自觉地施加于消费者,从而使公共收费常常笼罩在过度行政性干预的外衣之下,使得人们难辨真假。更何况,公共收费本身就是政府干预派生出来的一种制度。可以说,是政府干预使得公共收费得以成立并成为准公共产品领域里有效的费用补偿机制,但也正是由于过度的政府干预又往往扭曲了公共收费机制,使之成为政府行为不规范的重要表现领域。不过,我们在这里仍然认为政府干预是规范合理的,因此公共收费的"三性"能够得到真正体现。

在财政实践中,有时税和费的差别却往往难以区分,其原因在于如何界定所谓的"无偿性"。因为,税收总的来说也是以政府的有偿服务为前提的。经合组织在以税收的分类中指出,在满足以下条件时,征收可以被视为无偿的:(1)费大大超过服务的成本;(2)费的支付者并非利益的获得者;(3)政府并不根据收到的征收额提供相应的具体服务;(4)只有付费的人受益,但每个人所得到的利益并不必然同支付成比例。如果一种政府收入在形式上满足上述条件,那么实际上就是税收。

尽管公共收费与税收在具体实践中只能采取粗线条式的划分,但理论上的区分则是清楚的,也是必要的。

显然,无偿性的税收收入适宜于生产和提供那些具有普遍受益的物品,而不究具体每一个人的具体受益程度如何。也就是说,无偿性的收入往往用于无偿性的投入。由国家赋税制度支撑的主要是外在于市场的纯公共产品,为市场运行提供基础性服务。由于效用的完全外溢性,纯公共产品的费用征收和服务供给并不直接体现为交易关系,而是"取"和"与"的关系,即无偿征收和无偿供给。有偿性的公共收费一般也不能用于无偿性的支出,否则就因违反等价交换原则造成了不公平现象,也同样会缺乏激励、缺乏效率的。由此可见,纯公共产品原则上不能采取公共收费来组织收入。公共收费只能成为可售性产品或服务的费用补偿机制。

准公共产品由于存在着程度不同的外溢性，由此市场尽管可以适当调节，但难以充分发挥其作用。这就要求政府性公共部门采取适宜的方法来矫正市场调节力度的不足。但在市场经济条件下，政府的作用主要是弥补市场缺陷、维护市场运行。因为市场是社会资源配置的基础力量。可见，政府不能全然包揽市场功能，而必须基于市场、修复市场或为市场运行创造外部条件。这就意味着，在存在市场可能性、其市场不完全的情况下（即准公共产品领域），政府干预的作用仅在于矫正外部性以修复和发挥市场调节功能，而不是覆盖市场调节功能。这样，在准公共产品领域，采取公共收费——税收补贴的方式既有利于实现公平，也有助于增进效率。这是因为公共收费体现了受益的直接性和受益与负担的对称性，遵循"谁受益，谁付费"和"受益多，负担大"的原则。这对受益者是一种有效的激励，而其他人也无须为此付出额外的负担。更重要的是，采取公共收费机制实际上是在该类产品或服务的生产和消费方面适度引入市场机制，能够较好地显示消费者的真实偏好，有效地组织收入，从而有助于提高公共产出的决策水平和促进公共产品的有效供给。

从政府与市场的关系来看，由于准公共产品具有部分私人产品性质的一面（即具有部分可售性），因此需要引入市场机制、体现市场效率。如果由于政府不合理地过多干预造成整体效率的损失，那么同样是不合理的。况且，社会资源是有限的，政府在特点时期拥有的资源更为有限，如果政府不采取公共收费机制合理组织收入而以有限的税收收入来包揽包括准公共产品在内的更多公共项目，必然会造成政府经济运作的顾此失彼，即所谓的"越位"与"缺位"并存现象。这无疑也会阻碍市场效率的增进。

公共收费有助于公共部门灵活和便利地履行社会公共职能与实施一些必要的调控。尽管在现代经济条件下税收收入成为政府行使职能的主要收入来源，但税收是基于现实经济发展，以确定税基和税率组织的。况且，税收也只能用于一般性的公共事务开支或对普遍性经济行为的调控。对于那些具有较强区域性或时效性的公共服务，如社区公共事务、一次性公共服务、自然垄断、个别性污染行为和高峰时期道路交通拥挤现象等，宜采取公共收费的形式来筹集所需费用或利用公共收费进行有效的规制或必要的筛选。

五、公共收费与价格、税收的进一步比较

从成本和收益的角度来看，社会产品或服务的配置效率存在着如下关系：

$$MC_j^s \text{ 或 } MR_j^s = V_{ij}^s + \sum_{m=1}^{k} V_{mj}^s$$

公式中，V_{ij}^s 为由第 i 个人为第 j 个单位的 s 物品投入的价值，或付出的价格。MC_j^s 是它的边际生产成本。MR_j^s 为边际收益。$\sum V_{mj}^s$ 为外部性（由于对 s 物品第 j 个单位的消费而引起的由 k 个其他人产生的结果），如果外部性是收益，那么 $\sum V_{mj}^s$ 就为正，如果是耗费就为负，而等式左边的即为边际收益。V_{mj}^s 表示 K 中的每一个人原则上都会愿意为接受（或避开）第 j 个单位的产品而付钱。

一般来说，价格是等同于边际成本的，即公式中的 MC_j^s 可表示价格。单个人的付费 V_{ij}^s，如果在外部性为零的情况下，实际上就是私人产品的状态，亦即：$MC_j^s = V_{ij}^s$。这样，个人付费即为价格。如果外部性不为零，那么物品的真实价格只能是个人付费 V_{ij}^s 与外部性 $\sum V_{mj}^s$ 的代数和。此时的个人付费显然就是我们所要讨论的公共收费问题。对于一个纯公共产品，$V_{ij}^s = 0$。消费全部是集体性的，没有人购买一种单独的该类产品。此时，公式就变为：

$$MC_j^s \text{ 或 } MR_j^s = \sum_{m=1}^{k} V_{mj}^s$$

此时，产品边际收益或边际成本，或为产品的价格只能由赋税制度来支付。

公式表达可以清楚地说明：

（1）公共收费服务只能基于市场。那些具有完全外溢性的产品或服务,个人付费的可能性是零。此时的费用支付方式应该是税收收入。

(2) 公共收费只是与消费者或生产者个人的收益额直接相关,而且这种收益程度与产品或服务的外溢性有必然的联系,否则公共收费实际上就等同于价格,或者说转变为价格。

六、结论

公共收费是在政府干预的前提下生产或提供准公共产品的生产者依据消费者的直接受益程度而收取的费用。

公共收费的特性是有偿性、自愿性和可选择性。

公共收费的有偿性要求收费水平的确定原则上要等同于消费者的直接受益额。但从准公共产品提供的整体效用价值(既包括受益者的市场直接受益部分,也包括消费者对外溢性效用的间接受益部分)来看,公共收费的有偿性只能是部分的有偿性或有限的有偿性。这主要取决于观察的角度。

第五节 公共收费的种类和层次

由于准公共产品本身的差异性和层次性,因此公共收费也分为不同的种类和不同的层次。

一、收费的种类

在市场经济国家,公共部门收费主要有规费和使用费两种。

规费是公共部门(主要是政府行政部门)为个人或企业提供某种特定服务或实施行政管理所收取的手续费和工本费。规费的收取要以发生特定行政行为和受益人从交纳费用中直接享受到合法合规带来的便利为依据。规费通常包括行政规费和司法规费。行政规费是附随于政府各部门各种行政活动的收费,项目较多、范围较广。行政规费一般有:外事规费(如护照费)、内务规费

(如户籍规费)、经济规费(如商标登记费、商品检验费、度量衡鉴定费)、教育规费(如毕业证书费)以及其他行政规费(如会计师、律师、医师等执照费)。司法规费分为诉讼规费和非诉讼规费两种。前者如民事诉讼费、刑事诉讼费;后者如出生登记费、财产转让登记费、遗产管理登记费、继承登记费和结婚登记费等。

使用费是就政府提供的特定公共设施或公共服务对使用者按照一定的标准收取的费用。诸如,政府对公共交通、教育设施、下水道、供水等收取的费用均属于使用费。一般来说,使用费的市场化程度比规费更高,而且从20世纪70年代以来,使用费收取范围的变动幅度较大。究其原因,是源于第二次世界大战以来政府干预范围的过度扩张暴露出来的政府干预本身的缺陷导致了资源配置向市场的回归。当然,自由主义经济学理论的回潮也起了推波助澜的作用。

就目前情况来看,一些公共服务设施(特别是受益范围较为集中的城市公共服务设施),诸如,城市公共交通、煤气、自来水、电力、邮政、电信、铁路、核能利用、航空线路和机场服务设施,甚至医疗卫生服务主要由政府性公共部门来生产或提供。这些公共服务设施虽然有一定的外溢性,但其受益对象是可区分的,受益程度也是可量化的,因此可以适度引入市场机制,采取公共收费的形式来进行。不过,在这些公共服务领域里,政府性公共部门注重区分市场性业务和公共性业务,而采取不同的对策。像电力、电信、供暖等公共设施,有自然垄断业务和非自然垄断业务之分。其中,管道或网络运作是自然垄断业务,政府必须确定适宜的公共收费标准。非垄断业务,如供电、配电、铁路运输服务、航运公司等业务,往往更具有私人产品性质,而应该逐步放开,实行完全市场价格竞争。就医疗卫生基础设施来看,由于其关乎社会居民的健康状况,具有极强的外溢性,需要提供税收补贴,但具体医疗卫生服务则又和受益者直接对应,因此也要由受益者交纳相应费用,以体现受益和负担的对称性原则。

科技教育事业既是全民素质高低的重要标志，也会对经济发展和社会进步起举足轻重的作用。而且，接受教育的水平不同往往会对具体受益者的未来生活状况产生不同的影响。因此，科技教育事业基本上属于准公共产品性质。但具体划分又有不同。基础科研的外溢性最强，基本上可以认为是纯公共产品，必须由国家拨款支持，而应用科技可以直接和生产活动相结合，会产生明显的具体经济效益，有市场性基础，因此要视受益程度的大小采取公共收费的形式来进行。就教育而言，义务制教育是需要以税收支持的事业，而高等教育（除一些基础性学科外）则与受益者的就业、收入密切相关，可以采取程度不同的收费方式进行。不过，总的来说，教育性公共收费，在市场经济国家，是很普遍的现象。

收费作为政府等公共部门筹集资金的手段，在我国大量存在。按我国通常的分类法，往往将公共收费分为行政性收费、事业性收费和经营性收费。行政性收费是指国家机关及其授权单位在行使国家管理职能中，依法收取的费用。行政性收费的主体是以国家名义行使管理职能的国家行政机关及其授权单位。基本上，行政性收费包括行政立法、执法和司法三个方面的收费。事业性收费是指非营利性的国家单位及相关机构在向社会提供公共服务时，依照有关政策规定收取的费用，其实质是对服务性劳动的部分补偿。经营性收费，从严格意义上讲，也是事业性的收费。但和事业性收费不同的是，实行经营性收费的企事业单位一般独立核算、自负盈亏的，因而是一种市场价格行为，即不但要保本，还要适当盈利。

按照我国传统的收费分类法：行政性收费包括许可证、执照、签证、登记注册、司法费用，甚至自然资源的监督、使用和保护的费用等。事业性收费包括学校、科研、文化馆、图书馆、医院、剧团、体育馆、报社、出版社和书店等单位的规定收费。经营性收费包括诸如交通运输费、邮电资费、文化娱乐费、房屋租赁费，甚至居民生活服务费、广告和保险收费等。从收费的种类构成可以看出，这种分类所包含的内容保留着计划经济的痕迹。随着经济的改革、市场的建立、政企分离以及政府职能的转变，一些可由市场直接提供的产品将直接以市场价格的形式表现出来。一些盈利性的产品不再属于公共部门收费的范畴，尽管有时这些产品仍是由国有企业提供的。也就是说，公共收费存在的领域主要在于政府及相关公共部门是否提供了准公共产品或公共产品。

在市场经济条件下，由于政府仍然不得不干预公共产品或准公共产品，因此，公共收费仍有存在的必要。从其内容来看，原来属于行政性收费的项目基本上是以规费的形式征收的。原来属于事业性收费和经营性收费的项目，则要随着体制的改革和市场的发展，一些可由市场按盈利原则经营的产品或服务，逐渐从公共部门收费的内涵中剥离出去，那些保留下来的收费项目，如果是必要的话，则应基本上采取使用费的形式存在。由此可见，我国公共收费的内容将随着市场经济的发展进行适应性调整。

收费和税收相比更能体现受益性原则。也就是说，收费体现了直接受益性和受益对称性，即谁受益谁付费。也正是因为如此，政府收费资金往往采取专款专用形式，而且收费的多寡要以政府提供的产品或服务的费用为标准，尽可能避免因收费而带来的再分配效应。

政府部门收取规费的数额，在理论上通常有两个标准，一是填补标准，即根据政府部门提供服务所需的费用数额为标准而收取的费用；二是报偿标准，即是以缴纳者从公共部门服务中得到的利益为标准而收取的费用。事实上，规费的收取，因情况较为复杂，通常是难以按固定的标准衡量的，因而并非完全能依据上述原则执行。例如，对学生毕业证的收费只是事后验证性收费，因此按照工本费收费即可。但是，对某种特许权证的收费，由于被授权者可以在未来的行动中较之未被授权者能获得更多的利益，收费显然是合理的,但收费的数额显然难以和被授权者增加的收益相吻合。这说明,规费的收取标准还须在实际执行中根据情况具体确定,但并不因此而否定理论标准存在的合理性。

政府性公共部门对使用费的收取通常低于其提供该种物品或劳务的平均成本。这是由这种物品或劳务的准公共产品性质决定的。一般来说,政府对使用费的收取标准计量于准公共产品中的私人性质部分,也就是说,是相当于私人能够享受到的可排他的那部分收益。进而推之,准公共产品的外益性越大,就固定成本来说,能够向私人收取的费用标准越低,政府的税收补贴也就越多。就受益范围内的使用者来说,政府税收补贴主要针对准公共产品的外溢性及其程度,在实际中,主要反映为政府提供物品或服务的平均成本和使用者缴纳使用费之间的差额。至于政府对其提供的物品或劳务一般采取平均成本计量法,而不是边际成本计量法(大多数私人产品的价格是依此计量的)的原因,主要是由于政府生产或提供的许多产品或服务往往具有自然垄断的性质,如城市供水工程、公共交通等。

公共收费按照不同的收费主体可分为中央政府级公共收费、地方政府级公共收费。在这里,私人生产政府提供的公共性服务(也成为公共供应物品)也可以按照所属管制的政府级别而分为全国性和地区性公共收费。当然,按照经济性质的不同也可划分为国有公共部门的收费和受管制的私人从事的公共收费。

另外,收费因其不同的功用也可分为不同的种类。这将在后面进一步论述。

二、收费的层次

(一)收费的层次及其原因

收费所体现的直接受益性原则使得收费的层次性、区域性更为明显。如前所述,准公共产品不仅存在着外溢性程度的不同,而且存在着效益外溢范围的不同。而后者则决定着收费的层次性。

所谓收费的层次性主要是就收费的空间范围而言的,这又是由准公共产品的效用影响范围决定的。乡村道路所提供的效用大多为居住在此的居民所享受，而全国性交通要道则往往直接或间接地提供普遍性服务。前者往往是村镇集资修建的项目，后者则须本国居民的普遍性交纳（至少交纳费用的范围要远大于前者）。和准公共产品一样，纯公共产品同样具有效用的影响范围。也正是因为如此，为社会提供公共服务的政府必然因此而分级，由中央向地方纵向发展。尽管各国政府的层次结构并不雷同，但政府的层次性分级必然受到所辖地区面积、人口密度、地理特性乃至社会政治经济发展情况等因素的影响。而这些影响因素，则又与该社会范围内公共产品和准公共产品的配置规律密切相关。小国寡民，所辖面积狭小，社会结构单一，政府的规模和层次相对简略，大国则不同，地区性或区域性差异更为明显，相互间的协调依赖关系更为复杂，因此，其社会组织结构的复杂程度即使按最为简略的原则也远甚于前者。

收费的层次性同样是基于上述原因形成的。一般来说，公共收费分为中央政府及其部门的收费和地方政府性收费，而地方政府又因自然和社会原因，分为不同的级次。例如，美国的公共收费分为中央、州和地方各级政府的收费。我国的公共收费也基本上按国家行政设置的层次性而分为全国性收费、省级政府收费、地市级政府收费、县级、乡镇级政府收费。这些不同级次的收费各有其相应的适用范围。一般来说，每一收费级次的升高，其所提供产品或服务的受益范围将进一步扩大。只有这样，才能使收益范围和收费范围相一致、相对称，才能体现收费所具有的直接受益原则。这同样是一种负担的公平。

大量准公共产品的受益范围的区域性特点也使得公共收费大量存在于地方政府层次。这从收费收入占各级政府公共收入的比重中可以看出。表1-1即为一些国家各级政府间的收费构成情况。

表 1-1　　　一些国家非税收入占政府财政收入的比重　　　　　　　%

国　家		非税收入	其中：经营与 财产收入	行政收费与 附加销售	罚没收入
美国	联邦	8.12	5.20	0.87	0.093
	州	25.63	16.12	6.56	
	地方	22.71	10.65	10.61	
法国	中央	7.32	2.19	3.11	0.22
	地方	20.84	1.89	16.44	
泰国	中央	7.85	4.78	1.88	0.64
	地方	8.68	5.06	2.58	
印度	中央	19.81	14.96	4.78	
	地方	10.62	6.64	0.11	

资料来源：IMF《政府财政统计年鉴》（1990 年）；美国、法国、泰国使用的是 1988 年的数据，印度使用的是 1987 年的数据。

从表 1-1 可以看出，收费收入在各级政府的公共收入中所占的比重是大为不同的。收费往往是地方政府的重要收入来源或支柱财源，但在中央政府级次，甚至州级政府级次，收费收入所占比重不大。之所以如此，很大原因在于关乎居民日常生活的准公共产品基本上是由基层政府，甚至社区提供的，是由其效用的区域性造成的，在较高的政府层次，虽然也提供一些收费性的公共设施或公共服务（如教育），但其规模或种类已渐趋减少，而且这些往往是一些较为规范和长久的项目，因此有时甚至采取受益税的形式出现（如燃料税和社保税）。这些均使得公共收费项目和规模大为减少。以美国政府为例，使用费收入占联邦政府的比重是微不足道的。但在地方政府中，则是重要的财源之一，特别是在学区（school districts），收费收入和财产税一起成为本级公共收入的两大支柱。

我国的情况也大体如此。只不过由于目前地方性收费行为较为混乱，收费过度，从而使地方政府在国家总体收费中占据更大的比例。仅以预算外资金为例，由于其基本上是由收费性质的资金构成（即收费＋基金），因此我们可以大体看出中央和地方收费构成的端倪。1997 年，中央预算外资金占总预算外资金的比重仅为

5.1%，而94.9%的部分属于地方政府收入。2002年，中央占的比例是9.8%，而90.2%的部分属于地方政府收入。

（二）设定收费管理层次所应考虑的问题

公共收费的层次性主要是因为准公共产品的适宜范围的区域性或层次性。人们通常把公共产品（包括准公共产品）分为全国性公共产品或地方性公共产品。以此而言，中央政府性公共部门生产或提供全国性公共产品，而由地方政府性公共部门提供地方性公共产品是顺理成章的事情。比如，国防是一个在国家政治疆域内提供普遍受益的活动，是中央政府的重要职责；防洪设施或公园的受益范围则只是限于国家的部分区域，因此是地方政府性公共部门的职责。反之，如果由地方政府提供国防服务，那么其提供的服务将主要有益于非本地居民。这对地方政府所辖的居民来说，国防是具有外部性的，结果会导致国防提供的严重短缺。如果防洪仅仅有利于一个很小的地区，那么中央政府可能不会为这种服务而向全国征收普遍性税收或费用。

但是，地方性公共产品的生产或提供，必须充分考虑生产或消费的规模经济问题。因此，地方各级政府的事权设定须以不过分损害规模经济效益为前提。公共收费的管理层次的设定也是如此。

地区性公共产品受益的区域性必然和地区居民的公共消费偏好联系在一起。特别是对准公共产品来说，居民消费的偏好能够直接通过市场投票的方式发挥作用，而不像纯公共产品那样，由于"搭便车"的存在，居民相对来说并不十分计较政府性公共服务的水平或结构。因此，公共收费服务更是与居民的偏好密切相关。奥茨（Oates，1972）认为，经济效率是通过提供最能反映社会成员偏好的产出组合实现的。倘若在不同群体之间的消费差异很大，那么强迫所有的人都消费相同水平和结构的地方性公共产品，结果将会是资源配置的无效率。这是地方性公共产品尽可能由基层地方政府提供的主要优点。群体性消费的差异越大，这一优点越明显。下级政府提供地方性公共产品的另一优点是可以尽可能地尽情地进行实验和创新，不必受全国性的统一压力。

然而，即使有些地方公共产品具有明显的地区性受益性质，如公园，但并不能说明下级政府提供或控制是最有效率的。像公园（甚至名胜古迹的维修）这样的地方性公共服务，往往会给外地游客提供了服务，因此具有一定的外溢性。更为重要的是，基层政府往往可能因为实力不足、规模太小，不能充分收取生产中的规模经济效益。因此，不能简单地把公共产品分为全国性公共产品和地方性公共产品由不同级别的政府提供或控制，还应当努力寻求为了提供某类公共产品所需的最佳政府性公共部门的运作规模。公共收费的层次性当然也是和公共性服务的最佳供应规模相联系的。究竟公共收费的管理层次设定在哪一级政府，是一个棘手的问题，需要在具体实践中细加探讨。

由此可见，设定公共收费的管理层次，一方面要考虑由居民消费偏好的差异、政府性公共部门管理控制的便利和收费管理体制创新的动力所需要由基层政府管理的优点，另一方面也要同时估量公共部门提供公共性服务的规模经济效益。也许有时会出现公共收费管理权限的下放生产了公共服务生产或提供的效率的提高，但同时会因中央政府控制成本的上升而导致无力监督使收费过滥或收费异化。这种情况或许正和我国目前的情况相似。可行的解决办法或许是增加民主直接监督的力量，以减少上级政府的监督费用。这是以后所要探讨的事情。

第六节　作为公共收入重要来源的公共收费

公共收费是政府提供公共产品和公共性服务的重要收入来源。与税收收入不同，公共收费支撑的公共产品和服务并不是纯粹的公共产品,而是准公共产品或服务。准公共产品既有在相应的区域内提供普遍性受益的一面,也具有直接受益于个人或某一类人的特点。前者决定了准公共产品受益分割的不完全性,后者则决定着其消费具有一定的竞争性。如果用一般性的税收收入来满足社会对准公共产品或服务的需要,那么会造成事实上的不平等(即没有直接享受这类服务的人不得不为他人无端付费),也会增加政府组织公共收入的难度,不利于社会资源的有效配置。公共收费是政府性公共部门与受益者基于市场进行直接利益交换的一种收入机制。政府采取公共收费的方式提供这类服务正是遵循准公共产品的消费特性来履行政府职能。而且,和一般性税收收入相比,由于消费者对准公共产品或服务项目的需求相对稳定,不宜受经济波动的影响,因此合理的收费能够为政府提供稳定的收入来源。

有关资料表明,政府公共收费在市场经济国家是普遍的现象,只不过程度不同而已。从欧盟15国1985~1995年的情况来看,收费收入占GDP的比重在2%以上的有6个国家,不到2%的有9个国家。比重最高的是奥地利,在5%以上。最低的是不到0.1%的希腊。10年间总的发展趋势是,大部分国家政府收费收入都呈增长的势头。

从一些国家的非税收入及其结构可以看出政府收费所占财政收入比重的情况。

表1-2 1986~1995年一些国家中央非税收入占经常性收入的比重 %

年份 国家	1986	1987	1988	1989	1990	1991	1992	1993	1994	1995
法国	7.6	7.06	7.42	6.88	6.94	6.96	7.11	7.06	6.44	6.28
美国		8.75	8.12	7.97	7.93	8.02	7.89	8.68	7.47	8.55
英国	10.2	10.30	9.52	9.67	8.94	8.60	8.54	8.54	8.03	7.68
加拿大	12.3	10.90	11.60	11.60	11.80	10	11.40	13	11.30	
澳大利亚	11.5	11.40	9.98	8.94	9.18	9.66	11.30	11.70	12.20	9.51

表1-3　一些国家州（省、邦）的非税收入占总收入的比重　　　　%

年份 国家	1986	1987	1988	1989	1990	1991	1992	1993	1994
美国		26.45	25.62	25.87	26.6	25.98	27.37	26.79	25.26
加拿大	13.52	12.46	12.87	12.69	15.26	14.79	14.52	14.76	14.09
澳大利亚	16.73	16.13	17.61	19.79	20.77	21.49	20.46	19.24	20.02
印度	10.99	10.49	10.19	10.54	8.93	12.01	10.17	10.28	

表1-4　　　　一些国家地方政府的非税收入依存度　　　　　%

年份 国家	1986	1987	1988	1989	1990	1991	1992	1993	1994	1995
法国	20.55	20.73	20.75	19.93	19.48	19.42	19.67	19.56	19.38	19.33
美国		23.09	22.71	21.83	22.43	21.61	21.17	20.82	20.52	
英国	15.96	15.46	14.55	15.02	14.78	14.04	12.34	12.24	12.52	12.54
加拿大	14.82	15.02	14.91	14.86	16.17	15.93	15.59	15.28		
澳大利亚	30.69	30.81	30.73	32.52	32.81	31.94	31.11	29.43	31.29	32.29

1995年，一些国家非税收入构成如表1-5和表1-6所示。

表1-5　　　1995年一些国家中央政府的非税收入构成　　　%

项目＼国家	法国	美国	英国	澳大利亚	印度
经营和财产收入	23.89	55.17	60.13	43.02	87.15
管理费、收费及非产业和非经常性销售收入	54.12	14.96	15.32	46.43	12.73
罚款和没收收入	4.55	1.44	3.55	0.21	
政府雇员养老金和福利基金缴款		8.09	9.73	7.08	0.12
其他非税收入	17.44	20.34	11.1	3.26	

表 1-6　　1995 年一些国家州（省）和地方政府的非税收入构成　　　%

	法国地方	英国地方	澳大利亚		加拿大		美 国	
			地方	州	地方	省	地方	州
经营和财产收入	8.49	40.21	50.00	47.38	16.10	61.13	38.59	55.89
管理费和收费、非产业和非经营性销售、罚没收入	78.77	33.08	4.83	49.65	74.24	15.84	54.48	30.26
政府雇员养老金和福利基金	0	3.52	43.52	0	0	1.98	2.21	7.68
其他非税收入	12.74	23.18	1.65	2.96	9.67	21.05	4.72	6.17

资料来源：《管理世界》1999 年第 2 期。

由此可见，在这些国家，各级政府均有收费收入，州和地方政府尤其如此。地方政府收费比重较高的原因在于，为特定受益者提供的具体公共服务往往具有区域性特点，属于地方公共产品范畴。而且，地方政府更加接近消费者，更了解其真实意愿，便于进行成本效益分析，也便于接受消费者监督，因此公共收费收入比重也较大。

我国是一个发展中国家，市场发育不全，地区间差异较大，所遇到的具体公共事务也十分复杂，更加难以以一般性税收收入来满足不同的需要。因此，公共收费筹资，特别是地方性公共收费筹资对组织公共收入来说，更有其现实性。

第二章
公共收费的决定

公共收费的决定实际上是政府干预与准公共产品的鉴定和提供之间的函数。因此，本章将主要探讨准公共产品的均衡、政府干预的边界、公共定价以及公共收费机制的决定程序等问题。这是对公共收费的量的决定，其中既涉及公共收费机制具体适用边界的确定，也涉及某一类准公共产品合理收费水平的确定。公共收费只有在定量合理的基础上才能充分发挥其积极作用。

第一节 准公共产品的均衡问题

准公共产品的均衡问题，涉及准公共产品的有效提供和准公共产品均衡曲线的确定。通过对准公共产品的均衡分析能够找出理论上的最优公共收费水平，也有助于确定公共收费的实际价格（即公共定价），而这又是以确保或增进效率为准则的。

一、帕累托效率

经济学家所能给予明确描述的经济效率只是那些社会福利"毫不含糊地"有所增进或有所降低的情况。意大利经济学家帕累托所阐明的效率原则是迄今为止最为明确的经济效率表述。

帕累托有效或帕累托最优,指的是这样一种情况:此时所考察的经济状态已不可能通过改变产品或资源的配置,在其他人(至少一个人)的效用水平不至于降低的情况下,使任何别人(至少一个人)的效用水平有所提高。反之,帕累托无效率或经济无效率,指的是一个社会还能在其他人效用水平不变的情况下,通过重新配置资源和产品,使得一个和一些人的效用水平有所提高。

在经济无效率的情况下,若进行资源的重新配置,确实使得某些人的效用水平在其他人效用不变的情况下有所提高,这种"重新配置",就称为"帕累托改进"。帕累托改进,由于没有一个人的状况变坏,而只有某些人的状况变好,因此意味着社会福利"毫不含糊"的增进。

帕累托最优有如下一组边际条件:

(1) 消费品的最优配置。即任何两种商品的消费边际替代率,对于任何两个消费者来说都是相同的。

如果用公式表示,即为:$MRS_{a,b}^i = MRS_{a,b}^j$。

a,b 分别代表两种不同的消费品,而 i 和 j 代表两个不同的消费者。MRS 表示边际替代率。

(2) 生产要素的最优配置。即对于两种生产要素 (L,K) 来说,在任何场合,出于任何目的的使用,二者的边际技术替代率 ($MRST$) 均相等。即:

生产两种商品 (A 和 B) 的两种要素的边际技术替代率相等,$MRTS_{L,K}^A = MRTS_{L,K}^B$。

生产同种商品的不同生产者 (i,j) 所使用的两种要素的边际技术替代率相等。

$$MRTS_{L,K}^i = MRST_{L,K}^j$$

(3) 生产或消费的最优关系,即任何两种产品 (a,b) 的边际转换率 (MRT) 与它们在消费中的边际替代率 (MRS) 相等。即,$MRT_{a,b} = MRS_{a,b}$。其含义是,改变社会生产结构,已不再能使社会福利有所提高。这时的社会生产结构就是与消费需求结构相适应的最优结构，亦即最优组合。

帕累托效率原则是迄今为止衡量社会资源配置效率的最佳标准，公共产品和准公共产品的配置效率也可以由此得到说明。

二、私人产品和纯公共产品的市场均衡

由于私人产品生产或消费的竞争性和排他性使得对某种私人产品的市场需求是由每一个消费者的消费需求的加总来计量的。即 $\sum_h X_i^h = X_i$。X_i^h 是家庭 h 对第 i 种商品的消费需求，X_i 是这种商品的总供给。而纯公共产品由于具有联合消费的特征，由此 $X_i^h = X_i$，亦即每个家庭面对着同样数量的纯公共产品。

现在，我们假定经济社会中只存在两个消费者 1 和 2；假定只存在两种商品，一种是公共产品（如国防或路灯），其生产或消费数量用 X 表示；另一种为私人产品（如冰激凌），总的生产量或消费量用 Y 表示，并用 Y_1 和 Y_2 分别表示两个消费者各自的消费量。每个人的效用函数为 $U_I(X, Y_I)$，$I = 1, 2$。

由于每个人所使用的公共产品的数量是相同的，只有私人产品的消费量（Y_I）才是不同的，由此，社会福利最大化问题可以有如下表达式：

$$\max W[U_1(X, Y_1), U(X, Y_2)]$$
$$\text{s.t. } T(X, Y_1 + Y_2) = 0$$

其中，$W(\cdot)$ 为社会福利函数；$T(\cdot)$ 为两种产品的"转换函数"。

对于消费者 1 来说，公共产品与私人产品的边际替代率（MRS）为：

$$MRS_1 = \frac{\partial U_1(X, Y_1)/\partial X}{\partial U_1(X, Y_1)/\partial Y_1}$$

式中分子为公共产品的边际效用，分母为私人产品的边际效用。消费者 2 的边际替代率为：

$$MRS_2 = \frac{\partial U_2(X, Y_2)/\partial X}{\partial U_2(X, Y_2)/\partial Y_2}$$

两种产品的边际技术转换率（MRT）为：

$$MRT = \frac{\partial T(X, Y)/\partial X}{\partial T(X, Y)/\partial Y}$$

式中的 $Y = Y_1 + Y_2$。

如果这两种产品都是私人产品,那么根据帕累托边际条件,社会福利最大化的条件为:

$$MRS_1 = MRT = MRS_2$$

也就是说,要求:(1)每个人的边际替代率都等于两种产品的边际技术替代率(或者用更简单的方式说就是每种产品对于每个人的边际效用等于其生产成本);(2)由于每个人都面对相同的边际技术转换率,在实现最优配置的条件下,两种产品对于每个人的边际替代率都相等(即每个人的"边际交换率"都相等)。

然而,对于公共产品来说,通过对福利最大化公式的求解,可以得出,帕累托最优条件为:$MRS_1 + MRS_2 = MRT$。其中,MRS_1 和 MRS_2 在这里也可以理解为消费者 1 和 2 愿意为公共产品的生产所支付的价格份额(税收份额),其原因在后面的分析中可以得到说明。

也就是说,不是每个人的边际替代率等于边际转换率,而是所有人的边际替代率之和等于(公共产品与私人产品的)边际转换率。换言之,如果给定其他产品的价格和成本,那么福利最大化要求公共产品的生产边际成本等于它为每一个人提供的边际效用的总和。

个人的边际替代率 MRS_1,在这里可以理解为公共产品的"私人价格",即每个人为多消费一个单位公共产品所愿意付出的最高代价。由于公共产品的完全外溢性,使得公共产品有众多的消费者,因此不应由一个人来付费,而是由大家共同付费。每个人付出自己愿意付出的份额(亦即税收负担份额)。如果大家为多装一盏路灯所愿付出的价格总和,便是路灯的消费者价格。这一价格等于其边际生产成本,便实现了资源的最优配置。

因此,我们进一步得出公共产品与私人产品之间的差异:对于私人产品来说，人们的消费量是不同的，但他们所付出的价格是相同的（即每个消费者只能是私人产品市场上的价格接受者）；对于公共产品来说，人们的消费量是相同的（个人无力改变公共产品的配置规模），但每个人所付的价格却可以是不同的（在很大程度上是源于每个人对公共产品的效用评价和支付意愿的不同）。

两种产品有效率配置的不同方式，可以由如下的两个图示来加以说明。

1. 私人产品的市场均衡（如图 2-1 所示）。图中，D_a 和 D_b 分别代表个人 a 和 b 对私人产品的需求，不同的需求曲线反映了个人之间不同的收入与偏好。为了得出这种私人产品的市场需求曲线，就需要对不同的个人需求进行加总。对私人产品市场需求的加总方法是水平加总。这是因为，在个人需求曲线上的任何一点都反映了个人在既定的价格水平上愿意购买私人产品的数量。由于最优条件要求，每个人消费的边际替代率与价格比率相等，而价格比率等于边际转换率，因此个人的偏好数量实际上是与个人边际替代率（MRS）相对应的个人偏好数量。市场需求曲线是表示当消费者面

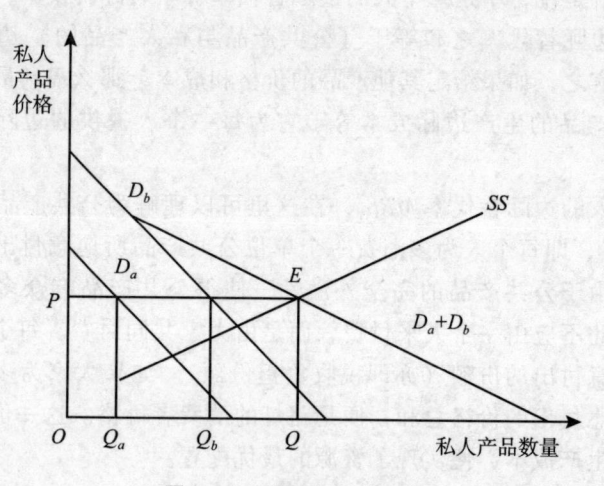

图 2-1 私人产品的均衡

临同一价格水平时他们所愿意消费的商品数量。因此可知，在价格为 P 时，市场总需求曲线为 $D_a + D_b$（也可以认为是 $MRS_a + MRS_b$ 所对应的产量），总产量为 $Q_a + Q_b = Q$。总需求曲线与市场供给曲线 SS 的交点 E 表示私人产品的供求均衡点。在该点，私人产品的配置处于最优配置。在这里关键是市场上的每个人都是价格的接受者，要确定的是在某一价格下的产量。

2. 纯公共产品的最优配置（如图 2-2 所示）。D_a 和 D_b 又分别代表个人 a 和 b 对纯公共产品的需求曲线。由于公共产品一旦提供出来，任何人都可以支配或使用。也就是说，个人有权使用公共产品，但个人单独难以决定公共产品的数量。因此，对个人来说，公共产品的数量是既定的。公共产品提供给每个人的实际效果是等同的。所不同的是每个人对公共产品的个人效用评价以及因此决定着的个人愿意负担的份额（税收份额）。如果每个人对公共产品的效用评价都不高，所愿意支付的总价格（税收）过低，那么由于难以弥补公共产品的市场费用而会使公共产品不能被生产出来或产量不足，导致过度拥挤。而全体消费者对一定数量的公共产品所愿

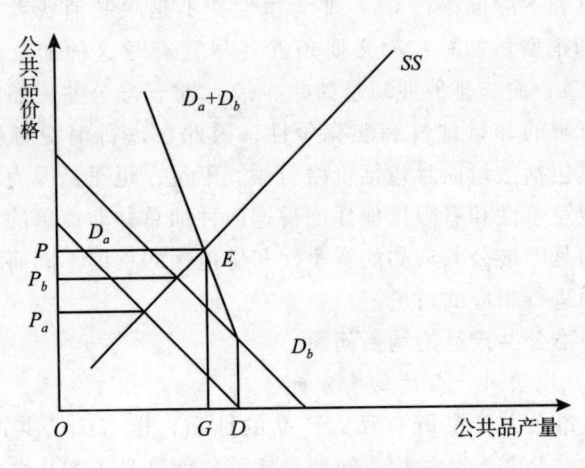

图 2-2 纯公共产品的均衡

意支付的价格（税收）是由每一个人的不同的需求曲线垂直加总得到的。总需求 $D = D_a + D_b$，在公共产品的供给曲线 SS 确定以后，D 与 SS 的交点 E 决定了公共产品的均衡产量 G，而所有的人愿意为数量为 G 的公共产品所支付的均衡价格（税收）$P = P_a + P_b$（这也可以表示为 $MRS_a + MRS_b = MRT$，$MRT = P$）。在均衡点上，公共产品的成本等于收益，实现了公共产品的最优配置。

实际上，在受预算约束的条件下，个人效用偏好函数（可以理解为外在的需求曲线）是由产品的数量和价格共同决定的。然而，由于在私人产品市场上，存在着众多的购买者和众多的生产者，因此单独的个体消费者不得不面对既定的市场价格来调整消费量。因此，私人产品的总偏好函数，亦即总需求曲线，只能水平加总，横向扩展。但是对公共产品来说，由于效用的完全外溢性使得数量排除完全不可能，个体消费者只能在既定量的公共产品面前，依自己的偏好来调整其对公共产品的税收贡献额（在虚拟均衡的条件下，这里是以价格的形式展示的）。这样，公共产品的总偏好效用，亦即总需求曲线，只能进行纵向加总，垂直上扬。因此我们可以进行如下的推论：（1）非竞争性并不是限制消费者偏好水平加总（即消费量加总）的必要条件（尽管有时这种加总似乎显得毫无意义），而非排他性却是如此。（2）对于准公共产品来说，由于具有有限的非排他性和非竞争性，因此在进行消费者偏好加总时，不仅包括数量而且包括价格份额。不过，也正是因为准公共产品的有限竞争性和有限排他性使得这两种加总并非简单的直接等额加总，而是随准公共产品的竞争性和排他性的程度不同而不同。这将在后面进行相应的讨论。

三、准公共产品的均衡问题

（一）准公共产品的均衡分析

由于准公共产品既有私人产品的性质，也有纯公共产品的特性，因此准公共产品的均衡问题显然需要就其私人产品性质的均衡与公共产品性质的均衡进行分别加总，而后再加以合并汇总。也就是说，将准公共产品中私人性质的部分按照价格（实际上是收费）不变的原则进行消费者偏好数量的横向加总，得出私人对直接受益部分的总需求曲线。然后，将准公共产品中公共产品性质的部分在私人价格需求既定（即由价格决定的偏好数量既定）的条件下，将固定的外溢性部分就消费者偏好的税收份额（价格因素）进行纵向加总，得出外溢部分的私人出价偏好加总额（即外溢性的消费者需求曲线）。最后，将横向加总和纵向加总的两条曲线汇总得出准公共产品的总需求曲线。在总需求曲线与供给的边际成本曲线的交点，实现了准公共产品的市场均衡，从而使其达到最优配置（如图2-3所示）。

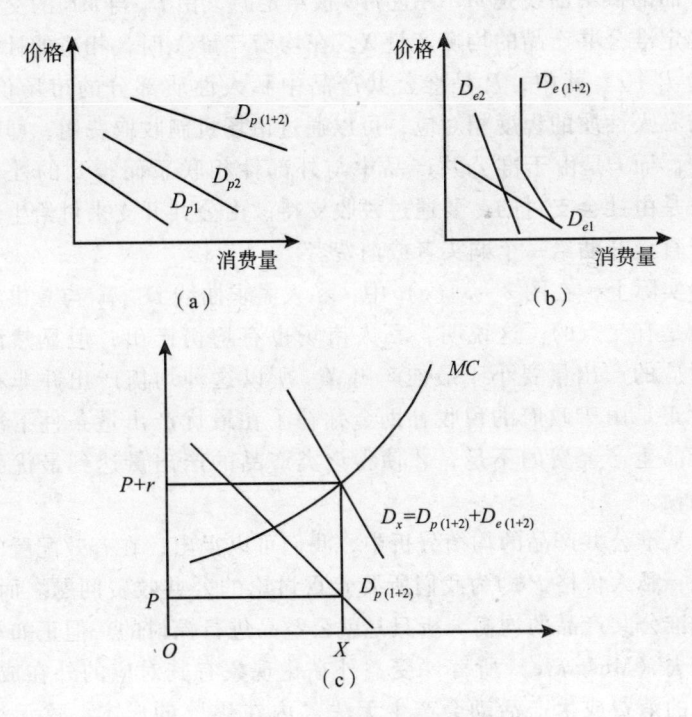

图2-3 准公共产品的均衡

在图2-3（a）中，D_{p1}和D_{p2}分别表示消费者对准公共产品中私人性质部分的市场需求。我们知道，由于在私人产品市场上存在着众多的购买者，因此准公共产品中具有私人性质的市场可售部分，其价格水平是既定的，消费者需求偏好的加总只能采取横向加总的办法，即$D_{p1} + D_{p2} = D_{p(1+2)}$。

在图2-3（b）中，D_{e1}和D_{e2}分别表示个人1和个人2对准公共产品中公共要素的需求曲线。这两条曲线的加总类似于纯公共产品的需求加总，即纵向加总。$D_{e1} + D_{e2} = D_{e(1+2)}$。

在图2-3（c）中，对准公共产品的社会总需求曲线D_x是由$D_{p(1+2)}$和$D_{e(1+2)}$垂直相加得出的，即$D_x = D_{p(1+2)} + D_{e(1+2)}$。当准公共产品的供给曲线是$MC$并且$MC$被给定时，由$D_x$与$MC$的交点可以确定准公共产品的均衡产量$X$。在均衡产量$X$时，相应的社会价格为$P + r$。其中，$P$是准公共产品中私人性质部分的市场价格，它与私人性质的程度相对应，可以通过市场机制收取费用，即公共收费。而r是由于准公共产品中与外部性相联系而得到的社会评价，是由社会支付的，要通过税收支持、由公共开支来付给生产部门或直接补贴给每个购买者或消费者。

实际上，在图2-3（c）中，私人需求曲线$D_{p(1+2)}$与总供给曲线也是有交点的。这说明，私人市场也有均衡产出，但显然该点所对应的产出量要小于最佳产出X，所以这种均衡产出并非有效率。正是由于政府的税收补助金弥补了在最优产出量条件下准公共产品生产经费的不足，才使得该类产品的产出量达到最优配置的均衡。

从准公共产品的均衡分析中，我们可以得出，在有效配置的均衡点，私人价格P即为我们所要着重讨论的公共收费问题。而且，上述准公共产品的均衡分析只是就公益品进行探讨的。但正如马斯格雷夫（Musgrave）所言"受益外在化现象有其对应的外在成本。私人的消费或生产活动会产生无法'内在化'的成本。这无法由消费者或生产者负担。结果，这些成本不恰当地为社会所负担，上述活动得到了过分扩展。外在受益的情况需要补贴,而外在成本的情况却要求征收惩罚性税收。当然,这是一个应如何处理社会'害物'的问题。如污染和环境损害等。这种问题是外在受益的反面"。①

公益品(Merit goods),如教育、医疗这样的机构之所以不能完全向消费者收取全额费用,也不能完全由政府免费提供,而是需要二者之间的有效结合,其原因就在于这些机构提供的是准公共产品(也有的人称之为混合产品)。

纯公共产品和私人产品是准公共产品的极端情况。对于极端私人产品而言,曲线 $D_{p(1+2)}$ 和曲线 D_x 是完全重叠的,二者之间的距离为零。也就是说,政府补助金 $r=0$。而对于纯公共产品来说,私人市场需求等于零。也就是说,曲线 $D_x = D_{e(1+2)}$,由政府补助金 r 抵付了全部价格,受益完全外在化了。在二者之间,就是准公共产品。这是由私人支付与政府补助金混合提供经费的。而且,随着准公共产品外溢性的扩大,政府补助金 r 的变动范围由 0～100%。当然,在存在负外部性的情况下,补助金 r 则是在相应的负数范围内进行变动(实际上成为皮古税或收费)。

(二)准公共产品的成本—效益分析

准公共产品实际上是那些生产的私人边际成本或边际收益与社会边际成本或边际收益存在着差异性的产品。这种产品的成本—效益分析显然不能仅仅局限于私人生产或消费的范围内,否则往往不能达到资源的最优配置。公共支出的有关外在性的成本—效益分析有助于全面考察准公共产品的配置效率。这种分析方法是将准公共产品的生产和消费置于社会经济的角度来考察,包括考察准公共产品直接的和间接的、有形的和无形的、技术的和货币的成本与效益。

例如,1989 年马斯格雷夫夫妇描述了一项灌溉项目的成本与

---

① 《美国财政理论与实践》,中国财政经济出版社 1987 年版。

效益。直接来自灌溉项目的有形受益是增加了农业产量,而间接的无形受益可能是减少了附近山地的土壤侵蚀和保持了令人赏心悦目的秀丽风景。直接的成本损失是管道的铺设费用,而间接的无形费用是破坏了野生动物的生存条件。

交通运输投资项目和医疗投资项目的成本—收益分析可由表2-1列出。

表 2-1　　　　　包括外溢性的成本和效益分析

受　　益	成　　本
关于运输投资项目	
实际直接受益:	
有形的　节省了燃料成本	增加了运输工具的折旧
无形的　节约了时间	增加了交通事故的发生
实际间接受益:	
有形的	减少了农业产出
无形的	自然景色成本
货币受益:新线路汽车修理厂主的增加收入	旧线路汽车修理厂主的收入减少
关于医疗投资项目	
实际直接受益:	
有形的　节省了未来治疗成本	现行医药费的支出成本
无形的	患者的时间损失
实际间接受益:	
有形的　减少了未来的患者数量	
无形的　提高了患者闲暇时间的质量	
货币受益:增加了医疗检测设备制造商的收入	减少了药品生产者的收入,这本应是在缺乏设备的情况下为改善患者症状所必须的

资料来源:Public Finance and Public Choice, Second Edition, Oxford University press 1998.

对于具有有限外溢性的产品的成本—收益的考察可以由上述表格阐明的类似的方法进行有效的分析。但准公共产品的外溢性以及消费者对外溢性的公共需求的准确确定则是一个极为棘手的问题。在图 2-3 中,我们假定了 D_{e1}、D_{e2} 和 $D_{e(1+2)}$ 是已知的。同时假定

补助金 r 也是已知的。因此，认为准公共产品的均衡分析和私人产品的市场均衡分析一样，也是非常简单的问题。但事实并非如此。实际上，对外溢性的评价，以及对补助金适当比率的评价，存在着一个需求偏好显示的问题。由于私人有限理性的存在，对外溢性的需求偏好显示存在着人们常常称谓的"搭便车"问题，从而使得对消费者需求偏好的准确揭示面临着困境。这也是目前公共经济学研究的前沿问题。

（三）"搭便车"行为与外溢性偏好的需求显示问题

"搭便车"行为是指如下两种情况：

1. 假定一个私人生产者生产和提供具有外溢性的产品与服务。这时，私人生产者将在市场上发现，除了他自己外，可能没有任何其他人愿意支付价格或全部价格来购买这种产品或服务。这是因为外溢性效用的消费既然不具有排他性，那么只要它被生产出来以后，每个人都可以从中受益而不必支付相应的成本。当私人生产者向他们索取费用以弥补成本时，他们甚至可以说："我并不需要，因此不愿意付款；你可以自己保留它"。但由于非排他性的存在，私人生产者很难做到保留该产品而不使其他人"公共地"使用它。结果，要么私人生产者自己赔本生产，要么就不再进行生产。

这种个人不主动为消费外溢性产品或服务付费，而总是想让别人生产然后自己免费享用的行为，就叫做"搭便车"行为。

2. 那些具有外溢性的产品或服务是由政府性公共部门来提供的，但就外溢性消费的筹资显然必须由消费者的纳税来弥补。这时，政府最为简单的办法就是直接征询每个人的意见：你愿意为增加一种外溢性（即具有完全外溢性的纯公共产品或具有有限外溢性的准公共产品）消费付出多少私人产品（通常可用货币代表私人产品。这样也是问：你愿意付出多少钱？）按照个人效用最大化的逻辑，个人更具有不说实话的动机。其原因在于，如果每个人知道税收将根据自己报告的愿付数额征收，而不会改变社会对外溢性产品或服务的产出数量，那么他就会尽可能少报，以便做到少花钱多享用的目的。如果每个人都知道税收是既定的，无论自己报多少都不会改变自己的纳税额，那么他就会多报。这样可以提高具有外溢性的产品或服务的数量，而不必自己多花钱。这些不能真实显示自己意愿的行为，也是"搭便车"的表现形式。

这两种"搭便车"行为，使得具有外溢性的产品或服务的实际产出偏离了社会最佳需求规模，导致了社会资源配置的无效率。

然而，在我们上述公共产品和准公共产品的均衡讨论中，实际上是有三个假定条件的，即：

（1）在社会生产中，存在着一个无所不知的计划者，他了解每个人愿意对外溢性消费所支付的价格。只有他了解这么许多价格（税收份额）后，由 $\sum P_i = MC$，计划者才能向社会提供该类产品或服务；

（2）假定每个人都愿意准确披露自己对具有外溢性产品或服务的真实偏好。只有这样，才能有：

$$\sum_{i=1}^{n} MRS_{j,k}^{i} = MC$$

（3）均衡模型假定提供外溢性产品或服务的成本是由个人所交纳的税收支付的，但这些税收不对商品的相对需求价格发生影响，从而不会改变个人对私人产品和具有外溢性的公共产品的相对需求。那么这样的税收充其量只能是一次性总付税。

实际上，由于信息不全、"搭便车"行为的存在和实际税收体制结构的纷繁复杂，这些限制性条件均难以满足。这说明，公共产品或准公共产品的均衡性分析模型，无论在计划体制中，还是在市场体制中，只能是理想状态。但一种假设是否有效，不一定看它是否最接近复杂的现实，而是看它是否具有理性的解释和预见力。就公共收费而言，准公共产品的均衡性分析无疑为我们判断准公共产品的供应提供了标准与规范。

由此看来，准公共产品的有效提供最终聚焦于外溢性程度的确定和外溢性需求的真实显示问题。这也是确定公共收费范围和标准的基础。

由于私人不能就外溢性问题进行妥善决策，因此只能由政府担当此项职能，即设法揭示公众偏好和提供外溢性产品或服务。事实上，私人经济中的政府，最初就是为了提供公共产品而由私人建立起来的。政府的这一职能具体体现为：(1) 尽可能正确地估价社会对公共产品的实际需求；(2) 按照社会福利最大化的原则确定相应的税收比率，并用税收支出来维持大量外溢性产品或服务的供给，为社会公众提供服务。

一般来说，政府和社会计划者可能既不知道个别消费者对外溢性产品的效用函数，也不知道其对私人产品的效用函数。但在市场经济中，政府或计划者不知道私人产品的效用函数并没有多大关系，因为市场机制本身就是个人偏好的揭示机制。可是，在具有外溢性产品或服务的场合，个人不能单方面调整消费量。这种不可调整性决定了不可能存在一种像市场机制那样清晰自如的偏好显示机制。因此，政府或社会计划者就必须设计其他办法以了解消费者个人的公共性偏好，使他们的边际替代率得以显示出来。

迄今为止，经济学家设计了若干种需求揭示方法，可简单归结为：(1) 抽样调查法。假定要调查 n 个个人对公共产品的偏好，就设法找出一个代表，如该代表愿意为公共产品支付 t，那么全体个人意愿即为 nt。但是，当 $n\to\infty$ 时，确定抽样的代表本身就是一件很费力的工作，代表不易选准。(2) "用脚投票法"。这是蒂布特（C. M. Tiebout）提出的。他假定社会提供的外溢性产品或服务是具有地方性的。即只有在特殊的区域内才能享受到该类产品或服务的效用。个人是根据其从中的受益来决定其定居的位置。可见，定居位置可以反映出个人对具有外溢性公共产品的偏好。但由于这一理论是假设人们的收入是非劳动收入，因此与劳动收入相关的工作选择限制难以充分考虑。事实上，也许只有受教育人员或退休人员才可能具有"蒂布特流动"的可行性。(3) 运用博弈论来确定个人对外溢性产品或服务的需求偏好。诸如，维克里（Vickrey）

的税收拍卖理论、克拉克（Clarke）税等。这些方法自如有其独到之处。但迄今并未在实践中找到切实可行的方案。

不管怎样，公共选择能够为克服"搭便车"问题提供了较为有效的"桥梁"。公共选择问题的本质就是对各式各样外溢性产品或服务的供给问题作出妥善决策。当然，政府究竟以哪种方式对外溢性产品或服务的供给作出决策还是需要进一步探讨的问题。政府能否实现这些产品或服务的有效配置，主要取决于政府在决策时是否真正代表了公众的利益，是否以社会福利最大化为目标。在现实中，政府本身却并不一定就是以社会福利为其决策的惟一目标函数的，而往往服从于经济运行中的某些特殊利益。况且，即使是理想中的政府，其本身也存在着一定的决策偏差和决策时滞，未必能够及时准确地反映现实情况。

第二节 准公共产品的私人提供与政府提供

产品的生产与提供在概念的内涵和外延上并非等同。有些产品或服务是由私人生产的，但政府却是该类产品或服务的真正提供者。例如国防便是这样，政府委托私人企业进行设备生产，通过政府购买的方式来组成国防力量。这是私人生产、政府提供的典型实例。

实际上，产品或服务由谁来具体生产或经营与最终产品或服务的处置性权力垄断（有时亦即产权）并不一定有必然的联系，但是"由谁来提供"的问题则和权力的垄断有着必然的联系，而且这决定着社会资源的配置效率。

为了简便起见，在这里，我们将私人生产且私人提供直接等同于私人提供，而政府提供则可能存在着两种情况：（1）私人生产但由政府提供；（2）由政府直接生产和提供。

在准公共产品领域，虽然在不同程度上存在着外溢性，但并非总是值得由政府出面干预的。当然，政府干预，甚至政府管制，是一个比政府提供更为宽泛的概念。不过，我们在此暂时将政府干预与政府提供认为是近似的概念，以简便研究。这样，就存在着一个如何在准公共产品领域寻求政府干预的最佳边界的问题，因为这也是确定公共收费具体适用范围的问题。

在市场经济条件下，本着充分发挥市场机制作用的原则，我们必须首先探讨准公共产品的私人提供与外溢性如何内在化的问题，然后才是在此基础上进一步探讨政府提供的问题与政府提供的方式。

一、市场机制自身进行的外溢性内部化——准公共产品的私人提供

尽管准公共产品是具有外部性的产品，这使得市场直接提供该类产品缺乏足够的效率，但并不意味着某些准公共产品不能够通过市场自身调节以内在化其外部效应。按照科斯定理，如果交易成本为零，那么市场对社会资源的配置能够自动实现帕累托最优。但在现实中，交易成本为正数是普遍性现象。因此，依据科斯定理的进一步推论，如果交易成本小于产权鉴定或产权调整的费用，那么通过市场自身内部化准公共产品的外溢性也是有效率的，也是能够达到社会资源的最优配置（只不过，这种最优配置是在交易成本为正的条件下的最优配置）。

根据诺思的分析，交易费用包括两个阶段的费用：第一阶段的费用包括交换没发生时鉴定和管理独占权的费用；第二阶段的费用是就权利交换和转让的契约进行谈判及行使而引起的。

交易成本可分为产品的交易成本或产权的交易成本。这些交易成本都是针对交易行为本身而言的，都是权利的让渡，但对象不尽相同。一般来说，随着产品或服务的外溢程度或外溢范围的扩大，两种交易成本均相应增加，但产权的交易成本增加的速度更快。因为外溢性的增强，使得产权的鉴定越来越困难，更何况关于产权的交易。

在外溢性范围较小的情况下，如科斯在《社会成本问题》中所举的养牛者和在毗邻土地上经营谷物生产的农夫，以及皮古（Pigou）曾引用过的著名养蜂者与果园经营者的案例，往往可以通过双方的谈判协商来加以解决。其办法有两种：

1. 通过协商来鉴定外溢性的产权（亦即确定"谁贿赂谁"）实行外部效应的内部化。也就是说，将"外溢性"作为一种特殊的商品进行鉴定和交易。由于这种外部性只是涉及有限的参与者，因此相对来说交易费用不高，易于达成协议。

2. 通过产权变更，采取一体化方式（横向的或纵向的）合并企业，以使外部性内在化。这种方式可以认为是进行产权的交易。

但是，在外溢性范围较为广泛的情况下（亦即所涉及的受益者或受害者众多），这些协商或一体化所引起的交易费用或企业管理监督费用就会明显增加，以至于根本达不成协议。例如，一家排污钢铁厂（排污水于河流）影响着多家渔业公司以及同样要利用水的造纸厂、自来水厂和纺织厂等。这样，通过私人市场交易来内部化外溢性的可能性就趋于零。因为私人消除这种外溢性的成本要大于消除它以后所得到的收益。在这种情况下，就有必要考虑政府干预的可能性问题。

不过，由于在外溢性涉及范围较小、交易费用可以承受的情况下，外部性能够在私人市场范围内解决，因此私人提供相对来说仍然是有效率的，无须政府干预（即使需要，充其量也是协助鉴定产权），因此在这里起作用的仍然是价格机制，而不是公共收费机制。

二、政府干预与公共收费机制得以实行的条件

由于交易成本的存在其随着外溢性范围的扩大（即所谓的"多数人问题"）而急剧增加，在私人市场上产权的重新鉴定或产权的重新调整就不会发生，那么外部性就会仍然存在，资源的配置效率依然较低。

那么政府是否会在私人市场难以达成外部性内在化协议的边界上就有必要进行干预呢？在这里，必须明确的是政府干预也是要有成本的。首先，政府在实行税收—补贴政策或其他可能的政策之前，也需要清楚地计量外部效应的大小和各受害者或受益者受影响的程度，然后才能制定适当的税收率或补贴率。其次，征税和分配补贴也是要耗费人力物力的。如果这些成本费用大于外部效应造成的损失，那么这种对外部效应的消除仍然是不值得的。也就是说，此时，外部效应即使存在也"不应该"被消除。

由此可见，在存在外部效应的场合，政府进行干预的惟一理由仅在于它消除一种外部效应所需的成本，不仅小于确立或调整私人产权的交易成本，而且小于干预后所获得的社会受益时方才可行。这意味着有可能在私人市场自行内在化外部性与政府干预之间，存在着某些"不值得消除的外溢性"的空白地带。

如前所说，公共收费是政府干预和有限外溢性（或准公共产品）的函数。政府干预的理由自然也就成为公共收费的重要原因。政府干预，在这里，严格限定为政府对具有外溢性的产品或服务实行定价管制和质量管制。当然，政府干预也包括政府免费供应的范围或区域，虽然这并不是公共收费存在的领域。

三、政府提供与公共收费

由于政府干预内涵的严格限定，因此政府提供实际上是等同于政府干预的。就准公共产品而言，政府提供往往与公共收费机制相联系。

在私人生产、政府提供的场合，政府提供体现为政府不仅规定了进入某一领域的进入条件和私人生产厂商的产品质量，而且，更为重要的是，政府直接控制了厂商的产品定价权，亦即实行公共定价制度。这实际上意味着，私人厂商只有生产的权利而没有依照自己的意愿进行自由售卖的权利。在这种情况下，私人实际上只拥有有限的产权，主导权在政府。在英、美等国，私人经营的电力、煤气、自来水等业务均程度不同地受到政府的定价管制，而且在这些行业，虽然私有化和公有化交替出现，但主动权则在集中反映社会公众意愿的政府部门。

在完全由政府生产和政府提供的场合，政府管制基本上贯彻始终，受规制的产品或服务的"价格"直接体现为公共收费。这是无须争辩的事实。

政府提供的目的主要是在社会范围内消除外溢性产品或服务的无效率配置状态，实行外溢性的内在化。因政府提供准公共产品而形成的收入，在广义的范畴上，成为政府性公共部门的收入，也有很大比率被纳入政府财政预算管理之中，因而成为政府公共收入的重要组成部分。不过，也有相当部分收入成为提供该类产品或服务的私人生产者弥补性收入，而不经过政府预算管理（实际上，在很多情况下，从事这种服务的国有企业的收费收入也脱离预算管理，只不过是在政府"直接所有"的范围内运转）。

那么，为什么可能或允许私人生产者在政府干预的范围内从事准公共产品的生产呢？简单地说，这实际上仍然存在着政府干预成本的比较问题（只不过这是政府在干预产品的生产费用加交易费用，还是政府仅仅干预交易费用之间进行选择）。总的来说，由于私人生产的内部激励机制较为健全完善，因此从社会角度来看，其生产费用相对较小，所以在不影响政府价格管制和质量控制的前提下，私人从事该类产品或服务的生产活动往往是可取的。当然，私人从事这类生产活动的前提至少是生产产权的鉴定较为明确。像治理公共环境污染这类的服务，由于只能直接以政府的行政、司法权力为依托（可以认为是私人生产产权的鉴定较为困难），因此私人从事这类生产活动的可能性较小，只能交由政府直接经营的企业或直接由相关行政司法部门代为执行。这只是理论上的分析。在实际生活中，究竟是由私人生产，还是由国有单位生产，不仅仅是一个纯粹经济分析的问题，还涉及某一社会的道德、伦理和历史等方面的要素，情况较为复杂。不过，从历史演变的轨迹，我们大致可以看出一些端倪。因为，从20世纪40～60年代，西方市场经济国家大规模的国有化运动，反映了单纯的私人经济并不能使经济运行得以持续进行，而从 70 年代以来的放松管制和私有化运动，则说明政府干预规模的过分庞大有窒息经济效率之虞。经济运行的历史性反复，在某种意义上，是一种历史的抉择或历史的矫正。但放松管制和私有化运动并不意味着政府对外溢性产品或服务的生产和消费放任不管，只不过是管制方式和管制范围的重新调整。

综上所述，我们可以粗线条地勾画出政府干预和公共收费的大致边界（如图 2－4 所示）。

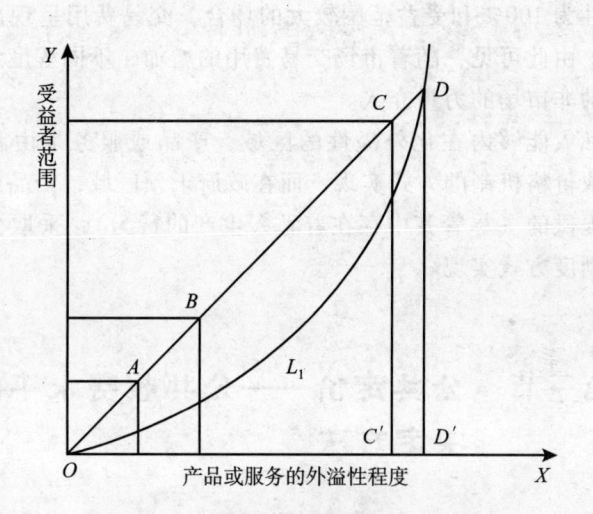

图 2－4 政府干预和公共收费的边界

图 2－4 中，X 轴线表示社会产品的外溢性程度。在 O 点，外溢性为 0，是私人产品范畴；在 D' 点，外溢性为 100%，是公共产品范畴。介于 O 和 D' 之间的线段 OD' 为有限外溢性产品或服务的范围。Y 轴表示产品或服务的受益者范围。直线 OD 表示由受益者范围和外溢性程度决定着的不同属性的社会产品。曲线 L_1 表示产品或服务生产或消费的市场交易费用。在外溢性范围较小的情况下，存在着私人市场内在化外溢性的区域（即 OA 段），也存在着

根本不值得消除外溢性的"无须内在化区域"（即 AB 段）。随着外溢性范围和外溢性程度的扩大，就效率比较而言，政府干预是可行的（即 BD 段）。但在外溢性接近 100% 的区域，政府干预往往是采取赋税制度（包括受益税）进行的（即 CD 段，包括 D 点），余者主要是采取公共收费机制来规制和矫正外溢性影响（即 BC 段）。也就是说，公共收费机制的适应区域是社会产品线上的 BC 区间。交易费用 L_1 曲线实际上是私人市场交易费用的大小。随着社会产品外溢性和所涉及的受益者人数的增加，市场交易费用逐步上升。在外溢性为 100% 和受益范围较大的场合，交易费用呈现出无穷大的特点。由此可见，随着市场交易费用的增加，不同程度地需要依靠政府的非市场的力量介入。

在私人能够内在化外溢性的区域，产品或服务是由私人提供的，采取价格机制的方式实现，而在政府干预区域，产品或服务是由政府提供的（尽管其中存在着私人生产的行为），采取公共收费或税收制度方式实现。

第三节　公共定价——公共收费水平的决定方法

尽管我们通过准公共产品的市场均衡分析可以在理论上鉴定公共收费、找到帕累托最佳效率状态下所对应的适度公共收费水平，但一方面由于准公共产品的生产或消费存在着"搭便车"行为，另一方面由于在实际生活中对外溢性产品或服务的外溢性程度难以精确测量，因此准公共产品的市场均衡只能为公共收费水平的确定提供规范性框架。具体如何依据这种均衡性分析制定公共收费水平则还需要作进一步探讨。公共定价的目的在于将准公共产品均衡分析所得出的理论原则运用于具体实践。也就是说，通过公共定价，在理论与实践之间尽可能架起一座"桥梁"。

一、公共定价的方式

公共定价主要是以具有外溢性的准公共产品为对象的。严格地说，公共定价所涉及的仅仅是需要政府提供且以公共收费方式进行的准公共产品。当然，由于社会产品或服务的生产和消费特性随着经济的发展及技术的进步，以及政府职能的变迁而不断地发生变化，因此公共定价领域也会进行相应的变动。由于准公共产品的外溢性，公共定价主要探讨该类产品或服务的成本补偿和与此相联系的效率配置问题。在此，主要以公益事业或自然垄断为对象，介绍几种收费决定方式。

（一）按照边际成本定价

按照边际成本定价是私人市场价格形成机制的通则。如前所说，公共收费由于是针对具有有限外溢性的准公共产品，因此公共收费水平一般不便采取按照边际成本定价的方式进行。但这是对一般性商品而言的，对于诸如自然垄断之类的产品或服务，如果按照边际成本定价的办法确定私人市场价格，恰恰是有效的，但却面临着执行中的诸多困难，实际上是难以执行的。因为，像铁路路网、煤气管道等具有自然垄断性质的业务，存在着规模经济或范围经济效应，存在着成本的劣加性。也就是说，其生产的边际成本往往是呈持续下降的态势。此时，私人市场价格如果采取边际成本定价的方式，就会使厂商面临着巨额亏损，从而难以持续经营。如果政府提供，以税收—补贴的方式弥补生产亏损，那么往往能够取得理想的资源配置效率。为了清晰地探讨边际成本定价方式，我们可以首先从图 2-5 中考察自然垄断产品或服务的市场均衡状态。

图中，DD 为需求曲线，MC 是边际成本曲线，AC 是平均成本曲线。由于规模经济效应的存在，成本曲线均呈向右下方倾斜的态势。与作为需求曲线和边际成本曲线交点的 M 所对应的 OP_p 是帕累托最优的边际成本收费。但按照边际成本收费就会使企业出现每单位平均为 NM，而总额为 P_pMNS 的赤字。如果没有政府的税收补助,那么企业会因严重的亏损而难以持续经营。

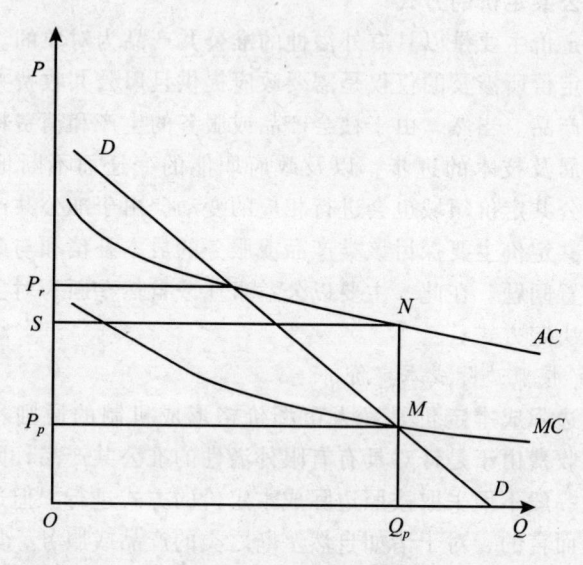

图 2-5 成本递减下的边际成本收费方式

从效率角度来看,即使是在规模经济效应存在的情况下,按照边际成本收费仍然是实现资源配置最优的必要条件。这可以从如下的推导中得到证明:

假设需求曲线为 $f(Q)$,P 为收费或价格,那么,$P = f(Q)$。因此,需求反函数为 $P = P(Q)$。同时,假设 C 为企业对特定服务支付的费用(或成本),那么费用函数为 $C = C(Q)$。如果社会评估可以为这项服务支付的总额(或社会总效益)为 SB,而社会为提供这项服务所需要的总费用(或社会总成本)为 SC,则 $SB = \int P(Q) \, dQ$,$SC = C(Q)$。社会总效益与社会总成本之差为"经济福利" W。那么,

$$W = SB - SC = \int P(Q) \, dQ - C(Q) \tag{1}$$

对（1）式两边求导，并令其等于零，那么：
$$\frac{dW}{dQ}P(Q) - C'(Q) = P - C'(Q) = 0$$
因此，$P = C'(Q)$。

由于$C'(Q)$意味着社会边际成本（在这里它是和私人边际成本一致的），所以这样的收费水平可以使社会经济福利W最大化。由此可见，按照边际成本确定收费水平就能达到资源配置的优化。

按照边际成本方法确定收费水平虽然使企业出现亏损，但却能够首先资源配置的最优。如果政府以实现资源配置效率为首要目标，并且用税收收入来支付企业亏损，即采取税收—补贴的方式弥补亏损，那么既能保持企业财务的稳定性从而使生产活动得以继续，也能够实现帕累托最优。

但是，这种方法存在着如下问题：第一，确保税收有困难。由于公益事业大都是以设备为主的产业，固定成本在总成本中占有很高比率，而可变成本所占比率较低。因此，按照边际成本来确定收费水平，将会使政府面临着巨大的税收补贴额。如果所有的相关产业均采取这种方法，国家财政不勘负重。第二，企业经营散漫。如果完全靠税收来资助企业的长期亏损，企业就会缺乏降低成本和创新的动力，那么企业就会陷入经营散漫状态。另外，存在着成本劣加性但边际成本递增的产业（由于成本的劣加性才真正是自然垄断的根本特征），如果按照边际成本确定收费水平，那么企业就会获得超额利润，从而使收费规制失去意义。

由此看来，在自然垄断行业普遍采取边际成本定价方式是十分困难的。

（二）按照平均成本定价

如果政府既为了避免使企业出现经营亏损，也不使其产生超额利润，那么收费水平的确定可以采取平均成本定价的方式。

若政府当局以企业实现收支平衡（包含正常利润）为条件，采取尽可能使经济福利最大化的方式确定收费水平，那么假设：企业

的总收入为 PQ（P 为价格，Q 为供给量），成本函数为 $C(Q)$，则收支平衡式为 $PQ - C(Q) = 0$。其余假设均和边际成本定价法相同。

由于在按边际成本定价中有：

$$W = SB - SC = \int P(Q)dQ - C(Q)$$

由于按平均成本定价是以收支平衡为条件使社会经济福利最大化的，所以如果使用拉各朗日乘数 λ，那么使上式的 W 最大化的目标函数就成为：

$$W = \int P(Q)dQ - C(Q) + \lambda[PQ - C(Q)] \tag{2}$$

这样，最大化的表达式就成为：

$$dW/dQ = P - C'(Q) + \lambda[P + Q \times dP/dQ - C'(Q)] = 0 \tag{3}$$

设 $C'(Q) = MC$（边际成本），则等式两边同时除以 P，就成为：

$$\frac{P - MC}{P} = -\lambda\left(\frac{P - MC}{P} + \frac{Q}{P} \times \frac{dP}{dQ}\right)$$

$$\frac{P - MC}{P} = -\frac{\lambda}{1 + \lambda} \times \frac{Q}{P} \times \frac{dP}{dQ} = \frac{\lambda}{1 + \lambda} \times \frac{1}{\varepsilon}$$

在这里，$\varepsilon = -(P/Q) \cdot (dQ/dP)$（也就是需求的价格弹性由于它表示价格上升所导致的需求的下降这样一种关系，所以加一个负号，使 ε 大于零）。在这里，设 $\lambda/(1 + \lambda) = R$，则可以得出如下的等式：

$$\frac{P - MC}{P} = \frac{R}{\varepsilon} \quad \text{或者} \quad P = \frac{MC}{1 - R/\varepsilon}$$

这里 R，指的是对边际成本收费打一定折扣或给予一定加成的指数，也称为"拉姆塞指数"。这种按照平均成本确定收费水平的方法也称为拉姆塞（Ramsey）方法。其含义是：至少在成本递减产业，基于稳定企业财务和减轻国家财政负担的考虑，有必要把收费水平定在略高于边际成本收费的一定水平，其高出的程度与该类产品或服务的需求弹性相关，即 R/ε。

拉姆塞收费既能保证企业收支平衡，又能促使经济福利最大化，克服了按边际成本收费的缺陷，因此在现实中是一种较好的选择。存在的问题是：(1) 在实际工作中，政府是否有足够的信息来制定拉姆塞价格；(2) 拉姆塞价格会随着不同需求弹性的变化而变化，将有可能会过分损害需求弹性小的消费者，造成不公平的现象。

但是，与垄断性价格和边际成本收费相比，拉姆塞收费实际上是较为贴合现实的次优收费方式。通过相应的推导，我们可以得出垄断价格的决定水平是：

$$\frac{P-MC}{P}=\frac{1}{\varepsilon} \quad \text{或者} \quad P=\frac{MC}{1-\frac{1}{\varepsilon}}$$

由此可见，垄断价格比边际成本收费高出由需求价格弹性所决定的那部分。而拉姆塞收费是介于二者之间的收费决定方式，因而就社会经济福利而言拉姆塞收费是次优的收费决定方式。从图 2-6 可以清晰地看出拉姆塞收费和边际成本收费、垄断性价格收费的区别。

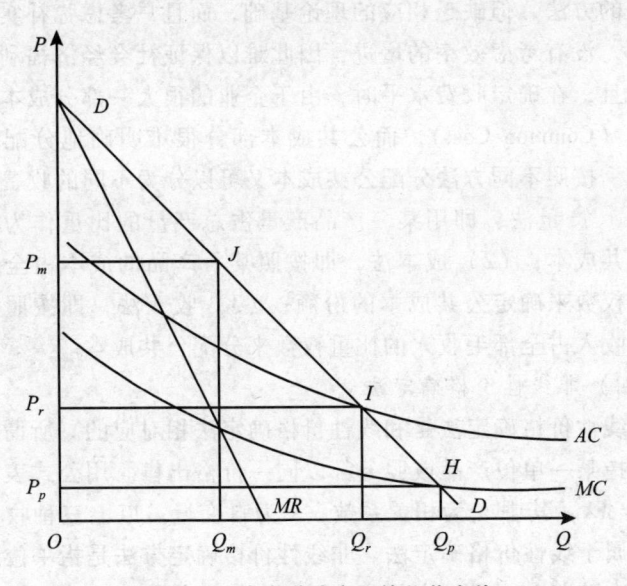

图 2-6 成本递减产业的公共定价

图中，需求曲线 DD 与边际成本曲线 MC 的交点 H 决定了按边际成本确定的收费水平 P_p，需求曲线 DD 与平均成本曲线 AC 的交点决定了拉姆塞收费 P_r，而由企业边际成本与边际收益 MR 的交点所对应的需求曲线 DD 上的点 J 决定了垄断价格 P_m。显然，按照垄断价格决定收费水平，企业的利润达到了最大化，但社会经济福利的损失很大；而按照边际成本确定收费水平，社会经济福利可以达到最大化，但企业则陷入巨额亏损状态，会加重政府财政负担。因此，按照拉姆塞价格水平来收费是较好的选择。

（三）按照"完全分摊成本"的方法来确定收费水平

所谓"完全分摊成本"法（Full Distribute Cost），即按照一定标准把成本完全分摊给各种需求的成本而制定的价格或收费，保证企业以收抵支。这种方法的主要目的是使多产品垄断企业的收入足以弥补其成本。这种方法实际上是将个别的、实际的成本分摊给各个不同需求。与其他收费决定方式相比，这种方法虽然是实际中经常采取的方法，但缺乏相应的理论基础，而且只考虑弥补实际发生的成本，没有考虑效率的增进，因此难以保证社会经济福利的最大化。而且，在确定收费水平时，由于企业的很大一部分成本属于公共成本（Common Cost），而公共成本部分很难明确地分配到单位产量上。按照不同方法分配公共成本又可以分为不同的收费决定方法。（1）产量法，即用某一产品产量占总产量的比重作为权数来分配公共成本；（2）成本法，即按照某一产品的成本占全部成本的比重权数来确定公共成本的份额；（3）收入法，即按照某一产品的毛收入占全部毛收入的比重权数来分配公共成本。

（四）非线性价格确定法

非线性价格确定法是和线性价格确定法相对应的。所谓线性价格，是指某一单位产品或服务都以同一价格出售。用公式表示，即为：$Y = \lambda X$，其中 λ 为相关系数，X 为自变量。以上三种收费决定方式均属于线性价格确定法。非线性价格确定方法是指单位产量的收费标准随着购买量的变化而变动。非线性收费用公式可以简单表示为：$Y = a + bX$，其中 a 和 b 为定量，而 X 为自变量。

由于需求量大小与产品或服务的供应成本相关，因此那种不论需求量多少均向用户收取同一费用的做法往往会使大宗用户感到不公平。这样，就存在着一个把成本结构详细分类，然后设计相应方法将成本公平分配给用户的历史过程。各种各样的非线性收费方法应用而生。非线性收费方式在运费、电费、电讯和邮电资费的制定中被广泛使用。

例如，二部收费是定额收费和从量收费相结合的收费体系，即以一定的基本消费量收取的月金额与按从量计算的从量收费相结合。二部收费方式中的定额收费，也称为"基本费"，在理论上相当于图 2-5 中按边际成本收费所造成的企业亏损额（即 P_pMNS 的面积），由于这部分是与供给量的变化无关的，因此可以认为是一种固定费用。固定费用显然难以通过计算使用量的方法收费，因此需要将固定费用总额（假设为 K）按照用户总数分解为每一用户的平均固定收费额，即 $T = K/N$（N 为用户数量）。如果使用者的使用量为 Q，则二部收费（假设为 P_m）水平为：$P_m = K/N + P_p(Q) = T + P_p(Q)$。其中，$P_p$ 是图 2-5 所示的边际成本收费水平。由于这种二部收费可以收回固定费用和边际成本总额（从短期来看与可变收费总额相同），所以只要企业能够实现预期销售量，就能够实现收支平衡。这有助于稳定企业财务，减轻国家财政负担。而且，从经济福利角度来看，二部收费虽然不及按边际成本形成的收费，但优于按平均成本收费。

高峰负荷收费方式，作为非线性收费的另外一种重要方式，是指对不同时段或时期的不同需求制定不同的价格。在电力、煤气、自来水、电话等行业，按需求的季节、月份或时区的需求高峰和非高峰的变化，系统地制定不同的价格，以平衡需求状况。在需求高时，收费最高，而处于需求低峰时，收费最低。高峰负荷收费方式是边际成本价格形成理论在产业方面的最充分的运用。在实际工作中，高峰负荷收费水平的制定存在着复杂的情况，有不同的组合方式。

二、公共收费体系

公共定价实际上涉及公共定价水平和相应的收费体系问题。公共定价水平决定了政府性公共部门提供每一单位公共产品的收费多少；在公共定价水平基础上确定的收费体系是把费用结构和需求结构考虑进来的各种定价组合。

所谓需求结构是指消费者在一定条件下的有效需求（即愿意购买且有能力购买）随着产业或产品的距离、时间、地区、消费方式的变动而组合形成的各种比例。如：（1）产业用、企业用和家庭用之间的比率；（2）大量需求和小量需求之间；（3）需求高峰和非高峰等。所谓费用结构（也称为成本结构）包括生产所耗费的固定成本和变动成本、总括成本和分项成本、短期成本和长期成本等比例组合。

由于产品或服务的成本结构和需求结构不同，以及国家产业政策和各产业的市场结构特征各异，从而形成了各种收费体系。各种收费体系有其各自的适用范围和优缺点，而且随着经济技术的进步和各国政府管制方式的变革，各种收费体系的确定方式和相互间的比例结构也在不断地变化，因此在具体确定收费体系时要根据产业结构、产业性质、产品性质和消费者需求的变化而进行相应的选择。这已经超出了本书讨论的范围。

三、收费的构成和公共收费的计算程序

公共收费是针对具有有限外溢性的准公共产品。准公共产品外溢性程度的不同，不仅决定了消费者直接受益程度的不同，而且决定了由谁来生产和提供。对于外溢性较强和外溢范围较广的准公共产品，有时不仅私人企业难以提供，甚至国有企业也难以从事。例如，提供结婚证照和企业经营执照等。这些服务最终只能由富有极强行政垄断能力的政府来提供（证照本身可能会由企业生产）。因此，像证照或执照性公共收费的费用构成只能是提供这些特定服务的直接费用，既不包括利润、税金，也不包括固定资产折旧和公务

员的工资。一般来说,规费往往具有此类性质,而使用费则不同。在实际工作中,使用费可能既包括成本,又包括利润,甚至税金。因此,公共收费的费用构成必须依据具体实践而有所取舍。

确定科学合理的公共收费的计算程序有助于公共定价水平的精确确定。因为在实践中,收费水平往往因市场的不充分性(即市场难以充分揭示准公共产品的价格)而必须事先确定。这里主要以公益事业为例来阐明公共收费的计算程序。

1. 定出一定的"估算收费期间"(由于管制性产业的经济环境各不相同,所确定的估算期也不尽相同,一般以3~5年为宜)。

2. 在估算收费期间,企业打算进行的投资及其资金筹措需经过有关管理部门审查,认为合理可行的发展计划才能批准。

3. 要算出临近估算收费期间(一般为估算前几个月)与生产或提供的产品或服务相关的事业总费用(包括所有的固定费用和变动费用)。

4. 要考虑在估算收费期间可能发生的费用变化幅度,算出"预期事业费"。

5. 算出估算收费期间企业必要的"事业报酬"(付息、红利和企业内部留成)。

6. 算出包括预期事业费和事业报酬在内的总成本。

7. 预测出估算收费期间的需求量,并以其平均值除总成本,算出每一单位的平均收费(这就叫做平均成本收费和总成本收费)。

在上述确定收费水平的程序中,有关"事业报酬"的确定,实际上是根据具体情况确定企业是否应该得到报酬和报酬率如何的问题,即公正报酬的计算。目前,在国际上有两种计算事业报酬的方法,一种是根据估算期间资本和负债的构成情况与数额,分别估算其必要的事业报酬,再将这些项目相加得出的"累计计算方法"。另外一种是收费基点计算方法。

收费基点计算方法是把"事业资产" V 乘以"公正报酬率"

Φ，然后算出事业报酬额的方式。从资本账户来看，事业资产 V 是由负债资本 D 和自有资本 E 构成的，所以公正报酬是由负债资本利息和自有资本利润构成的。公正报酬率的计算方式为：

$$\Phi = \frac{D}{V} \times i + \frac{E}{V} l$$

也就是说，公正报酬率 Φ 通过确定负债资本比率（D/V）、负债资本利息率（i）、自有资本比率（E/V）和自有资本利润率（l）来决定。

在实际工作中，由于信息不对称，公益事业企业往往采取扩大成本、隐藏收益和虚报亏损等手段获取额外收益。所以存在着一个管制者和被管制者之间的动态博弈过程。这往往是公共定价效率不高的客观原因，值得注意。有关这方面的研究，可参阅阿巴契和约翰逊等人的相关著作。

第四节 公共收费的决定程序

如前所说，准公共产品与纯公共产品一样，也面临着消费者需求偏好的显示难题，而不得不依赖公共选择（或非市场的政治程序）来决定其生产和供应的规模、方式及费用水平。政府对公共收费的使用范围和费用收取的水准一方面与政府提供的产品或服务密切相关（例如国防、社会福利和对高速公路的巡逻是很难定价的），另一方面也与对公共产品定价的政治态度相关。优化准公共产品供给和公共收费水平的政治决定程序是实现资源有效配置及确保公共收费规范合理的制度保证。不过，由于准公共产品的外溢性程度和纯公共产品相比是有限的，存在着市场介入因素，所以准公共产品的决定还需考虑如何充分发挥市场机制对消费者需求的揭示功能。也就是说，准公共产品的二重性（既有公共性，也有私人性)使得该类产品或服务的提供和相关公共收费水平的决定既不能完全依靠市场,也不能单纯采取非市场的政治决策过程。准公共产品的提供和公共收费水平的决定要采取二者相结合的办法来进行。一般来说,依靠哪一种方式为主要视准公共产品外溢性的大小而定。外溢性越大依靠政治决策的程度也就越大,反之则相反。

强调准公共产品的市场性和市场选择主要是因为市场机制是迄今为止人类所发现的最为廉价的需求偏好揭示机制。但就外溢性而言,不存在市场交易的可能(如果市场功能得不到有效扩展的话),非市场决策成为必然。公共选择制度主要是就外部效应通过政治交易提供非市场决策的过程。

一、公共选择的成本问题

公共选择的成本首先体现在公共选择方式的不同而导致成本组合的不同。在现实中存在着多种可能的公共选择方式。比如,一项有关公共产品的决策,可以采取如下几种方式进行:(1)根据习惯或惯例作出;(2)由一个"独裁者"作出;(3)通过民主投票作出。其中,民主投票方式又可分为"直接民主"方式和"代议制民主"方式。而一项最终的"政府决策"只是一种具体的公共选择形式的结果,它可能体现着集权决策,也可能体现着民主决策。布坎南和图洛克在《同意的计算》(The Calculus of Consent)中将公共选择方式的有关费用进行了相应的分析,认为这几种公共选择方式各有其优缺点。公共选择方式引致的费用一般分为决策费用及外部费用。所谓决策费用是一项具体决定所引致的直接成本(包括谈判协商费用,决策时滞费用等),而外部费用是指政策目标与公共利益的偏离度(产生于必须服从与自己意愿相违背的政府决策的那些人的福利损失)。随着参与决策的人数的增加,用于协商谈判和最终决定的决策费用相应地增加,但一致同意人数的增加也会相应减少外部费用。公共选择如果采取"独裁"的方式进行,显然会大大减少决策费用,但决策的随意性往往会造成与公共利益较大的偏离度,阻碍了社会福利的增进;如果采取直接民主方式，能够最充分地体现个人意愿，甚至在"一致同意"的情况下达到社会福利的最大化从而使外部费用趋近于零或等于零，但决策高昂的费用往往使得这种决策方式难以如愿完成。可见，公共选择方式的取舍本身也存在着有关成本—效益的比较问题。公共选择的最佳模式应该是决策费用与外部费用之和最小化时所决定的模式。比较而言，"多数规则"与"代议制"民主是较为理想的选择。

直接民主方式中的"多数规则"是由多数人来进行决策，然后由政府来执行这一决策的过程。但其仍然存在着如下问题：（1）选民理性的无知和冷漠。多数人参与决策往往使得每个人对最终结果的影响极为有限，但参与者个人却不得不耗费时间和精力（甚至金钱）去获得信息、作出判断和参与投票。因此，理性的个人就会尽量减少这种支出，保持"无知"状态（项目决策情况越复杂，情况越是如此），尽可能少参加投票活动。这使得选民的投票决策往往呈现出"集体行动的非理性"，造成了集体决策的不充分以及与社会福利最大化目标相背离的可能。（2）倒霉的少数。多数通过的规则意味着少数不同意的人不得不接受现实，造成了这些少数人的福利损失（体现为税收和收费的负担）。

尽管"代议制"民主（也称为间接民主）在区域分布广、社会集体人数众多的情况下能够有效克服直接民主制决策费用过高的问题，但也异化出追求"选票最大化"的政治家和议员。这种"选票最大化"往往与"社会福利最大化"存在着非一致性，从而产生了政府决策与社会福利的进一步偏离的可能性。

另外，无论采取哪种公共选择方式，也无论当选的政治家或议员在决策时是否真正代表着公共利益，具体政策的执行却不得不由官僚机构来进行。官僚机构的"预算规模最大化"目标以及与此相关的特殊利益集团的"寻租行为"也导致了与社会福利最大化相背离的效率损失或福利损失。

上述这些都是公共选择的成本问题（也是"政府缺陷"的依据）。但由于市场对外部性基本上无能为力，在缺乏非市场的政治配置程序的情况下，外溢性产品或服务的配置效率极为低下，因此在那些非市场配置增收效益超过非市场选择的成本的情况下，政府的干预就是有效的。

二、准公共产品和纯公共产品在公共选择方面的成本差异

公共选择是有成本的，但在既定的公共选择方式下，公共选择的成本随着产品或服务的性质不同而存在差异性。市场直接受益性的强弱或受益范围的大小是造成这种成本差异性的重要因素。极端地说，私人产品显然无须利用公共选择程序来决定，因此公共选择的成本为零。

相对来说，由于准公共产品往往具有受益的区域性和受益的直接性，因此准公共产品的公共选择存在着更多的激励因素。这表现为：

1. 由于受益范围较小，所涉及的人数也较少，因此在受益范围内即使采取全民投票的方式参与决策也不会引致过分昂贵的决策成本，而且还能够将外部费用降到最小，甚至为零。这也会尽可能地减少那些"倒霉的少数"，从而提高选择结果的有效性。

2. 同样的原因也使得每个人的意见对最终的决策起了重要的作用，从而使投票者对参与投票的行为有一种"成就感"，能够有效消除选民的冷漠和无知倾向。

3. 在对准公共产品外溢性部分的社会补贴与选民自己的市场性付费（收费）之间存在着显性的此消彼长的关系，选民往往出于自身的市场交换利益更为关心项目的确立和收费水平。这从直接利益角度上增加了选民的参与动机。

4. 减少了"特殊利益集团"形成的机会。"特殊利益集团"的形成肇始于大多数选民参与决策的冷漠和理性的无知（其中也包含了选民在投票活动中的"搭便车"行为）。在受益范围有限且受益的直接性极强的情况下，选民的参与积极性明显提高，这使得特殊利益集团的形成机会大为减少，从而能有效减少寻租行为和提高公共选择的有效性。甚至在受益范围内的选民集体本身就可以构成一个所谓的"特殊利益集团"。

5. 受益范围的相对狭窄也使得选民面对的"官僚机构"层次较为简单，易于跟踪监督。而且，基层政府组织也相对易于掌握或了解受益者的需求偏好。这都使得官僚机构的差异性目标能够得到有效矫正。

上述这些因素决定了准公共产品的项目决策更易于采取较为广泛的民主选举制度。这是提高社会资源配置，限制公共部门规模非合理增加和减轻居民负担的有效制度。如果不考虑市场配置因素，那么准公共产品的外溢性和受益范围越小，选民参与公共选择的积极性越高，资源配置就越有效率。

三、准公共产品和公共收费的市场选择

纯公共产品的完全外溢性使得该类产品或服务缺乏市场选择的余地，而准公共产品却不同。准公共产品的市场选择性与该类产品或服务的外溢性程度成反比。这是因为外溢性程度越小，直接受益程度越大，需要市场性付费的幅度也就越大。

准公共产品和相关公共收费水平的市场选择可以分为两个方面。

1. 消费者的"市场投票"方式，即所谓的"用脚投票"。这里的市场投票方式并不仅仅包括如前所述的"蒂布特流动"，而且还要考虑那些完工项目的利用情况。如果具有外溢性产品和服务的消费利用率明显不足，那么就可能存在几种情况：一是供给能力过度，存在着资源配置浪费的情况；二是供给能力适度但收费水平超过了消费者的消费意愿；三是二者兼而有之的不同组合。如果公共收费项目拥挤过度，那么就可以从相反的方向进行分析原因。如果供给能力适中，那么消费利用率的高低直接反映了公共收费水准的适度与否。这种市场性选择制度，使得公共收费起了类似于价格的需求揭示作用。

2. 准公共产品生产的市场竞标方式。在私人难以内部化外溢性的场合（即私人难以提供的场合），私人的生产活动范围并没有

就此止步。具有可售性的准公共产品也能成为私人生产的对象。在理性的政府管制当局规定的框架内（包括税收—补贴幅度），私人部门的生产积极性仍然可以维持。因此，通过投标竞标活动，允许出价理想的私人厂商参与生产权的市场竞争是当前西方国家放松管制的重要举措之一。这可以有效克服政府直接生产的内部非效率状况，也能保证公共收费水平的规范合理，直接体现公共收费的政府干预与市场调节的有机结合特性。

四、简要结论

1. 准公共产品或公共收费的决定更宜于采取民主投票的公共选择方式。因此规范有序民主参与制度是确保公共收费立项和收费水平有效合理的保证。

2. 公共收费项目的市场性选择既为政府性公共部门提供了及时有益的信息反馈和决策基准，也能在外溢性产品或服务的生产方面尽可能消除政府直接生产经营的内部非效率。

3. 公共收费的民主化决策程序能够充分体现消费者主权，有效地规制政府行为，为改进公共服务质量和服务水平提供基础。这也是国家民主化进程中的重要环节。

第三章
公共收费的经济影响

　　收费的经济影响是指收费作为一种经济杠杆对社会经济运行所产生的作用或功效。论述收费的经济影响不只是说明收费杠杆的影响形式和效果,而且从侧面论证收费存在的合理性或必要性。一般来说,公共收费存在的原因在于它对经济运行所具有的不可替代的作用,即收费存在的合理性和必要性根植于准公共产品生产或消费的特性,形成于增进社会福利和提高经济效率之中。

第一节　公共收费对公平和效率的影响

　　社会经济问题最终总是归结为公平和效率的问题,公共收费的经济影响也是如此。

一、公平方面的考虑

　　公共收费的公平首先是考虑受益与负担的对称性和对等性如何。受益与负担不对称或不对等,公共收费就很难说是公平的。税收的公平往往是考虑纳税人的纳税能力(包括横向和纵向的公平),这里或许潜含着政府提供的公共产品的效用对每个人来说都是同质的。公共收费的公平只考虑消费者得自每一产品或服务的效用享受是否与其实际付出存在不折不扣的对应关系，而无须考虑消费者是否有支付能力。究其原因则在于公共收费体现着市场性交换关系，遵循价值规律。公共收费的不公平体现着不等价交换关系，加重了（或不必要地减轻了）消费者的负担，产生再分配效应。从直接交换关系来说，等价交换与再分配效应是相互排斥的。

　　公共收费的公平效应是源于准公共产品所具有的私人直接受益与公共性受益的兼容性。私人直接受益意味着效用评价能够量化到受益范围内的每个人和每个团体，这使得在受益范围内的每个消费者可以根据自己的消费意愿和预算约束来自主地决定需要通过交换取得的受益量。而在受益范围之外或没有直接享受到准公共产品效用的公民显然与该类产品或服务的提供者不存在直接交换关系，因此也就无须付费。这种公平观类似于价格机制所反映的公平。当然，市场竞争和市场机制造成的非市场性收入分配不公平（如收入的悬殊、贫困人口的增加），从社会经济运行的宏观层次来看，确实需要进行必要的矫正，但这主要是税收的独特职能，无须由公共收费机制或价格机制来代替。

　　等价的直接交换关系是否存在着负担是值得考虑的问题，至少不存在净的或追加的负担，因为等价交换的双方既有所得也有所失，而且所得与所失是等量的。严格地说，公共收费的公平实际上是探讨消费者的付费与受益是否对等的问题，付费并不总是意味着是负担。在存在超标收费或超范围收费的情况下，超量部分才形成真正的负担。或者在存在强制性公共消费的情况下，收费才会因违反交易意愿而体现为负担。但这些是属于乱收费或非合理收费的范畴。像税收所造成的负担，相对而言，可以认为是纳税人的一种真正负担。这是因为，税收所反映的经济关系至少在微观上并非是交换关系，或者说并不存在直接的市场交换关系。无论如何，在规范的税收与规范的公共收费之间进行比较，社会公众对两种"负担"的感受不同。这决定着社会公众对这两种"负担"所认同的公平原则也不同。公共收费的公平隐含着激励因素。我们常常所谓的

"收费异化"(即指收费异化为税收)实际上也体现着收费"负担"所遵循的公平原则的甭位。因强制性的原因而使消费者超越受益范围或超越直接受益程度的付费就违背了公共收费所应有的公平原则,从而使收费程度不同地异化为税收。这在我国目前却不幸成为经常性的事实。民怨沸腾之因概源于此。

公共收费的等价交换性决定了公共收费的"负担"并不成其为真正的负担,而是交换所必备的手段。既然是"手段",那么就必须在临界交换时亮出"家底"(即付费意愿和付费额度)。这样,需求的有效揭示就是顺理成章的事情。对具有正外溢性的准公共产品来说,困扰消费者真实消费需求偏好显示的并不是与公共收费对应的那部分私人直接受益,而是超越市场交易双方的外溢性效益。这部分外溢的效益往往是不经过市场交换就施加于影响范围内的每个人,并因"搭便车"行为的驱使造成外溢性效益所对应的成本无法通过市场来弥补。一种产品或服务的外溢性程度越大,私人直接受益的部分就越小,在该类产品或服务的单位成本中所对应的公共收费的成分(甚至包括可行性)就越小,需求显示的动力也就越小。

总的来说,消费者对准公共产品比纯公共产品的需求偏好显示更为强烈、更为真实。这种需求偏好的强化不仅为市场介入准公共产品的生产或消费提供了基础(这意味着效率增进的可能性更大),而且在很大程度上说明,在某些场合,公共收费所遵循的公平原则更优于税收的公平原则。优越性往往意味着存在的合理性和不可替代性。资本主义高福利国家的逐步衰落和我国计划经济时期政府近乎免费式的大包大揽所产生的"大锅饭"的危害也说明:公平的标准和尺度在不同的社会经济领域里不可能一成不变,否则只能是低水平的公平。

二、效率方面的考虑

公共收费作为一种经济杠杆自然会对经济运行产生效率影响。"收费—补贴"的方式对矫正社会成本(或社会收益)与私人收益(或私人成本)之间的差异,我们在前面已有所述,并且在下面将进行进一步的举证。在这里只是就收费对社会产出规模和对私人部门（消费者或厂商）的激励进行相应探讨，以考察公共收费对效率的影响。

如前所说，公共收费是针对准公共产品中私人受益部分的"价格"。实际上，准公共产品的私人部分与外溢部分是并生的。该类产品或服务的社会价值等同于私人"价格"部分与效用外溢部分（对正外部性的准公共产品来说）的"价格"之和。两种"受益"和两种"价格"的孪生性（或如影随形）决定了单纯依靠市场调节是难以实现资源的最优配置，而必须由社会性公共部门采取集体决策的方式进行。这样，消费者需求偏好显示的真实性、公共选择的有效性就成为优化公共部门产出规模的决定性因素。这也可以认为是影响社会资源宏观配置的重要因素。就准公共产品来说，由于存在着私人市场直接受益部分，因此有市场介入的基础。公共收费在"质"上代表了私人市场直接受益部分的"价格"，产生了消费者需求偏好的市场激励因素。这种激励因素决定了消费者既可直接以市场投票的方式反映和促进准公共产品的配置效率，也可以鼓动消费者积极参与社会资源配置的政治决策过程从而提高公共选择的决策效率和决策水平。如果说"计划的浪费是最大的浪费"，那么"计划的节约就是最大的节约"。

制度安排并不总是和经济理论上的最优选择相吻合。这反映了经济基础与上层建筑的矛盾运动。在高福利国家，公共产品和准公共产品（有时甚至包括私人产品）的配置基本上都是采取无偿性收入支持的，公共决策效率和决策水平往往因主要决策者的信息偏在、选民的"理想无知"及对选举的冷漠，以及政治家、官僚机构和利益集团的目标异化与利益偏离，使得社会真实需求偏好难以充分揭示，致使公共部门的产出水平大大偏离当时社会客观所需的最优规模。福利制度也用高额的成本培育了一个相安的社会，包括因缺乏足够刺激而产生的懒惰或对闲暇的追求。这或许是福利国家近年来不得不寻求市场化改革以谋求增进社会整体效率的一个重要原因。

在准公共产品领域，强化市场化的公共收费手段是目前市场经济国家"回归市场"的重要内容。其优势有：(1) 利用公共收费机制揭示消费者真实需求偏好来优化公共部门产出，提高社会资源的宏观配置效率。(2) 利用消费者的市场直接投票（即"用脚投票"）来尽可能缩小政治选择的维度。这即使不能矫正政府缺陷，也能最大限度地摆脱政府缺陷的干扰。(3) 充分发挥市场对资源配置的优点，提高配置效率。市场在生产和消费的配比效率方面有着非常明显的优势，但在外溢性产权管理方面的优势则在于政府，因此这种适度引入市场的方式（即采取公共收费方式，而不是单纯采取免费供应的方式）能形成组合优势。

实际上，采取公共收费的方式生产和提供准公共产品能够通过增加供应能力来减少凭票供应或排队等候的效率损失。政府资源的有限性决定了政府不可能全面足额地提供社会公众所需要的一切公共产品（包括准公共产品），因此免费供应的方式往往与产量不足有密切关系。由此产生的供给与需求（这种无收入约束的需求会大大超出市场性有效需求）的矛盾只能采取凭票供应或排队等候的方式进行。排队等候的时间损失且不必说，凭票供应和排队等候所派生出来的"寻租"行为就足以使人灰心丧气。这与采取公共收费促成的公共服务质量提高和产量增加（总得体现为社会整体福利的增进）形成了鲜明的对照。

另外，采取公共收费方式也有助于减少公共消费的浪费现象。免费赠送往往使人忽略了物品的珍稀性，存在着消费过度乃至于浪费的倾向。对可售性公共产品的有偿消费则可以避免此类现象。

第二节 公共收费的收入效应

公共收费是弥补准公共产品生产费用的重要形式。当受益者知道他们的付费将直接用于增进他们的受益机会或受益质量时，他们付费的积极性将相应提高。也就是说，在某些场合，公共收费筹资是较好的选择。在这种情况下，若以一般税收筹资，其筹资效率和由此引发的行政费用可能大大超过通过公共收费筹资的总体成本。另外，公共收费筹资是市场交换行为，基本上不存在对消费者的扭曲作用，从而不会造成"额外损失"。

公共收费的收入效应既体现在对正外部性的矫正过程中，也体现在对负外部性的矫正过程中。不过，对负外部性的矫正，如惩罚性收费或拥挤性收费，更注重对不经济行为的规制，收费收入只是公共收费机制的派生性效应。如交通违规给他人造成的或可能造成的外部性危害，虽然惩罚性收费能够起到组织收入的作用，但管制当局和社会公众仍然希望尽可能避免出现类似行为，而不着意追求据此形成的收入的增长。在这里，我们主要讨论正外部性产品或服务公共收费的收入效应。

一、政府直接生产和提供的准公共产品

在实际工作中，即使是外溢性程度较小的准公共产品也会因一个社会政治、历史、伦理道德和风俗习惯的不同而采取不同的收入组织形式。然而，资源的稀缺性不只是一个总量上的问题，而且也存在于每一个经济主体。政府也不例外。政府若以一般性税收包揽庞大的公共支出必然面临着政府财政资源的枯竭问题，更何况纳税人对税收负担的感受与公共收费负担的感受不同，从而会对"公平"产生质疑。此时，针对准公共产品的外溢性程度，采取适宜的公共收费方式为政府提供的产品或服务筹集部分资金往往是较好的政策措施。

采取公共收费方式筹资能够减轻一般性税收的压力，也会提高筹资效率。这是因为，这些公共服务的费用是来自于它们的受益者。公共收费收入往往是针对消费者需求较为稳定的基础需要，不易受收入变动或经济周期的影响（即需求变化较小），因而是较为稳定的一种收入组织形式。另外，筹资渠道的拓宽无疑会相应增加消费者享用公共服务的数量和质量，也能将政府有限的税收资源用于真正需要政府一般性补助的地方。这能够消除政府的"越位"和"缺位"的难题。加纳的教育改革能说明一些问题。

专栏 3-1　　　　　　　　加纳实施的教育改革

在20世纪70年代中期以前，加纳的教育制度属于西非发展得最好和最有效的教育制度之列，各级学校的学生人数也属于地区最高者之列。但是，在20世纪70年代加纳经济衰退时，教育质量下降了，入学人数停滞不前或下降。在一些国际组织的援助下，现政府于1987年开始振兴它的教育制度。6年改革的整个目标是要提高教学标准，使教育经费的使用功效提高并公平分配，以保证改革的制度在财政上能够持久。

这项改革既涉及初等教育，也涉及中等教育，它们要求节约，办法是从工资名册中剔除吃空额的人员，减少非教学人员（大学里每个学生有一个以上的非教学人员），并且避免规划的重叠。此外，在小学以上的教育费用中，公共的份额将减少，办法是逐步取消住校补贴和对书籍的使用收费。在中等和高等教育中，正在开展贷款和奖学金计划，使较穷的学生增加求学的机会。

在1971年，曾经作出努力在实行学生贷款的同时征收维持费以减少高等教育的开支，但是这个努力遭到强烈反对。在一年内，政府被推翻，继任政府撤销对这个建议的官方支持。现政府认识到目前的改革必须获得广泛的公众支持，由此草拟了一项计划。早期的迹象表明，这项计划获得一些成功。它有两个主要因素。

回收成本与提高质量相结合。在停发中学住校补贴的同时，向学生提供了新的教学设备和教科书。在大学一级，为了尽量减少人们对所宣布的减少住校补贴的反对，制定了这样的政策：保证使学生更容易地获得书籍和设备，装修教育设施，提供学生能够生产粮食的土地，并且发放学生贷款以支付教科书及最终支付住校的费用。

公共教育运动。自从教育改革规划第一次宣布以来，它就在加纳成为大众媒介的热门新闻，也是公众辩论的一个主题。通过宣传品、会议和高级官员的讲话，政府强调在不同教育水平上每个学生开销费用的差别（加纳各大学的单位费用为初等教育单位费用的120倍）；补贴大中学生住校的费用很高，而这些费用可以用于招收多得多的学生；一个大学生食宿的费用足以教育 15 个小学生；以及通过提高教育质量和效率能够实现节省的目的。

资料来源：世界银行《1988 年发展报告》第 141 页。

另外，仅仅从收入组织方面来考察，在某些情况下，利用公共收费机制组织收入比通过税收征收具有更多的灵活性和更低的费用征收成本。税收是由国家税法所规定的，其税种、税目及税率均具有长期固定性。税收的相对长期性、固定性和较高的立法行政费用往往不适应于那些受益范围较小且时效性强的公共事务筹资。这也是公共收费在许多国家长期存在的原因。特别是在管理范围较小的基层地方政府，公共收费在收入组织中的权数很大。当然，公共收费的这种灵活性如果不加以适当约束的话，也会演化为"随意性"，成为致乱之源。这要求政府在管制和效率之间进行必要的权衡。

二、公共收费机制也为私人部门从事大量准公共产品的生产提供了条件

公共收费的收入效应不只是体现在能够形成国有部门的收入，而且也能够体现为私人部门的收入。采取公共收费机制提供外溢性产品或服务实际上是适度引入了市场机制。这为私人大量生产该类产品或服务奠定了理论基础。市场交换的可能性是私人从事生产活动的前提，而公共收费则正是以市场性交易为基础的。一般来说，除非是慈善行为，私人生产不会介入免费供应的领域，但只要有交易的可能性就有私人介入的可能性。

历史地看，大量公共性服务的生产和提供是由私人部门最早进行的。科斯对英国灯塔制度的演变进行了相应的考察，认为：私人或私人组织在英国的灯塔建设中起了重要的作用。在 17 世纪以前，英国几乎没有灯塔。17 世纪初，作为官方机构的领港

公会才开始建造灯塔，私人同时也在建造灯塔，但在整个17世纪，领港公会并没有建造更多的灯塔。特别是在1610～1675年间，领港公会没有建造一座灯塔，而私人建造的灯塔至少有10座。"早期的历史表明，与许多经济学家的信念相反，灯塔的服务可以由私人提供。那时，船主和货运主可以向国王申请允许私人建造灯塔并向受益的船只收取（规定的）使用费。灯塔由私人建造、管理、筹资和所有。他们可以立遗嘱出卖和处置灯塔。政府的作用局限于灯塔产权的确定与行使方面。使用费由灯塔的代理人收取。产权的执行问题对他们与对船主提供货物和劳务的供给者并无二致。产权只有在其调节使用费价格这一点上起着异乎寻常的作用"。① 不过，科斯在这里并没有否认私人收取的使用费是由政府规定的（至少是经过政府认可的），政府仍然有"产权的确定和行使方面"的职责，而且"产权在其调节使用费价格这一点上有异乎寻常的作用"。

即使像灯塔这种经济学家津津乐道的属于政府干预的典型公共产品，私人提供的可能性也经常存在。只不过随着经济的进一步发展，政府的适当干预显得更有效率而已（但并不意味着总是能够增进效率）。自从1929～1933年资本主义经济大萧条和凯恩斯主义诞生以来，特别是第二次世界大战以后，政府干预规模的迅速扩张有忽略市场作用的倾向，致使免费供应成为时尚。但天下并没有免费的午餐，政府干预规模不必要的扩大加重了纳税人的负担，也因不适当地遮盖市场功能阻滞了社会整体福利的提高。这造成了20世纪70年代以来西方资本主义国家放松管制、回归市场的自由化浪潮。

在政府适当管制下的私人生产行为至今仍然被认为是一种较优的选择。在外溢性程度较小的场合，情况更是如此。在美国，城市自来水、煤气、垃圾处理等公益事业大量由私人生产经营。

---

① 科斯著：《论生产的制度结构》，上海三联出版社1994年版。

私人生产经营能够克服国有企业经营所导致的内部无效率，有助于降低成本和促进技术创新。这种公共责任的适度下放，能够动员新的社会资源，增加了公共服务的产出，也因此减轻了政府的收支压力。

受规制（这里主要指价格直接规制）企业的价格往往被称为收费（亦即公共收费）。在政府管制下从事公共服务生产经营的私人部门通过公共收费形式筹集的收入，虽然不能够纳入政府预算管理，也难以在公共收支账户上体现出来，但确实相应地减少了政府在这方面的支出责任。这对政府来说，有间接的收入效应。从社会全局来看，这部分公共服务耗费毕竟存在着较优的收入补偿机制，其收入效应是极为明显的。

市场化是我国经济改革的方向，在准公共产品领域有条件地允许或引进私人部门或许是尽快消除经济"瓶颈"、减轻政府公共支出压力的可行方法。这值得我们进一步探讨。

第三节 矫正有害的外部性公共收费

所谓有害的外部性就是负外部效应。市场经济的缺陷之一就是在个人理性驱使下的趋利行为有时会导致负外部效应的存在。这又分为生产的负外部效应和消费的负外部效应。对这些负外部效应采取收费形式能够矫正私人成本和社会成本之间的差距，减少私人净收益，从而规范私人行为。

一、矫正生产性负外部效应的收费

在现代经济中，微观经济活动主体的行为有时会对社会造成有害的影响，如厂商的生产会对空气、水造成污染等。但由于这种有害的"外部效应"的产权往往难以确定，给社会造成的损益范围和大小也无法确定。因此单靠市场本身难以如愿克服这些负外部影响。负外部效应的存在产生了生产该类产品的私人成本和社会成本之间的差异，即社会成本大于私人成本。由于生产者不必承担其活动的全部成本，因此必然会过度地从事这类活动。这不仅会进一步累积负外部效应，加重社会负担，而且也会使造成该类产品的超量供给，降低资源配置效率。

为了消除"负外部效应"，促进资源的有效配置，必须采取有效的措施。一般认为，限制或消除负外部效应，可采取相互协商、公德教育、政府管制、法律诉讼和惩罚性收费等办法来实行。

相互协商办法是试图在市场调节范围内来限制负外部性的影响。根据科斯定理，只要存在外部效应，相关各方就应该或就会聚集到一起进行协商，并制定一些协议，使外部效应内部化，从而使生产达到最佳结果。这种办法是以有效确立外部性产权为前提的。所谓确定外部性产权，简单地说，就是讨论外部性影响所造成的损益错位能否矫正，是否补偿，及向谁补偿等问题。科斯认为，如果确立产权的交易费用为零的话，外部性的内在化不存在任何问题。但在实际中，外部性产权的确立和损益的确定需要花费很大的成本，从而难以有效实行外部效应的内部化。

公德教育可以减少某些负外部效应的产生，但毕竟难以全面抵制利益诱惑。政府管制是消除负外部效应的有效措施之一，如制定排污限制标准，管制噪音污染等。但这种行政管制也会因信息不全、处置失策以及管理成本（如设置必要的监督设施及机构）高昂等因素的影响而难以如愿实现既定的目标，甚至会造成附加损失。法律诉讼也会因当事人不确定，损失范围难测，以及高昂的诉讼成本和繁杂的诉讼程序而难以有效消除负外部影响。

相比较而言，采取惩罚性的公共收费是消除负外部效应的一种较好机制（至少经济学家持有如此观点）。按照社会治理负外部效应的所需成本来核定收费，可以有效地修正社会成本和生产该类产品的个别成本之间的差距,使生产者负担起其真实的活动成本,从利益上形成内在约束机制,使生产达到最优规模。图3-1显示了公共收费对类似生产负外部效应的修正性效果。

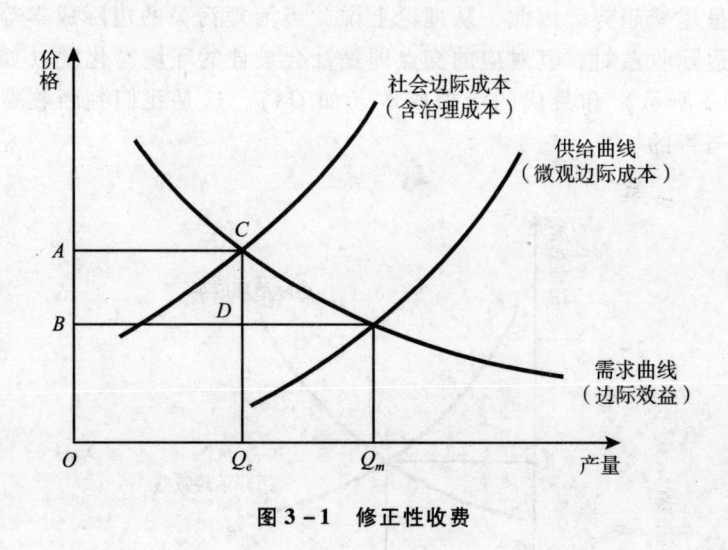

图 3-1 修正性收费

可以看出,在未收费的情况下,生产者根据其微观边际成本(私人边际成本)等于边际收益的利润最大化原则,生产 Q_m 的产量;政府通过收取数额相当于 CD 单位的治理费用,促使其成本曲线左移,与社会边际成本曲线叠合之后,生产者将相应缩减产量到 Q_e。图中矩形 $ABCD$ 面积代表生产者所需交纳的治理费用总额。这使得负外部性较为有效地得到遏制,生产达到最优规模。由于这种收费设置的目的在于矫正生产者的生产成本,使其反映社会为此的真实负担,因此,这类收费又可称为修正性收费。

对负外部效应的修正究竟达到一个什么样的程度则要视需要和可能而定。在这里,修正性行为本身所产生的效益和成本的比较是一个重要的参考指标。在很多情况下,从效益原则来看,既不可能也没有必要完全消除负外部效应,而只需将其限制在一定的水平。这决定着公共收费的界限。例如排污收费,由于治理污染的费用会呈边际递增趋势。而由此产生环境改善的边际效应则会呈递减趋势。因此,从理论上说,当治理污染的边际成本等于其边际收益时,其对应的交点即是社会最佳的环境净化度(如图3-2所示)和最优的治理成本(如 OA)。这是我们判断收费合理与否的标准。

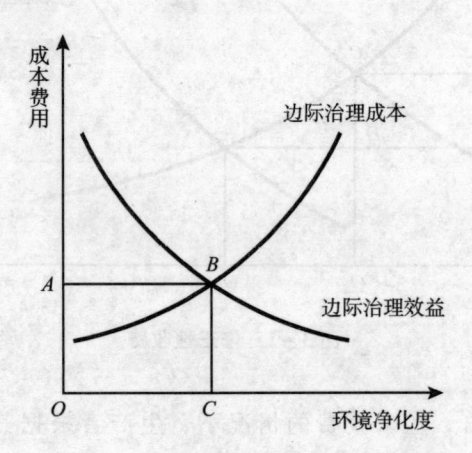

图3-2 最佳环境净化度与治理成本

专栏3-2　　马来西亚减少棕榈油磨坊的水污染

　　从1970年到1989年,马来西亚的主要出口产品——棕榈油的产量增长了12倍。不幸的是,在农村的磨坊里,在生产1吨粗棕榈油的过程中要产生2.5吨的废水。截至20世纪70年代后期,从这些磨坊里排放的废物已经严重地污染了马来西亚的40多条河流,主要是耗尽了水中的氧。污染杀死了淡水鱼,危及对传统海洋渔业至关重要的海岸边红树的生存,污染了许多马来西亚农村地区的主要饮用水源,并散发出阵阵恶臭,使得许多村庄无法居住。

　　水污染变得如此严重,以至于在1974年,政府通过了《环境质量法》,

并在 1975 年成立了环境部（DOE）。环境部在 1977 年公布了棕榈油工厂排放的质量标准，标准随着时间的推移而严格。为了促使不情愿的磨坊变得情愿，环境部建立了一套双重排污许可费用制度，包括对每个单位的排污的固定征费和随着排放物的耗氧能力的变化的超额征费。由此，磨坊就能进行最低成本选择：或者为减少排放和处理废水而付费，或者为排放的废水超过环境质量标准而付较高的费用。这个行业的反映是开发和安装经过改良的处理技术；利用他们的废弃物开发商业产品，如化肥和动物饲料；再利用废物产生甲烷用来发电。随着时间的推移，经济上的惩罚由于通货膨胀而降低了价值，因而显得不重要了，直接管制变得更重要了。尽管如此，市场导向的体制还是激发了一次污染行为的迅速扭转。截至 1989 年，尽管棕榈油的生产达到了历史上的最高点，仍有 3/4 的磨坊遵守严格的第六代标准，而且排放的废物的耗氧能力仅为 20 世纪 70 年代中期废水的 1%。

资料来源：吉利斯等著《发展经济学》，中国人民大学出版社 1998 年版，第 162 页。

二、消除消费负外部性的收费

消费造成的负外部效应的例子很多，比如吸烟者对不吸烟者造成的损害，汽车噪音对居民造成的不良影响等。最为典型的是拥挤性问题。桥梁、道路、公园等公共便利性设施往往面临这样的问题。就既定的某一公用设施，如公共交通设施，消费者很容易得到好处而不用付出更多的费用。这是人们乐意过度使用的原因之一。但是，许多公共设施的容量是有限的，许多人在同一时段使用就会产生拥挤问题。由拥挤造成的阻塞，阻碍了公共设施的有效利用，产生了严重的负外部效应。现代城市交通是典型的例子，在高峰期间市区公路拥挤几乎是所有城市的"现代病"。原则上，消除城市公路拥挤可以由某个"第三者"（如政府的交通管理部门）出面，去"辨认"那些不能有效使用公路的人，然后禁止他们在高峰期使用公路。但这样做代价甚高，又不可能。在一定程度上，公共收费机制可以解决这一问题。公共收费起一种自动筛选机制的作用，将那些低效益使用者（即对过路的边际效用低于过路的边际成本的人）排除在外，从而提高公路的使用效率。

值得注意的是，在一定的峰值（可认为是拥挤程度）以前，公路、桥梁、公园和其他一些公用设施基本上可认为是公共产品。也就是说最初使用者的增加所带来的社会边际成本为零。尽管如此，这些公共设施的使用，从技术上说，同样具有可排除性，但从公共设施的利用效率和实施排除所引发的成本来说，这种排除是没有必要的。也正是因为如此，这些公共设施在很多情况下是由政府提供的。但若超过一定的峰值，产生了拥挤现象，造成了过度消费，必要的排除不仅在经济上可行，而且也是社会的必要。此时，这些公用设施事实上又具有准公共产品的性质。究其根源，则在于因拥挤所产生的负外部影响。由此可见，公共产品、准公共产品，甚至私人产品之间在一定条件下是可以相互转化的，而且一些公共收费项目设立的目的并不总是要寻求资金的筹集渠道，而是出于调节经济和社会运行的需要。公共收费的某些经济调节功能，由于其具有一定的灵活性和适时性，因此是其他一些相关手段（如税收）所不具备的。

当政府提供的公共项目面临拥挤问题时，使用量的增加会降低所有消费者的使用效益。为了使公共设施的使用达到具有效率的水平，政府可以按照一定水平的收费来有效解决这一问题。图 3-3 即为通过收费解决公路拥挤性问题的例子，而且适用于对几乎所有的拥挤性公共产品的解析。

可见，在峰值点（拥挤点）以前，基本上是没有负外部效应的。但当使用者数量的增加达到拥挤点之后，其社会边际成本变为正数。在图 3-3 中，公路每小时每公里的车辆行驶量达到 100 辆时，就是拥挤点 N。如果对公路使用的需求曲线为 D_1，那么免费使用公路（即不收取任何使用费）是有效率的。这是因为，在价格为零的条件下，均衡点为 E_1。而在这一点上，$MSB_1 = MSC$

$= 0$。也就是说,在每小时每公里行使车辆为 80 辆的 E_1 点,由于仍未超过拥挤点,此时增加的车辆所带来的社会边际成本仍为零。但是,如果对公路使用的需求曲线是 D_2(而不是 D_1),那么免费使用公路就不再是具有效率的了。在不收费的情况下(即使用价格为零),均衡点将为 E_2,即每小时每公里为 150 辆的行驶量。在这个水平上,车辆增加的边际成本越过了其社会边际效益($MSC > MSB_2$)。也就是说,公路的实际使用量肯定大于其所具有的有效使用水平。收费的功用在于,收费产生的矫正性或筛选性效果能够使消费者的边际收益等同于由此带来的社会边际成本,即 $MSB_2 = MSC$。从图 3-3 中可知,它应该是 E 点,其所对应的行驶车辆数量 120 辆。在该点,公路的使用达到最佳水平。为了达到这一水平,政府可以对每辆车按每公里收取 20 单位的使用费。

在国际上,新加坡是实施道路收费较为成功的例子。

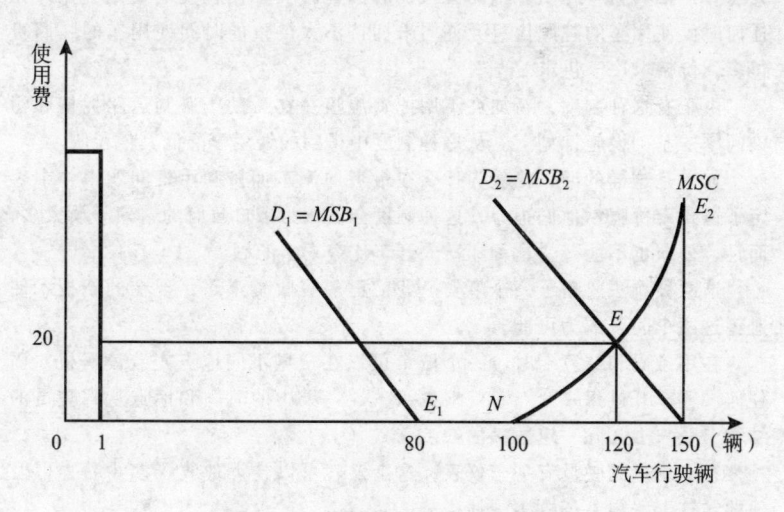

图 3-3 拥挤性公共产品或劳务

专栏 3-3　　　　　　　新加坡的道路定价

　　从来没有一个城市通过修建更多的道路可以使它的交通拥挤和污染问题得到解决。

　　对汽车拥挤和污染的问题，经济学家总有一个理论上的回答——道路定价。根据人们用哪一条道路，在一天中和一年中什么时候用这些道路，以及它们使用这些道路时污染问题的程度，来对使用道路的人收费。要把价格确定在引起最适当的使用量的水平上。

　　在新加坡决定试着这样做以前，还没有哪一个城市敢用道路定价法。许多想法在理论上看来很好，但总有一些隐藏的、未预期到的缺点。新加坡现在有了十多年的经验。这个制度还在运行！没有什么未预见到的问题。新加坡是世界上惟一一个没有道路拥挤，没有汽车引起污染问题的城市。

　　在新加坡城市中心区周围有一系列收费站。要开车进入城市，每辆车必须根据所用的道路，在一天的什么时候开车以及当天的污染问题交费。价格的上升和下降使使用量达到最适水平。

　　此外，新加坡计算了中心城市以外没有污染时可容纳的最大汽车量，并在每月拍卖新车牌照。不同类型的牌照允许有不同程度的使用。允许在任何时候使用车的牌照比只允许周末拥挤不太严重的时间使用车的牌照贵得多。价格取决于供求。

　　由于有这种制度，新加坡不用把资源浪费在无助于遏制道路拥挤和污染问题的基础设施计划上。从这种制度中得到的钱用于降低其他税收。

　　如果是这样的话，伦敦为什么在最近的汽车拥挤和污染问题报告中否定了道路定价呢？他们担心，这种制度会被认为来自政府的繁琐干预太多，而且，公众也不能接受这种让富人开车比穷人多的制度。

　　这两种看法忽略了一个事实：我们已经有收费道路，现在的新技术使避免这两个问题成为可能。

　　在用条码和结算卡时，一个城市可以在全城不同地点安装读码机。当任何一辆车开过每一个点时就根据天气、一天中的时间和地点从驾驶员的结算卡账户上扣除一定数额的钱。

　　在车内，驾驶员有一个仪表，这个仪表可以告诉他收了多少费，以及他的结算卡账户上还剩多少钱……

资料来源：曼昆著《经济学原理》，北京大学出版社1999年版，第240页。

当然，案例中"没有什么未预见到的问题"显然并不意味着一切都没问题。道路定价收费，以及诸如类似的问题，不仅需要技术上分割的可行性，而且还要考虑分割实施的经济可行性。在技术可行的条件下，人口和车辆稠密的地区或路段才可能具有收费的合理性，否则只能是"碌碌无为"或"得不偿失"。不过，案例仍然揭示了一种可行的方式。

第四节 限制自然垄断的收费

某些产品和服务的生产与经营由于具有典型的自然垄断性质，如果由企业（无论是私人企业还是公共企业）自行定价，很容易损害消费者利益，阻碍效率的增进。像铁路、公路、自来水、邮电和市内电话等公益性行业，情况就是如此。

所谓自然垄断是指生产呈规模报酬递增（成本递减）的情况。在规模报酬递增的情况下，一方面原先进入该产业部门的企业，生产规模越大，成本就会越低，因此必然具有把生产规模扩大到独占市场的程度；另一方面，在垄断企业已存在时，任何新的企图进入该产业的企业成本，最初都是高的。这使得新进入者无法与垄断者展开竞争。在这种生产部门，由生产技术的性质本身所决定，不可避免地产生垄断。从生产的角度看，由一个企业大规模地生产，的确要比由几个规模较小的企业同时进行生产，能够更有效地利用资源。例如，在同一区域，若由多家单位供热，势必会重复铺设供热管道，造成资源的浪费。这种情况，就被称为自然垄断。也就是说，这种垄断并非由人为地限制进入而造成的，而是出于自然技术的原因而形成的垄断。

但是，自然垄断毕竟仍是一种垄断。垄断存在的外部性影响在于它会导致社会福利水平的下降。这是因为，垄断企业把价格提高到非合理的水平上，以较高的价格和低于竞争市场的产量来获得垄断利润，从而导致社会生产能力未能充分利用，侵害消费者利益，降低了社会福利。另一方面，长期垄断利润的存在，还会造成收入分配的不平等。可见，政府必然会进行相应的干预。

　　自然垄断和人为垄断不同。由于自然垄断的成因在于生产技术方面的规模报酬递增，因此不能像人为垄断那样通过"反托拉斯法"消除"进入壁垒"，鼓励其他企业在此领域开展竞争。否则会违反规模报酬递增规律，造成社会整体效率的损失。因此，政府只能通过限价政策来达到效率最优的产出水平。也就是说，采取公共定价的形式来矫正生产。公共定价一般按生产企业的平均成本（或低于超额利润定价的水平）来进行，并不是市场竞争价，因此它事实上也是一种公共性收费。如果该类产品是由政府来提供，这类收费将直接纳入政府公共收入体系。如果这类产品由私人提供，由于收费只能弥补生产成本。因此，厂商仍需政府适度的税收补贴方能维持运转。

　　公共定价（或公共收费）对自然垄断性产品的产量的影响情况，可由图3－4说明。

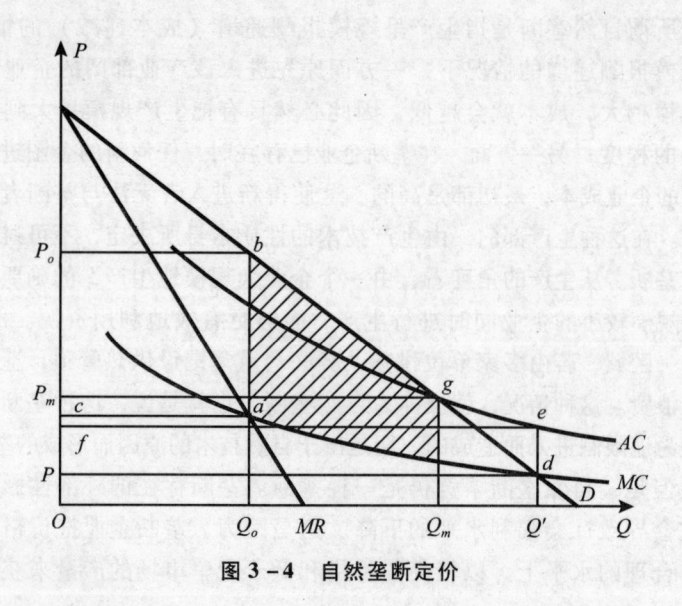

图3－4　自然垄断定价

处于自然垄断地位的企业的生产函数可由一条下斜的边际成本曲线（MC）和平均成本曲线（AC）来加以描述。在这种成本条件下，该企业自然会将产量定在 Q_o 处，亦即 $MC=MR$，此时的市场价格为 P_o，垄断利润为 abP_oC 的四边形面积。可见，在没有公共定价管制的情况下，该企业的产量不足，价格较高，消费者因此受损。但是如果实行公共定价，究竟怎样才能确立较为合理的价格呢？若按照竞争价格的标准，价格是应等于边际成本的。也就是说，价格水平应等同于图中 P 的水平，这时的需求量为 Q' 点所决定的水平。但就平均成本和边际成本的对比而言，此时厂商要蒙受总额相当于 $defP$ 的四边形面积大小的亏损。如果真要如此的话，作为长久性行为的企业是无法维持的，并造成产量的整体不足。因此，在自然垄断条件下，价格必须高于竞争价格，定在与平均成本相等的水平上，称为"全成本价格"，由 P_m 表示，产量为 Q_m，大于 Q_o，小于 Q'，企业利润为零，效率改进的成果则可由图中的阴影部分表示。

专栏 3-4　　　　　　　　美国的公用事业管制

公用事业取得了一种被称做自然垄断的地位。换句话说，人们通常认为，由于规模经济，在个别地区的商品销售中，公用事业作为单个销售者是最有效的。所以，在个别地区的经营中，公用事业未受到任何反托拉斯行动的影响。然而，假如保持这种垄断力量，公用事业便有获得垄断利润的能力。正是由于这一点，公用事业受到政府机构的控制。这些机构的大多数采取了收益率管制形式。通过规定收益率，政府机构力图降低这种自然垄断本来会定出的价格，并借此增加产量。

由于公用事业的管制特性，地方政府和州政府制定了各种措施，来管制电力服务、自来水服务、天然气和电话服务。除了规定公用事业的最高收费率外，管制委员会还提出了为新的客户提供服务的要求。管制委员会甚至禁止个人购买私人服务或附加服务。例如，在加利福尼亚的桑塔·巴巴拉，地方政府通过阻止为新的住宅连接自来水和下水道，来对新的建设实行禁止。管制有几种形式。

服务成本管制。是管制委员会力图确定，对某种商品，例如电的供应来说，哪些服务成本应包括进来。服务成本管制要求掌握有关商品的生产成本与销售成本的详细知识。而且，在很多情况下，服务成本管制要求将共同成本分配给特定产品。例如，美国邮政服务机构使用一辆卡车向各个收信地址运送头等、二等和三等信件。该卡车的成本便构成信件投递的共同成本。

　　收益率管制。收益率管制同公用事业委员会或某个其他委员会有关。后者制定出一种容许受管制产业投资者的资本获得"公平的"收益率价格。收益率价格大概阻止了垄断者，不管是电力服务机构还是电话公司获得垄断利润。

　　因为公用事业被看做是自然垄断，所以，在其个别区域，它们基本上获准拥有垄断地位。如果不是政府的干预——这种干预以公用机构的成本、收入和所容许的收益率为基础来规定公用机构的价格，它们本来是能够获得垄断利润的。这种结构形式，意味着对利润的约束和所有者控制权的削弱。

　　资料来源：肯尼斯·W·克拉克森等著《产业组织：理论、证据和公共政策》，上海三联出版社1989年版，第710～719页。

第五节　鉴定和规范产权、合理配置公共资源的收费

一、"公共地的悲剧"

　　数千年前，古希腊哲学家亚里士多德就指出了公共资源的问题："许多人共有的东西总是被关心最少的，因为所有人对自己东西的关心都大于与其他人共有的东西"。经济学家经常谈论的"公共地的悲剧"是指那些共有资源的毁灭性开采或浪费现象。

专栏 3–5　　　　　　　公共牧场的耗竭

　　在 18 世纪初,工业革命正在英国开始,奶牛仍能在英国及其在美洲殖民地的许多村子的公共牧场吃草。一个村庄的公共牧场,村里的任何成员基本上都是可以自由进入、免费使用。自由进入的村民,会有充足的牧草喂养牲畜;它们惟一的成本,就是驱赶他们的牲畜到公共牧场,让它们吃草和将它们赶回家所需花费的时间。但是,土地数量是固定的,牧草的数量受土地肥沃程度和气候的限制,当更多的村民使用牧场时,牧草就会变稀疏,喂养牲畜的时间就更长。如果是在开放的地带,放牧者就会被迫走得更远去寻找草场。结果每个人的费用都上升。每个放牧者的平均费用不断上升,会最终抑制在公地上的放牧。但是没有一个后来者会为先来者上升的费用付款,而且,放牧的数量多于符合全村利用时应有的数量。最后,过度放牧就会把这种有用的饲养资源——公共牧场给毁掉了。

　　资料来源:吉利斯等《发展经济学》,中国人民大学出版社 1998 年版,第 150 页。

　　人类拥有的共同(公共)资源种类繁多。如湖泊对大家来说是公共的,如果不加以规制,任何人都会从这个"共有的池子"里滥捕鱼类,"大小通吃"的结果是鱼类资源的枯竭和水生资源生态的失衡。再比如,对电磁波谱的无序挤入必然造成相互干扰和阻塞现象。

二、公共收费对公共资源配置的影响

　　经济学家认为,"公共地悲剧"的发生主要是由于缺乏规范明确的产权,因此赋予某些人有关公共地明确的产权是保护资源免于浪费的重要途径。公共地涉及的人数众多,单纯通过市场决策显然难以完成这一任务,政府在鉴定这方面产权上具有无可替代的优势。

专栏 3-6　　公共资源的困境及其市场化管理

　　与个人和可收费物品不同，共用资源存在供给上的问题。消费这些物品不需要付费，也无法阻止消费。因此，只要收集、获取、采摘或者无偿占有这些物品的成本不超过消费这些物品的价值，它们就将被消费甚至被挥霍，直至枯竭。没有一个理性的提供者会提供这种物品，它们只能靠人或自然的仁慈而存在。对"谁占就归谁"的共用资源实施管理是一个巨大的难题，鲸、老虎、大象等就是活的，准确地说是濒死的证据。它们正在被消费至枯竭点，尽管它们具有自然更新能力。

　　市场机制不能提供共用资源，而集体行动却是保护自然资源的有效方法之一。以濒危动物的保护为例，集体行动的形式是通过国际努力，促成消费者之间就限制消费达成自愿协议（这点也适用于南极的保护，它目前属于共用资源）。可叹的是，自愿行动被证明像一根稻草一样难负重任，因为它实施起来太困难了。另一种方法是，当共用资源偏离自然状态时禁止其销售（这种办法并非对所有共用资源都适用）。遵循这一策略，鳄鱼皮、虎皮、鸵鸟羽毛和其他濒危物种制品在美国被禁止销售。肯尼亚政府努力禁止象牙和犀牛角的销售。人们设立了各种委员会、管制机构和执法机构解决共用资源中的问题，它们所提供的服务实际上都是集体物品。

　　就像鲸和老虎等共用资源被当做个人物品消费一样，作为共用资源的一些河流和湖泊被当做有害废物的倾倒场所，从而变成了低质、稀缺和只供部分人消费的个人物品。对共用资源的破坏和水路的污染等使得集体行动成为必要，对污染源如工厂和废水处理设施等的控制机制被建立起来。水污染控制（一种集体物品）实际上是一种新的服务，旨在保证共用资源——无污染水路的持续供给。

　　月亮是一个共用资源非常特别的例子。它能够成为原料的新来源，也可作为通讯或军事基地。但由于其高昂的使用成本，至少目前它还不需保护以避免过度消费。然而，随着宇宙探险送入太空的废弃物（成千上万飞行体）不断增加，太空作为一种共用资源状况正在恶化。

　　上述例子表明了共用资源面临的内在问题：存在枯竭的危险，由于排他十分困难，解决问题的传统方法——提供集体物品（通常由政府机构来实施）的效果有限。

由于传统方法的不足,一种截然不同的思路正在引起人们的注意:自由市场环境论。它建立在产权和市场机制等概念的基础上。简言之,当一种共用资源被转变为个人物品并被拥有时,对它的维护和有效管理就变得可能了。为了实现财产长期价值的最大化,大象、荒地或水的私人所有者会对这些先前属于共用资源的物品实施谨慎管理。同理,如果石油开采权属于一个生产者,一个油田的管理要比十多个拥有者分散开采时更加有效。相反,如果一块土地被"公众"拥有,它就会被视为共用资源,导致过度放牧和破坏——"公用地悲剧"。亚里士多德两千多年前曾对此作了精辟的阐释:"一个物品的共同拥有者越多,它所受到的关爱就越少。"

上述观点略加延伸可以用于海洋渔业。例如,美国虽然拥有很长的海岸线,但市场上的鱼价依然上升很快。由于鱼是无偿的,所以它成为昂贵的食品。这是一个明显的悖论。换言之,作为一种典型的共用资源,它们可以被无偿捕捞。其结果是,捕捞过度,供给枯竭(就像在公用地上的过度放牧),每一条渔船只能捕到很少的鱼。由于缺乏效率,每条鱼的成本居高不下。有人建议,应当像对待近海石油一样,把近海的鱼确定为全体美国公民的财产,建立年度捕捞的科学配额,配额内的捕鱼指标能够被拍卖。通过创造可交换的产权——海渔的私有化,使共用资源变为私人物品,能够解决过度捕捞的问题。

资料来源:E.S. 萨瓦斯著《民营化与公共部门的伙伴关系》,中国人民大学出版社 2002 年版。

像土地、草洲、矿藏、湖泊、森林、渔业资源、电磁频波等,都为社会公有(公共资源),又是进行社会生产活动的必要物质基础或外围条件,资源的耗竭将严重制约社会经济的发展。如果产权规范清晰,那么各微观主体就会遵循经济规律,合理使用资源,克服公共资源的浪费。政府必须寻求相应的政策,确立产权,来促使公共资源的有效利用。

政府对这种产权的界定,主要是采取颁发许可证、产权证的方式(这往往伴随以公共收费或税收)。例如,美国有各种旨在保护野生动物的法律，政府对钓鱼与打猎实行许可证收费，并规定捕鱼和打猎季节的期限。有时，在界定产权较为困难的场合（如大多数海洋渔场），政府也可以直接通过征收税收（受益税性质）或收费，以及直接控制数量的方式进行。

政府管制公共资源的主要目的是限制过度使用，收费或税收是达成这一目的的重要手段。政府对公共资源收费（或征税）的理由还在于公共资源的产权界定意味着公共资源的局部或一定期间的转让。在许可的时间和空间里，权利获得者可以对某些公共资源享有支配和使用权，而且可以据此获利。这种让售显然需要遵循价值规律。这对那些没有享受到此类产权的人来说才能体现公平。

第六节 规范社会秩序和保障公共利益性的行为性证照收费

政府作为社会的组织管理者，必须运用行政职权规范和维护社会秩序，保障公众利益和公共安全。如为防止重复建设、过度竞争和信息偏在，有必要规划定点，进行企业登记，实行专营许可证；为保护消费者利益，有必要对危险品、药品以及食品生产、运输、保管和销售等进行严格管理，对产品质量加强审查监督，发证经营；为维护公共安全，有必要建立户籍制度，颁发居民身份证，严格枪支、匕首、爆炸物品以及出入境人员管理；为维护良好的社会风尚，有必要对录音录像制品、新闻媒体等加以控制审查；为保障公民、法人和合法组织的合法权益，有必要开展行政仲裁和行政鉴定工作；为确保信息的真实性，需要政府性相关组织检验或核查某些行业从业人员的职业水平和职业道德并颁发行业准入证书（如注册会计师等）。政府的这些措施为社会成员的权利和自由提供了保障，也给持证者带来相应的受益，因此往往伴随着规制性收费，以体现受益与负担的一致性原则。在这里，公共收费既具有经济意义又有社会意义。

课征执照费是为了广大公众的利益而对一些特定活动实行的一种管理措施（例如，按摩院执照、打猎许可证、与汽车拥有或汽车运营相关的执照费等）。执照费也是一种收费形式，它的费率单一，根据活动的类型划分成了不同的级别，并与企业收入相关。作为对企业和非企业的一种特权许可，执照费是由政府来课征的。如果没有这种执照，政府将不允许这些企业或者非企业单位从事这些活动。可见，执照是开展运营活动的一种必备条件，但却不能用来"购买"具体的政府服务。而且，执照费税和使用费并不相同。如果个人和公司不购买由政府所提供的那些商品和服务，他们就可以不用缴纳使用费；而如果他们缴纳了使用费，就有权享用政府所提供的相应商品和服务。也就是说，使用费是和对某些商品及服务的享受特权间接地联系在一起的。

此类证照性收费与公共资源的准入性收费的不同之处在于：公共资源收费是一种占有性的收费，而不是规制性行为收费。执照费也不同于特许权使用费（franchise fees）。特许权使用费：（1）需要签订合同，对特许权和特许权的发放当局之间的权利与义务进行详细的规定；（2）要求为服务区域中的所有人进行服务；（3）规定费率和服务管理的质量。而执照只是允许执照持有人可以从事一种原本被禁止的活动，其中不包括合同权或财产权。一般来讲，特许权的数量非常有限，而执照却可以发放给几乎所有符合条件的人。

证照性收费通常不会从定义上来对收入型执照和管理型执照进行区分。因为收入和管理的动机经常是纠缠在一起的。然而，也可以尝试进行如下的区分：如果一种执照不需要对企业或所销售的商品进行检查，也不需要对企业的行为进行管理，特别是对这种执照的申请不会拒绝，那么这种执照就是纯收入型执照；如果一种执照需要进行上述的管理，或者如果这种执照的获取非常难（并不仅仅因为其价格昂贵），那么这种执照就是管理型执照。但是，二者之间的区分并不总是十分清楚的。有些政府要求将执照费需要和执照的发行成本、对执照所允许的物品与活动的管理和控制成本合理地联系起来。如果要使用这种方法，经常对成本进行估测并根据成本来对收费进行调整就变得非常重要了。

尽管使用费和收费都试图通过向政府服务的受益人收取更多的费用来减少对一般财政体制的压力，但是使用费更像是私人企业定价。证照收费可以用来弥补政府向一些机构提供特定服务所需要的新增成本，或者由于个人的文档管理工作所导致的新增成本。因此，政府经常会对交通指挥、堵塞疏导和法律文档等工作收取费用。但是，收费很少会涉及对商品和服务的直接销售，但会包含对政府特别授权的付款。对由这种特别授权所导致的成本，政府需要部分或者全部通过收费来弥补。

美国经济学家 G. J. 施蒂格勒甚至认为"持有执照才能从事某一职业，是利用政治过程改善一集团经济环境的方法。执照是一种有效的进入壁垒，因为无照经营是触犯刑法的"。而且，由于这种壁垒效应的存在，使得"持照经营者的职业收入较高"。[①] 他通过对美国需要颁发执照的从业人员（如建筑师、牙医、律师、医生、药剂师等）和不需要颁发执照的从业人员（如艺术家、牧师、音乐家、自然科学家等）之间的收入进行比较，发现执照持有者的收入在总体上要优于未颁发执照的从业人员。这种相对优越的环境也使得执照持有者的职业稳定性较强。尽管施蒂格勒在总体上怀疑证照性政府管制的有效性和公正性，但在现实中对这方面的规制是必要的（虽然有时也不可避免地存在着如其所说的单纯在政治性为改善某一集团利益而设置进入壁垒的可能）。而在持照者受益的基础上收取必要的费用以弥补政府管制性成本显然是合理公正的。

---

① 《产业组织和政府管制》，上海三联出版社，第 226 页和第 230 页。

这种证照性管制的必要性还体现在通过适当的管制制度的建立使得社会井然有序，符合社会需求，从而使整个社会受益。

第七节　对公共收费经济影响不同意见的比较分析

尽管公共收费对社会经济运行产生上述各方面的积极性影响，公共收费收入也日益成为政府性公共部门重要的费用补偿机制，但由于公共收费作为一种融资工具和管理手段，其自身也有其局限性，因此人们对公共收费的评价并非完全相同。

一、公共收费的优缺点分析

首先，收费除了具有可以为政府职能增加财政收入这样显而易见的实用优点之外，还具有可以通过设计合理的收费机构来提高效率，以及可以通过直接定价来促进公平。（1）采取收费方法可以对公众的服务需求进行有效披露。假如政府正在考虑是否要举办一次运动会，那么就需要在收费与税收之间进行比较分析。如果体育活动所需要的费用都是通过收费方式来筹集的，政府就需要得到关于服务类型的选择、服务的数量和质量等方面的重要数据。如果不收取费用，就可能会存在观众的拥挤现象，以及不必要的税收负担，进而影响运动会举办的效率和效益。在这方面，收费是对服务需求的一种终结性测试。而且，如果政府的这项活动可以通过征收费用来弥补其供应成本，那么就因此不会增加或者少增加政府的负担，在公共选择中这样的项目就很容易得到支持。因为，不需要这种服务的公民就不必为此付费。可见，收费这种体制不仅为公民表明自己对某种服务的偏好提供了一种具体的方法，也为这些服务的供应筹集了一定的资金。（2）收费可以提高一些特定服务项目融资中的公平性。如果一种服务是符合收费条件的，但却通过一般税收收入来提供这种服务，那么这无疑相当于对这些服务的受益人群体提供了财政补助，不必要地增加了其他纳税人负担。在这样的情况下，采取收费手段就可以有效避免这个问题。实际上，就那些可以收费的项目来说，收费在很大程度上可以缓和如下两个矛盾，即非本地区居民的服务受益人所导致的问题和免税机构受益所导致的问题。许多城市公共服务，特别是文化娱乐方面的服务，可以被在这个地区的任何人使用。如果用这个地区中的一般财政收入来为这些服务活动融资，会为事实上为非本地区的居民消费者提供"财政补助"，而收取费用就可以避免产生这种"财政补助"。另外，收费还可以提供一种机制，可以避免那些免税机构获得不合理的财政支持。例如，一些国家的城市政府是通过财产税来为垃圾回收活动提供资金支持的，而那些慈善机构、宗教组织和教育机构可以从财产税中享受免税待遇，从而不会对垃圾回收活动提供任何资金支持，但它们仍然会得到政府所提供的回收垃圾的服务，其成本实际上却只能由广大纳税人来承担。可是，如果通过收取费用来为垃圾回收筹集资金，就不会出现这种成本转嫁现象了。在这种情况下，这些机构也需要为垃圾回收付费。其享受的税收豁免并没有免除这些机构购买商品或服务时应当付费的义务。不管对于非居民还是免税机构来说，收费的方式都可以向税收网络之外的有关主体筹集财政收入。(3) 收费方式可以提高政府机构的运营效率，因为政府机构的工作人员必须针对顾客需求来作出反应。在一般情况下，政府机构运营活动所需要的资金是通过批准授权而从一般财政收入中得到的。为了获得这种授权，政府机构的工作人员只需要借助所谓的"公共需求"而不遗余力地进行"据理力争"的活动，而可以不问政府行为的最终效果。但是，收费融资则不然，它需要政府机构将工作重点转移到顾客的直接需求上去，必须真实地了解顾客所需要的服务，否则就会因财政压力而使服务项目无法持续运转下去。在这样的情况下，政府机构无法在预算中界定顾客想要什么，而只能提供顾客所真正需要的服务。(4) 收费可以纠正市场活动中的"成本—价格"信号。假设一个加工厂对本地区中的交通管制具有非常大的需求。这种特殊需求就需要该地区在这个工厂的换班期间,在十字路口加派交警。这家工厂的这种运作方式会极大增加社区的运行成本。但是,如果这家工厂必须承担由于自己的这种运营方式所增加的交通管理成本,那么在财务上就会促使这家工厂的管理层去思考,自己现在的这种运作模式(需要缴纳交通管制的费用)在成本上是否划算。针对这种状况,这家工厂的管理层可能会决定,为了避免缴纳交通管制费用,要减少在交通高峰期时换班的人数,建立工厂自己的班车组,对使用大众交通工具的员工给予补贴等。可见,收取费用可以使决策单位意识到自己行为的真正社会成本,并对此作出反应。在上述的例子中,如果不收取费用,这家工厂就不会承担新增的交通管理成本,因为在一般情况下没有人会对免费的资源"厉行节约"的。同样的道理也适用于对排放环境污染物质所收取的污染费。

总之,收费可以使公众意识到任何服务的提供并不是无成本的。居民可以选择自己是否需要这种服务以及购买多少这种服务,可以通过减少对这种服务的享受来省钱,但在享受这种服务的同时也不应当增加别人的成本。可见,在使用收费来融资的领域中,政府可以很好地度量出公众愿意为此支付多少成本,以及公众愿意为此支付多少成本。

其次,在许多领域,是不能用收费替代税收来为政府服务融资的。因为许多公共服务根本就不符合收费融资的基本条件。(1)如果一些活动的大量收益并不局限于可量化的受益人,那么这些活动是不能通过收费融资的。例如,城市地区中的基本消防活动就不能通过收费来融资,因为火灾是可以蔓延的。由于将一个建筑物中的火灾扑灭也对其周围的建筑物提供了保护,所以由某个人所资助的消防活动也就自动的保护了其他人的利益;因为那些没有为此付款的人是不能从其受益范围中排除出去的,因此这项服务活动是不能通过收费来融资的。(2)有些服务的提供本来就是为了对低收入者或者其他弱势群体提供财政补助的。如果对这些服务活动收费，就违背了提供这些服务活动的初衷。受益人是不应当为具有社会福利性质的服务付费的。在这样的情况下，收费一般都是不公平的。因为收费经常会使这种服务的负担产生累退性，也就是说，这种服务活动所造成的负担在低收入消费者中的比重要超过高收入消费者。(3) 有些收费活动尽管在技术上是可行的，但是征收成本却十分昂贵。所收取的财政收入中的相当大部分都在筹集收入的过程中损耗掉了。这并不是对政府机构所拥有资源的一种有效使用。收取费用的高成本表明这项活动的公共性程度使收费本身的恰当性成了一个问题。(4) 如果将由税收融资的服务转向由收费融资，就会产生严重的政治问题。收费将面对公众的极力反对，因为他们认为，一个人如果缴纳了税收，就具有享受公共服务的能力，而不应当再交纳别的费用了。除了公众的反对之外，收费融资还经常会遭到官僚们的反对。根据作为这种服务供应者的官僚们理解，从税收融资转向收费融资就意味着，对于顾客来说，服务的价格从零（尽管在税收融资体制中，公共服务的提供也需要成本，但是这些成本是由财政体制中的其他部分所承担的，人们的纳税状况不会因为其对公共服务使用状况的不同而不同）增加到一个正值（即公共服务的价格）。这种变化将会减少一些公众对公共服务的使用，但是这种变化是公共官员们所不愿意看到的。可见，作为公共服务供应者的官僚和使用公共服务的顾客会联合在一起对费用的收取进行反对，只是反对的重点有所不同罢了。

二、对公共收费的不同意见

也正是由于公共收费方式有着其自身的适宜领域和在非适宜领域的局限性，社会各界也因此产生了各种不同的看法和意见。我们可以从这些不同的意见和相应的理由中进一步探讨公共收费机制的可行性及其影响。

（一）赞同公共收费的意见

1. 就公共部门提供的产品或服务来说，公共收费能够体现直接受益原则。这会有效地提高社会福利。

2. 公共收费可以灵活适应实际情况的变化而避免不公正的交叉补贴。在公共服务都采取税收形式筹资且服务均等化的前提下，许多这样的服务存在着纳税人口密度较高的地区（如城市）对纳税人口密度较小的地区（如农村）的费用补贴。采取公共收费方式能够迫使那些受益者按照受益程度的大小来付费，有助于避免采取税收所产生的不公平现象。

3. 采取公共收费方式能够为公共部门的生产者提供有效的信息反馈。例如，在收费标准既定其较为合理的情况下，如果某一收费项目用者寥寥，说明生产过度，决策者会因此而缩减产量。

4. 一些地区性公共服务如果采取税收形式资助的话，那么会在本地居民和非本地居民之间造成消费的不公，实际是给予了非本地居民不必要的费用补贴。例如，州立大学免费提供的教育可能将不必要的税收负担从非本地学生转嫁到本地居民身上。若采取收费方式可以减少这方面的影响。

5. 公共收费可以为政府性公共部门提供更多的可供选择的筹资渠道。有些公共性服务往往是一次性的或时效性很强的，如果政府的筹资渠道仅限于税收方式，那么僵化的税收立法和相应的立项成本（包括决策成本和时间成本）是难以适应这种情况的。而且，税收征收的有限性和随经济周期而产生的波动性也难以满足稳定增长的公共需求。这是税收的局限性，也是收费的优越性。

（二）反对公共收费的意见

1. 由于垄断或外部性的存在，在确定公共收费水平时，定价的困难程度是非常大的。而且，若考虑公平或帕累托效率标准以外的其他因素，受益者付费标准显然不能采取按照边际成本定价的方式进行。因为将收费标准确定在按边际成本决定的水平上，既不容易，也不合理。可是，不按照边际成本定价的结果是违反了效率准则。在实际工作中，公共部门的会计账户往往只反映资金筹措成本而难以反映资金的机会成本。实际上，机会成本才是考虑了边际成本、考虑了效率增进等因素的。

2. 准公共产品按其消费特性有可排除性或可排除性大的产品或服务（如游泳池），也有不可排除性或可排除性小的产品或服务（如公共草场）。前者易于确定收费对象和收费标准，后者的确定则较为困难。这容易导致同一类型的产品或服务采取不同的待遇（如税收与收费之间的选择），既不公平，也缺乏效率。

3. 采取公共收费方式人为地增加了相应的管理成本。这将使消费者付出更多的费用。以公路和桥梁为例，管理性成本不仅包括收费机构、收费人员等方面的经费开支，而且包括收费过程中所造成的交通拥挤或拥挤成本。甚至某一桥梁或公路的收费会直接造成其他可替代性免费道路的拥挤成本增加。这不只是成本转嫁的问题，而且会使收费道路和替代性免费道路均陷入无效率状态。前者可能是寥寥无几的车辆运行，资源闲置浪费严重；后者则可能是拥挤成本的增加。

4. 考虑到公平，公共收费更不可取。特别是对那些居民生活必需品（诸如煤气、电力、自来水、下水道、废物处理和医疗设施）来说，采取公共收费方式强化了累退性。

对上述正反两方面意见的比较有助于加深对公共收费适宜性的理解。实际上，公共收费的适宜性取决于准公共产品效用中"公"与"私"的匹配比率，即私人直接受益程度的大小。像私人直接受益很大的网球场与受益较少的垃圾处理之间，以及和完全属于联合消费性质的灭蚊活动之间，公共收费的适宜性和适宜程度明显不同。

从公共选择的角度来看，公共收费似乎是医治政府失灵的潜在良方，但效果并不十分明显。相反，不规范的收费有时会成为扭曲公平与效率的"滥觞"。所有这一切取决于公共收费是怎样确定的或如何确定的。公共选择的内在性问题是那些有自利动机的决策者可能会妨碍公共福利的增进，而公共收费的灵活性在缺乏有效规制的情况下更容易成为相关决策者的牟利手段。例如：（1）政治家可能会为谋取政治选票而倾向于采取优惠性措施,将收费水平大大降低,以获取受益者或受益集团的支持;(2)在无选举压力的情况下,决策者往往采取超额定价的方式来为相关公共生产部门谋取垄断租金;(3)公共收费并不能完全限制官僚机构追求预算规模扩大化的倾向。一种理论认为,采取公共收费的方式可以限制官僚机构的预算扩大化倾向。因为产品和服务的费用如果超过了消费者愿意支付的水平,官僚机构就难以提供附加的资金,难以形成实际的产出,从而限制了预算扩大化的倾向。但经济学家近年来(如李〈Lee〉,1991)的研究表明:即使采取公共收费方式筹资也不能保证公共服务的供应达到最佳水平。

由此可见,公共收费的经济影响只能在其较为适宜的领域里克服收费面临的技术难题和政治障碍时才能充分发挥其应有的作用。对公共收费经济影响的正确评价仍然要取决于具体经济环境,而不应超越现实。理论上的分析仅仅是实际行动中的指南。

> # 第四章
我国公共收费的实证分析

在分析了公共收费一般的基础上，回归到具体考证我国公共收费的特殊是必然的逻辑，也是我们研究公共收费的目的所在。公共收费是一个历史范畴。它和政府收费既有联系，又有区别。我们将在公共收费的实证分析和规范化中作相应的鉴别。

第一节 我国政府收费的历史沿革[①]

一、我国历史上的政府收费

政府收费古已有之。我国最早的政府收费可以追溯到夏商时期的献费。所谓献费就是分封诸侯向中央进贡的当地物产或宝物，也有周边小国或弱小民族为表示臣服和求得安全而向国王进贡的物品。有的学者认为这也是税收的最初形态。

春秋战国时期的诸侯国大都实行"官山府海"制度，把矿藏、盐、鱼作为国有资源，对私人采矿、罚薪、狩猎、捕鱼实行收费。

---

① 详情请参见叶青、许建国：《我国历史上税费制度的变迁与反思》；叶青：《20世纪中国"冗费"的演变》和《试论我国根据地和计划经济时期的收费制度》；陈绍森：《收费管理学》。

秦代的公产收入是典型的收费方式。汉代除了向租种公田的农民收取租金外，还对山川、江河、湖泊、草原和池塘等的经营行为收费。这些基本上属于资源收费性质。

唐朝自"安史之乱"后，土地兼并、人口变动，政府税费制度混乱，最终导致了租庸调制的瓦解和两税法的产生。宋代的各项杂费名目繁多，有"卖度碟"费、官告费、河渡钱等。"卖度碟"实际上是出家人的执照性收费，持有者可以免役和免税；官告费是政府向得到封赠或被任官员收取的告纸钱或爵位证书；河渡钱是国家出卖渡口行舟权力所取得的收入。

元、明时期，政府收费混乱状况有增无减。如元代的计口授盐制就属于一种强制性收费。这种制度是在私盐盛行，国课有亏的地区，规定由官府按人口强制配给食盐。明代仅公差杂费就有索路费、索纸包、酒钱、饭钱、买差钱、雇役钱等数十种之多。沉重的税费负担使人民苦不堪言。

清代的赋外之赋，役外之役十分严重，加征、私派数倍于正赋。私派是典型的乱收费。如漕粮除了正税、正耗之外，还有大量的漕运经费，总称"漕项"。特别是在鸦片战争之后，日渐衰微的满清政府采取名目繁多的捐、费来弥补经费，如酒捐、车捐、船捐、斗捐、水捐、会捐、学捐、摊捐、房警捐、车驾捐、河工捐、菜市捐、卫生捐、码头捐和油坊捐等。其中大量属于收费性质。清末的不少收费是由摊派引起的。政府实行摊派的主要目的是把赔款和外债强制性地分摊给各省，而各省又以捐费的方式转嫁给人民。

北洋政府时期的各项收费更为普遍。1926年，仅广东"中山有游联队费、联团费、民团费、保卫团费、旧式农会费、中小学附加费。碉楼费、船卡费、联航保安队费、商轮稽核所费、团警教练附加费"等30余种税费征收。这些税费"或为县公署征收，或为警区署征收，或为民团局征收，或为驻防军队征收"。

国民政府时期，地方杂捐杂费极为严重。国民政府也采取种种措施减轻附加、取缔摊派。据官方透露，从1934年7月到1935年

8月,全国已经裁剪苛杂5000余种,但这只不过是第一批、第二批废除的项目。各种苛捐杂税使得民不聊生,因此有"民国万税,天下太贫"之说。

我国历史上的政府收费为政府经费的不足提供了一种灵活的筹资渠道,也成为统治阶级盘剥人民的便利手段。尽管一些收费客观上起到了节约资源、改善人民福利的作用,但收费的主要目的却在于维持行政运转或支付战争经费,甚至出于统治者自身奢靡生活的需要。因此,在收费"繁荣"的时期,往往成为民不聊生的时期。

二、我国社会主义计划经济时期的政府收费

我国计划经济时期的政府收费基本上是一些零星收费,收费管理也较为严格。

(一)基本收费制度

新中国成立之初,国家采取了统一财经措施,实施了高度集中的财政管理体制。政府收费项目少、数额也不大。主要的收费是公粮附加收入,基本上用于农村卫生、行政经费和农村公益事业等方面的开支,且由财政部门统一管理。

1951年初,一些地方为了满足城市财政支出的需要,自行设置了一些收费项目,其中包括政教事业费等。1951年3月,财政部颁布进一步整顿城市地方财政的决定,强调"平衡城市地方财政收支的原则,应当根据当地必须举办的事业与人民负担能力,努力组织收入,保证必要支出,反对铺张浪费"。并规定城市财政的收入范围包括税收、市营企业收入、附加和规费;统一了各种附加项目和附加比例,如保留工商业税附加(附加比率在10%~15%之间),房地产税附加最高比率为20%,农业税附加比率为20%。各地对于规费可因地制宜,不作统一规定。"但某些规费种类较多的城市应加以整顿,能合并者合并征收之,其手续较繁、收入很小的规费,亦可不征。另一方面,规费收入很少的城市,亦可吸收其他城市经验,适当开征一些规费"。

20世纪50年代以来的收费项目有:(1)养路费。养路费是开征最早的正规收费,由交通部门负责征收、使用和管理。(2)港口费。1953年交通部制定了《港口收费计算办法》,统一规定了各项港口费用,如船舶港务费、货物港务费、引航费、移舶费、停舶费、系解缆费、开关仓费、船舶代理费、货物装卸费和货物保管费等。(3)育林基金。为了保证及时更新和扩大树林资源,根据以林养林的原则建立了育林基金。(4)其他收费。如企业登记费、学杂费、检验费、检疫费等。

对农民的收费主要有:(1)土地证照费。1951年各地在土改完成以后给农民颁发土地所有证,收取相应证照费用,并分甲、乙两类,以实物征收(细粮)。(2)乡教育粮。用于兴办农村学校、扫盲班等。(3)抗美援朝捐献飞机和大炮。(4)兴修水利工程用工。(5)乡干部补贴和公务费。

1972年以后,为了贯彻毛泽东同志关于"深挖洞、广积粮、不称霸"的指示精神,人防工程迅速扩大。为了筹措经费来源,以后逐渐开始收取"人防经费"。

这一时期,收费较为规费,乱收费有时也存在,主要是农村的收费存在着违规收费的问题。

(二)收费管理方式的变动

1951年的《关于进一步整顿城市地方财政的规定》要求:对学校学费收入、医院诊疗收入、剧团演出收入、救济机关生产收入、司法、公安罚没及没收收入等纳入预算管理(地方政府或城市政府),但仍然有一些收费在预算外管理。

经过三年国民经济恢复时期,国家实现了财政经济状况的根本性好转,政务院为加强预算外资金管理,颁布了《关于统一管理机关生产》和《整顿乡自筹的决定》,对当时存在的乱收费倾向着手整顿。这次整顿将大量预算外资金纳入预算管理,对稳定经济秩序、制止乱收费和减轻农民负担起了重要作用。但这种高度集中的管理方式不利于及时灵活地解决微观单位的特殊需求,不利于调动各方面的积极性。为此,国家不久又决定把行政事业单位的一些零星收费收入放在预算外自收自支，如工商税附加、养路费、养河费、养房费、农牧业税附加、育林费、中小学杂费和行政事业单位的零星杂项收费等。

1958年，我国财政体制进行了较大的变革，财权大幅度下放。国家也将部分预算内收费转入为预算外管理。当时，由各部门明文规定管理的收费项目有几十个，其中包括工商业税附加、农业税附加、城市公用事业附加、农业水利交通方面的一些事业性收费、学校勤工俭学收费、城市公用事业收费和机关特种收费等。1960年，全国预算外资金达到117.78亿元（主要是收费），相当于国家预算内收入的20%。

1963年，为了加强财政的统一管理，政府对预算外资金进行了清理整顿，通过"纳、减、管"的办法，即将部分预算外资金纳入预算管理，减少预算外收费数额和加强管理，将预算外资金减少到51.85亿元（包括国有企业的利润部分）。使预算外资金规模占预算收入的比重降为15.10%。直到1966年，预算外资金规模仍然只为预算收入的14.5%。

"文革"时期，由于各项财政制度遭到破坏，财政工作混乱，乱收费也较以前趋于严重，收费规模也随之扩大，而且有大量资金划为预算外管理。1976年预算外资金达275.3亿元，相当于预算内收入的35.5%，其中包括企业及其主管部门的资金。

总的来说，在计划经济时期，我国政府收费无论从规模来看，还是从管理的方式和方法来看都具有那一时代的特征。相对于当时高度集中的计划体制，政府收费收入和收费的预算外管理还能够在一定程度上弥补计划控制的僵化局面。

三、改革开放以来的政府收费

改革开放以来，我国进入了一个新的历史发展时期，国家进行了一系列经济、政治体制的改革。随着改革的不断深化，我国的政府收费在总体上呈现出迅速增长的态势。这为增加微观经济单位的活力和筹集经济建设资金促进经济发展创造了条件，但也逐渐形成了收费失控的局面。

——1980年，党中央、国务院在节约非生产性开支、反对浪费的通知中规定："一切有条件组织收入的事业单位，都要积极挖掘潜力，从扩大服务项目中合理地组织收入，以解决经费不足的问题"。这一规定打破了事业单位开支由财政包起来的统称模式，为减轻财政负担、增加事业发展资金开辟了一条新渠道。这使得与行政事业单位的相关收费大大增加，主要有：养路费、隧道车辆通行费、港口费、环境保护费、排污费，以及名目繁多的管理费、注册登记费、审批费、检验费、防疫费和教育附加费等。1991~1993年公布了68种证照费标准。

——1980年6月至1981年2月，财政部、国家经委先后发布征收国营工交企业固定资产、国拨流动资产有偿占用费的暂行办法和补充规定；1982年12月，中央、国务院颁布征集国家能源交通重点建设基金的通知和办法，规定国营企事业单位、机关团体、部队和地方政府的预算外资金，城镇集体企业交纳所得税后的利润，按10%征收；1983年6月，中央工作会议把征收比例提高到15%，把征收范围扩大到城镇小集体企业和农村社队企业（征收比例为10%）；1989年2月，国务院颁发国家预算调节基金征集办法，范围与能源交通建设基金相同，征集比例为10%；1993年6月，国务院开始筹集三峡工程建设基金的通知。

——农村收费也日益增加。尽管中央三令五申要减轻农民负担，但农民的负担却与日俱增。有的地方，对农民的收费达100多种，仅与婚姻登记有关的收费就有10多种。农村的收费方式主要有：村提留、乡统筹、摊派、收费、派购、克扣和罚款等。

从中央到地方大量依靠收费筹资的不良后果是收费的膨胀和失控。其特征如下：

（一）收费规模迅速膨胀

从表4-1可以看出我国自1982年以来政府收费的增长情况。表中的政府收费统计包括预算内收费，也包括预算外收费。这样的统计口径是大致按照"政府收费"的概念进行的。这样做主要是为了和改革开放前的政府收费口径大致统一。实际上,在我国预算管理不严格的情况下,政府收费还包括许多说不清道不名的所谓的"制度外收费",但因统计方面的难度,基本上很难真实摸清。

公共部门的收费(亦即本书所探讨的公共收费口径)还包括大

表4-1　　改革开放以来我国政府收费情况统计表　　亿元

年份	国家财政决算收入	国家财政决算收入中各项税收	预算内收费	预算外资金总收入	财政性收费总计	收费与税收比例(%)
1987	2199.40	2140.36	223.04	1840.75	2063.79	0.96
1988	2357.20	2390.47	237.05	2360.77	2597.82	1.09
1989	2664.90	2727.40	356.97	2658.83	3015.80	1.11
1990	2937.10	2821.86	394.59	2708.64	3103.23	1.10
1991	3149.48	2990.17	457.46	3243.30	3700.76	1.24
1992	3483.37	3296.91	397.99	3854.92	4252.91	1.29
1993	4348.95	4255.30	358.13	1432.54	1790.67	0.42
1994	5218.10	5126.88	241.46	1862.53	2103.99	0.41
1995	6242.20	6038.04	219.14	2406.50	2625.64	0.43
1996	7407.99	6909.82	206.95	3893.34	4100.29	0.59
1997	8651.14	8234.04	206.58	2826	3032.58	0.37
1998	9875.95	9262.80	226.68	3082.29	3308.97	0.36
1999	11444.08	10682.58	252.20	3385.17	3637.37	0.34
2000	13395.23	12581.51	295.04	3826.43	4121.47	0.33
2001	16386.04	15301.38	333.20	4300	4633.20	0.30
2002	18903.64	17636.45	396.10	4479	4875.10	0.25
2003	21715.25	20017.31	464.78	4566.80	5031.58	0.25
2004	26396.47	24165.68	600.80	4699.18	5299.98	0.22
2005	31649.30	28778.50	712.36	—	—	—
2006	38730.62	34785.30	—	—	—	—

注:财政决算收入中,(1)1993年及以前数据经过调整,不包含国内外债务部分。(2)在国家财政收支中,价格补贴1985年以前冲减财政收入,1986年以后列为财政支出。为了可比,将1985年以前冲减财政收入的价格补贴改列在财政支出中。(3)2005年全国数据为预算执行数,以前各年数据为财政决算数。(4)2006年财政收入含解决出口退税历史陈欠613亿元。

资料来源:根据中国经济信息网有关资料整理得出。

量国家基础产业的成本补偿费用，以及"国有企业和主管部门的预算外资金"中属于基础产业的部分预算外资金（甚至包括经营盈利行业的企业主管部门在政企不分的情况下以行政手段向企业收取的基金或收费）。从总量和结构来看，"国有企业和主管部门的预算外资金"由1982年的656.32亿元上升到1992年的2878.59亿元，占同期预算外资金统计口径的比例分别为81.76%和74.67%。这一项目资金在1993年剔除出预算外资金统计以前，占预算外资金的绝大部分，其中既包含着国有企业的部分正常盈利，也包含着主管部门的收费或筹资因素。由于统计方面的原因，很难在此进行精确区分和估量。但毫无疑义，这方面的收费是呈增长态势的。一些经营准公共产品的国有企业的价格收入也应该属于补偿成本的收费收入，但其同样不在预算内反映，也难以在相关统计中窥其全貌，但其增长态势也是明了的。这可以从基础产业价格改革的增收因素中得到部分印证。

从表4-1可以看出，按照现有的统计口径，政府收费在1988~1992年已经超过税收收入和国家预算内财政收入。1992年以后，尽管从统计上看，政府收费规模大量缩小，但主要是因为口径变化引起的，没有实质上改变收费膨胀的局面。相反，收费规模的膨胀愈演愈烈，日益成为企业与农民负担沉重的重要因素。

与收费膨胀相并行的是：大量政府收费收入游离于国家预算管理。预算内收费收入占国家预算收入的比例如表4-2所示。其中，预算内"基金和收费"占财政预算内收入比重在1983~1988年基本上保持在7%~8%左右，从此以后，比重由11%逐步下降到1996年以后的1%左右。如果考虑预算内"其他"收入栏目的话，近年来收费大体也只保持在10%以内。由此可见，直接纳入财政一般预算管理的非税收入规模并不多。以1996年为例，在全部收费和基金（包括预算内、预算外）中，约占财政预算内收入53%左右的收费和基金是以预算外资金的形式存在的，是预算内非税收入规模的19倍左右。

表 4-2　　　　　　　　国家预算内收入分项目构成　　　　　　　　%

年份	各项税收	企业收入	亏损补贴	基金和收费	其他
1979	47	43			10
1980	49	38			13
1981	54	30			16
1982	58	24			18
1983	57	18		7	19
1984	58	17		7	18
1985	102	2	-25	7	14
1986	99	2	-15	7	7
1987	97	2	-17	8	10
1988	101	2	-19	8	7
1989	902	2	-22	11	7
1990	96	2	-20	11	10
1991	95	2	-16	11	8
1992	95	2	-13	9	8
1993	98	1	-9	6	4
1994	98		-7	3	5
1995	97		-5	2	6
1996	93		-5	1	10
1997	95		-4	1	8
1998	94		-3	1	8
1999	93		-3	1	8
2000	94		-2	1	7
2001	93		-2	1	7
2002	93		-1	1	7
2003	92		-1	1	8
2004	92		-1	1	8
2005	91		-1	1	9

资料来源：根据《中国财政年鉴》(2006) 整理得出。

（二）收费混乱的另外一个重要特征是收费项目繁杂、重复收费严重（包括税外加费和费上加费）

我国政府性收费项目、基金项目种类庞杂，但因收费范围较广，层次较多，有些收费项目甚至是一次性收费。因此，难以精确地统计,从一些调查统计的数据资料来看,收费项目之多是触目惊心的。

1997年4月底,经国务院及有关部门批准的行政事业性收费项目共371项(见表4-3)。其中,涉及企业的项目217项。在这217项中,符合法律、法规规定和国务院批准的共91项,经国务院有关部委批准的126项,共涉及所属59个部门和单位。

表4-3　　　　我国经国务院及有关部门批准的
　　　　　　　　行政事业性收费项目　　　　　　　　　　　个

部门	项目数	部门	项目数	部门	项目数	部门	项目数
司法	8	税务	2	体委	2	交通	25
公安	15	统计	1	教委	17	邮电	1
外交	6	审计	1	社科院	4	农业	31
民政	7	经贸	4	卫生部	30	林业	13
工商	7	财政	1	医药	12	水利	7
人事	5	内贸	4	冶金	3	气象	2
劳动	17	外汇	5	电子	1	中办机要	1
海关	17	商检	1	无委	3	轻工	4
专利	2	贸促会	6	石油	1	有色	3
档案	2	外贸	9	烟草	2	兵器	1
测绘	5	旅游	2	地矿	5	机械	1
环保	8	文化	3	核工业	1	煤炭	2
建设	22	广播电视	7	建材	1	证监会	2
海洋	2	出版	6	化工	6	口岸办	1
技术监督	8	科委	5	铁道	1	合计	371

资料来源:《关于我国费改税问题研究》,国家税务总局科研所课题组1998年。

截至1997年底,全国性的部门和行政事业性收费项目仍有344个,全国各类部门基金有421项。[①] 省以下的收费更是多如牛毛。1995年浙江萧山市具有各级政府"文件依据的收费项目多达1000多个(贾康,1998年)。

---

① 《中国财经报》,1998年4月29日。

从我国省级及其以下的收费情况看，省、地（市）、县、乡四级政府及其所属部门都普遍存在着不同程度的收费项目过多问题。从收费的批准权限和使用情况看，在所有收费项目中50%左右的收费项目是国务院及有关部门设立、批准的，50%的项目是省及以下政府和部门批准、设立的，或者自行扩大范围和提高标准征收的。

农村税费大规模改革之前，有关乡一级的收费情况，问题也很严重。主要表现是：在国家明文规定的"三提五统"之外的集资性收费，即对农民的乱收费、乱罚款、乱摊派，有的自行扩大"三提五统"收费标准；有些乡政府擅自规定在农业税、农业特产税的一些税目税基上另外加收收费项目，加重农民负担。据当时的调查，对农民的乱收费、乱集资金额超过了"三提五统"收费收入。例如，1996年河北省某县农民负担总额为2768万元，其中，各类收费占71.5%，税收收入仅占28.5%。又比如广西某市某县某镇猪肉行51户个体户每月付出的各项收费为1500元，各项税收为710元，收费是征税的2倍。①

收费种类繁多，政出多门，不仅扰乱了正常分配秩序，增加了基层负担，而且加大了收费管理、收费制度改革的难度。自1997年7月《中共中央、国务院关于治理向企业乱收费、乱罚款和各种摊派等问题的决定》下发，截至1998年3月底，中央部门宣布取消向企业不合理收费277项，各省各自治区直辖市取消2028项；地市以下累计取消1826项，加上国务院减轻企业负担部际联席会议即将讨论审批财政部提出的第二批取消基金项目，共计取消483亿元的收费金额。②关于涉农收费，通过农村税费改革，取消了大部分收费项目，切实减轻了农村负担。但从现行趋势看来，许多不合理的收费项目依然存在。例如，根据《成都日报》2006年4月的报道，成都市政府通过改革共取消调整行政审批事项758项，行

---

① 《关于我国费改税问题的研究》，国家税务总局科研所。
② 《经济时报》，1998年5月14日。

政收费项目118项；保留行政审批事项388项，保留根据法律、法规、地方性法规规定设立的行政收费项目194项。市政府将进一步清理并依法界定全市行政执法机关行政许可、行政处罚等行政执法职责与相关收费行为，并将清理结果向社会公布，接受社会监督。由此可见，清理整顿收费、基金项目仍然任重道远。

（三）费多税少、以费挤税，且政府收费资金大量游离于国家规范的预算管理之外

从表4-1可以看出，最高年份的1996年，政府收费收入是税收收入的1.29倍。而且，大量收费收入游离于国家预算管理，成为脱缰的"野马"。

收费本来也是很普遍的现象。世界各国从中央到地方都把收费作为政府的收入来源之一，但总的来看，这些国家的财政收入绝大部分来源于税收收入。例如美国和法国，非税收入大体占税收总收入的10%，只占GDP的1.5%左右。一般而言，在经济发达国家，收费收入在中央财政所占比例很小，在州县地方财政收入中占有一定的比重，一些国家非税收入占政府财政收入的比重如表1-1和表4-4所示。

表4-4　　　　德国各项收费占财政总收入的比重　　　　亿马克

年份	财政总收入	税收收入	各项收费	税收所占比重（%）	收费所占比重（%）
1960	654	536	38	82	1.5
1980	6900	5964	377	86	5.5
1990	10 913	9316	636	85	5.8
1992	14 673	—	955	—	6.5
1994	16 532	13 904	1134	84	8.1

资料来源：按《世界经济年鉴》计算。

从收入管理的角度来看，税收收入较之收费规范。税收的"确实原则"不仅能够限制政府及税收机关、税收人员的任意行事，而且纳税的时间、地点、方式和数量预先能给予清楚的规定，

纳税人有较为明确的预期。这对规范市场秩序、均衡经济运行和稳定政府收入有重要作用。正因为如此，世界各国主要采取征税，而不是采取收费的形式，来筹集收入满足政府职能需要。尤为重要的是，在西方发达国家，预算的完整性是政府理财的重要准则，政府性收费基本上都纳入预算内管理，成为政府直接支配的收入。而我国目前的政府收费收入不仅规模大，而且绝大部分是归入预算外管理，甚至有不少收费收入游离于预算外管理（即体制外资金），成为管理的"黑洞"，其随意性可想而知。由此可见，所谓的"以费挤税"，不能简单地认为是费多税少、税收流失的问题，而且还包括财政性资金收入管理权的分割和分散，以及由此导致的资金使用权的滥用和财政性资金使用的低效，等等。

综上所述，可以得出如下结论：我国的收费规模曾经确实过于庞大，目前也依然庞大，清理整顿收费是一个长期性的事情。从长期来看，对收费问题的治理，不能仅仅局限于税与费的比例和其占财政性总收入的比重问题，更重要的在于通过清理整顿收费，建立规范的收费机制和合理有效的政府理财制度，维护政府预算的统一性和完整性。

第二节　我国经济转换时期政府收费扩张的原因

改革开放以来我国政府收费的扩张，特别是预算外和"体制外"收费的膨胀，有其复杂的原因。概略地说，主要可归纳为如下几个方面：

一、财政压力因素

我国20世纪70年代末开始的改革开放和处理堆积如山的"历史欠账"，使政府面临着巨大的资金压力，难以通过预算内融资的骤然扩张来满足需求。中央政府不得不通过向银行透支或举债筹资来缓解财政压力。地方和部门没有信用筹资权,只能采取收费筹资。从1980年起,特别是自1984年以来,国务院相继颁布了一系列允许地方和部门收费的政策,实际上承认并推动了收费的增长。政府财政收入比重的持续偏低和支出的刚性增长使得收费规模也呈刚性增长之势。

二、体制改革因素

1. 行政体制改革与行政机构的膨胀。从1978~1993年,我国进行了三次较大动作的机构改革,行政事业单位人员不仅没有减少,反而增加了许多。据国家统计局统计,我国政府行政管理费由1980年的66.79亿元增长到1996年的1040.80亿元,增长了15.58倍。截至1996年底,我国财政供养人口达到3673万人,比1978年增长82.3%。截至2004年,增加到5521.89亿元,比1978年增加100倍。

财政供养人口的资金几乎占国家一年财政收入的相当部分。机构和人员的大量增加,必然要增加行政事业经费开支。各级行政事业单位因财政拨给不足,有的就会自设收费项目收费;有些机构在成立之时就明确以收费形式解决经营来源。据调查,省以下的公路收费部门,70%的管理人员靠收费开支;工商部门、环保部门65%~70%的管理人员依靠收费开支。在财政保障经费有限的情况下,人员经费的刚性增长又会进一步加大收费膨胀的压力。

2. 经济体制改革的"放权让利"的过度。促使收费膨胀的另一制度性因素是过度的"放权让利"政策。毫无疑问,"放权让利"政策是启动我国体制改革的突破口,注重和激活各部门、各地方的利益与激励机制是经济发展及体制变革的内在要求。但为维护既得利益,"放权让利"式的改革,必然在放权让利走到尽头之时,开始让权。如果说"放权"是将本应属于地方和部门的权利放归本位,那么"让权"则不尽然,这很大程度上意味着将本不该让渡的权利让渡出去（例如收费管理权）。限于财力有限，在深化改革的过程中，中央出政策，地方出钱的事为数不少。有的地方甚至于更感兴趣中央给予的所谓"政策"（实际上是权力的让渡）。地方和部门在抱怨之际，实际上也并非无利可获。这样，循序渐进地，统一的财权、完整的预算走向分割，走向分散。种类繁多的收费实际上是和财权分割、预算分割呈对应关系的。如果我们说通过财力分散、收费膨胀在一定程度上换来了近年来各项改革的顺利进行，那么现阶段"预算割剧"状态就成为深化改革的障碍。尽管近年来通过"收支两条线"和"票款收缴分离"的非税收入改革取得了明显进展，但目前我国预算的完整性依然有限，违规收费行为还是层出不穷。

3. 税制建设滞后和"分税制"体制的局限。在计划经济时期，由于公有制经济占绝对主导的地位，我国的税制是呈逐步简化的态势。特别是经过1973年税制的进一步简化，把原有的工商统一税、城市房地产税、车船使用牌照税、盐税和屠宰税合并为工商税以后，税种结构更趋单一。在走向市场经济的过程中，加强税制建设是规范政府收入的重要途径。但这毕竟需要时间。我国的税制建设直至1994年才初具雏形。在此期间，随着政府收入来自"企业收入"项目的日渐下降（这是改革的必然），政府收费自然而然地成为税制建设落后的"临时替代物"。可以说，"以费代税"是这种渐进性变革的必然逻辑。税收征收能力不足和税收优惠减免的随意性所导致我国名义税率大大高于实际税率。因此造成的税收减收因素则使得收费替代性功能更为强烈，以致造成以费挤税的现象。

从政府间财政关系看，自1994年税制改革和分税制财政体制实施以来，尽管中央和地方的分配关系更为规范，税制也在不断地优化，但地方税中的大部分税种都是小型分散的税种，缺乏适应形势发展的收入增长机制和筹集收入的能力。和收费、基金过度放权不同的是，中央对地方税务权限和举债权限的控制似乎显得过分严格。这使得地方政府的财政收入缺乏稳定性,也不能通过开征新税来寻求收入来源。在地方政府无权发债的情况下,这会进一步驱使其依赖收费的扩张来满足其职能需要。

4. 现行财税体制的制度性障碍也是驱使收费非规范化的一个重要原因。一些收费性收入如果纳入地方财政预算管理,就会成为推动收入基数增长的重要力量,从而会影响未来年度的体制性返还或退补,可能会减少本级财政的可支配财力。这对有着自身相对利益的地方一级财政来说是不愿意看到的现象,况且有些收费是一次性的,如果纳入经常性增长的收入基数,反而会加重本级财政未来的负担。由此可见,大量收费资金游离于财政预算之外的非规范化行为是有制度性障碍因素在内的。正是这一规则性限制,使得各级地方政府采取了非合作博弈行为,一方面尽可能巧立名目扩展收费,另一方面将收费收入转入预算外,甚至体制外管理。

5. 政府职能转换不到位。政府职能转换的不到位一者是指相对于规范成熟的市场经济而言,政府包揽了过多的市场职能,影响了市场功能的正常发挥,造成了效率的损失,同时也加大了政府的财政负担,从而不可避免地造成公共收费规模居高不下和收费的不规范行为。另外是指就我国现行的市场发育程度而言,政府仍然存在着包揽过多之嫌,造成政府调节的"缺位"和"越位"并存。从严格意义上讲,这里所讲的政府职能转换不到位首先是指后者,因为这是我们现行的国情,也是造成我们现行公共收费行为混乱的深层原因。其次我们才能谈到在市场发育成熟的条件下,针对规范公共财政框架下的公共收费行为的规范化。就我国目前的市场发育程度而言,事实上有许多可由市场生产或提供的产品或服务仍然由政府来负责实施。如许多地方政府仍然热衷于直接集资搞生产性建设、搞旅游项目等,其动机固然是良好的,但其行为所产生的有害外部效应则是包揽和替代了市场。另一方面,许多提供盈利性产品或服务的国有企业本应实行政企分开,面对市场自主经营。然而,由于国有企业转制不及时、企业仍对政府有顾恋之情,而各级政府可能出于扩大政府性权力规模的偏好对这些国有企业难舍难割。这使得各级政府或断或续地包揽了更多的东西。收费整体性膨胀的内在动因由此而形成,且挥之不去。企业虽然是乱收费的受害者,但仍有许多可依赖政府,可求助政府之处,难以形成起码的制约能力。这使得"越位"的方面难以及时消除,"缺位"的方面要想尽快弥补(如教育开支)只能过多地依靠收费筹资的方式进行。这样,就形成了"越位"与"缺位"都要靠收费或基金来解决的双头膨胀合并性内力。

三、收费管理和监督不严、处罚不力,致使受部门利益驱动的收费过多过滥

曾几何时,国家允许政府部门自收自支,以收抵支,乃至创收来解决其支出困难。但由于在收入权下放的同时,监督管理措施不严密,致使对收费缺乏刚性的制度约束,收费行为极不规范。很多收费项目并非对等于受益原则由受益者或其代表机构投票和审议,而是简单地由政府部门和领导者个人专断决定。因此,各部门、各地方不仅通过收费解决其行政事业经费,解决经济发展资金,还通过收费来改善其办公条件、住房条件,为本单位职工提供更好的福利等。通过大量收费"既出政绩,又得实惠"。收费并未成为对政府提供公共服务的补偿,而成为一些单位或个人寻求自身福利最大化的工具,成为造成社会分配不公的手段。对违规收费的处理的软弱性(处罚措施往往是"一退款、二上交、三默认")也进一步刺激了一些地方和部门的收费冲动。这样,在部门、单位利益的驱动下,收费的扩张更加有恃无恐。其深层原因在于缺乏规范合理的收费决策和监督管理机制。

四、在我国体制、市场和技术条件发生较大变化的情况下,政府干预范围也在漂移不定之中,客观上存在着借助市场性收费筹资的倾向

在经济转换时期,我国正处于政府干预和市场调节的互动协调

过程之中。这表现为随着市场的建立和完善，政府干预的边界也将有序地"撤退"，以让位于市场调节。这使得原来由政府供应的私人物品，甚至部分"准公共产品"必然要实行相应的转化。也就是说，原来一些单纯采取税收支持的项目，需要由收费来筹集资金。这会客观上增加对收费的需求。但也正因为政府原来供应的公共物品（和一些私人物品）的边界正处于模糊漂移之中，使不同性质的收费鱼龙混杂，从而使原来就具有扩张非规模收入动机的各利益主体，更借势巧立名目增加收费。

上述原因既有客观的也有主观的，既有暂时的也有长期的。可见，我国政府收费的混乱是多种因素的产物。

第三节 我国政府收费的经济影响

我国政府收费的经济影响具有明显的两重性，既有促进经济增长和改善社会福利的一面，也会扰乱社会经济秩序、加剧社会分配不公、加重企业和农民的经济负担，甚至导致严重的贪污腐败行为。目前，经常见诸报端的分析往往偏重于陈述政府收费的不良影响或危害性的一面，反映了社会公众对收费治理的期望或热忱。但冷静地思考，这些批评实际上只是针对非规范和非合理的收费而言的，并不是从根本上否决政府收费的存在。事实上，自从改革开放以来，政府收费的积极作用也是较为明显的。

一、我国政府收费的积极作用

（一）从收费资金的支出结构看政府收费的积极作用

规范的政府收费往往具有资金专用性质。纳入政府预算内管理的基金和收费（如已经停征的"两金"和教育附加）的支出基本上体现了专项资金的性质。即使在预算外管理的资金，其使用的重点仍然在于经济性支出或用于维持事业行政的发展。我们可以从历年的预算内外资金使用方向得出这一判断,如表 4-5、表 4-6 和表 4-7 所示。

表 4-5　　　　　　　　公共支出构成情况　　　　　　　　　　%

年份	预算内支出					预算外支出		
	经济建设费	社会文教费	国防费	行政管理费	其他	固定资产投资	城市维护支出	行政事业支出
1979	60	14	17	5	4	—	—	—
1982	55	20	14	7	4	44	3	4
1985	56	20	10	9	5	42	2	5
1988	51	23	9	11	7	38	2	6
1991	42	25	10	12	11	34	1	7
1993	40	25	9	14	12	16	5	28
1994	41	26	10	15	9	35	5	32
1995	42	26	9	15	8	38	4	32
1996	41	26	9	15	9	—	—	—

资料来源:根据《中国统计年鉴》和《中国财政年鉴》整理。

表 4-6　　1997~2005 年国家财政按功能性质分类的支出统计　　亿元

年份	经济建设费	社会文教费	国防费	行政管理费	其他支出
1997	39.50	26.74	8.80	14.72	10.24
1998	38.71	27.14	8.66	14.82	10.68
1999	38.38	27.59	8.16	15.32	10.54
2000	36.18	27.60	7.60	17.42	11.19
2001	34.24	27.58	7.63	18.58	11.97
2002	30.26	26.87	7.74	18.60	16.53
2003	28.04	26.24	7.74	19.03	18.94
2004	27.85	26.29	7.72	19.38	18.75
2005	27.46	26.39	7.29	19.19	19.67

注:本表数字不包括国内外债务还本付息支出和用国外借款收入安排的基本建设支出。
资料来源:《中国财政年鉴》(2006)。

表 4-7　　1996~2005 年预算外资金分项目支出统计　　　亿元

年份	基本建设支出	城市维护费支出	专项支出	行政事业费支出	乡镇自筹统筹支出	其他支出
1996	38.83	0.00	8.01	32.68	3.55	16.94
1997	18.69	0.00	11.60	47.67	10.75	11.28
1998	13.50	0.00	14.52	54.42	11.49	6.07
1999	17.20	4.06	0.00	57.85	11.16	9.73
2000	12.08	4.15	0.00	63.05	10.98	9.75
2001	9.09	3.90	0.00	64.94	10.39	11.69
2002	6.79	4.18	0.00	69.30	7.00	12.74
2003	6.49	4.87	0.00	68.25	6.81	13.57
2004	6.60	4.45	0.00	72.01	4.71	12.22
2005	6.61	2.56	0.00	72.87	3.78	16.74

注：1996 年预算外资金支出包括的范围进行了调整，与以前各年不可比。从 1997 年起，预算外资金支出不包括纳入预算内管理的政府性基金（收费）。从 2004 年起，预算外资金收支数据，按财政预算外专户收支口径进行反映。

资料来源：摘编自《中国财政年鉴》（2006）。

从表 4-5、表 4-6、表 4-7 可以得知，预算外资金（主要是收费或基金）基本上用于经济建设支出和维持事业行政费用，其主流是较为规范的，也有助于经济发展和行政运行的稳定。但从其支出结构的演变趋向来看，政府收费用于经济建设支出的比重逐步下降，而用于行政事业经费的支出比重却日益上升，反映了机构膨胀、冗员臃肿对支出结构的扭曲倾向。可见，在收费资金的使用上，存在主要问题的可能是"上不知、下不晓"的那些所谓的"体制外资金"。

（二）从我国基础产业的投入结构来看政府或公共部门收费的积极作用

我国政府收费对经济的积极影响更重要地体现在改善或缓解我国基础产业"瓶颈"制约方面。20 世纪 80 年代以来，为了适应经济转轨和促进基础产业的迅速增长，国家通过提高基础产业产品或服务的价格（如提高铁路、邮电、电力、水资源、煤气、公共交通等公共服务的价格水平）和设立基金、收费项目，有效地增加了对基础产业的投入，从而使我国基础产业的短缺状态大为缓解或基本上得到解决。

1. 我国基础产业的价格改革。在计划经济时期，我国基础产业，如铁路、邮电、电力、自来水和煤气等，长期低价运行，不仅造成了这些行业的供给能力长期严重不足，成为经济运行的"瓶颈"，而且低价政策使得这些行业连正常经营成本都难以弥补，占用了大量财政补贴，加重了国家财政的负担。

改革开放以来，我国有计划、有步骤地进行了这些行业的价格改革，以适当增强其自我发展能力，取得了明显的效果。1996年与1985年相比，这些产业的价格均有较大幅度的上涨：售电价格由每千瓦时0.08元涨到0.33元，上涨313%；铁路货运按吨公里收取的费用由0.0174元涨到0.0655元，上涨了276%；邮票价格由0.08元涨到0.5元，上涨了5倍；市话、煤气、自来水、公共交通价格水平尽管在地区间存在着差别，但提价幅度都很大。市话由每分钟0.04元涨到0.15~0.30元，上涨3~8倍；煤气价格由每立方米0.05~0.10元涨到0.70~1.20元，上涨了10倍多；自来水价格由每吨0.07元左右涨到0.90元左右，上涨了11倍；公交票价起价由0.05元左右上涨到0.50元以上，上涨9倍多。这些行业的价格上涨均大大高于同期工业品出厂价格的上涨（上涨242%）幅度和零售物价的上涨（上涨195%）幅度。①

如前所说，这些行业的价格实际上相当于公共部门的收费。这些行业收费水平的提高无疑对改进服务质量、增加供应能力提供了条件。

2. 基金和收费在基础产业投资中的重要作用。② 我国能源、

---

① 刘树杰主编：《垄断性产业价格改革》，中国计划出版社1999年版。
② 何盛明、傅志华等：《中国水利发展的资金问题及政策建议》。

运输和邮电投资在国有经济固定资产投资中的比重从 1985 年的 33.5% 提高到 1998 年的 49.2%（见表 4-8），使得我国能源、运输和邮电得以迅速发展，长期存在的"瓶颈"矛盾基本熨平，某些方面已经趋于饱和（如铁路运输已成滞销局面）。其他基础产业也得到较快的发展。在基础设施的全部投资中，以自筹投资为最多。自筹资金一般占到 50% 以上，包括中央部门、省、市、县各级政府自筹和企事业单位的自有资金。自筹投资中，中央部门的自筹分量较重。这是因为在此期间通过价格附加，成功地开辟了各项建设基金，如能源交通重点建设基金、铁路建设基金、港口建设费、机场建设附加费和民航发展基金、电话初装费和附加费、电力建设基金、水利建设基金等。这些基金使国家投资的资金供给能力大大增强。财政预算内资金在基础设施建设中的份额虽然大大减少，但水利、供排水、城市道路和煤气等由于有城市建设维护费专项收入，所以这些行业中预算内资金仍占较大比重。

表 4-8 　　　　能源和运输邮电投资在国有经济固定资产投资中的比重　　　　%

年份	国有固定资产投资总额		其中：能源和运输邮电投资		
	金额（亿元）	增长率	金额（亿元）	增长率	占总投资比重
1985	1680.5	41.8	562.9	29.0	33.5
1986	1978.5	17.7	710.8	26.3	35.9
1987	2298.0	16.1	814.5	14.6	35.4
1988	2712.8	18.1	956.9	17.5	35.3
1989	2535.5	-6.5	977.3	2.1	38.5
1990	2986.9	17.8	1195.1	22.3	40.0
1991	3628.1	21.5	1441.9	20.7	39.7
1992	5273.6	45.4	1865.7	29.4	35.4
1993	7925.9	50.3	2832.2	51.8	35.7
1994	9615.8	21.3	3745.7	32.3	39.0

续表

年份	国有固定资产投资总额		其中：能源和运输邮电投资		
	金额（亿元）	增长率	金额（亿元）	增长率	占总投资比重
1995	10 898.2	13.3	4331.8	15.6	39.7
1996	12 006.2	10.2	5171.7	19.4	43.1
1997	13 091.7	9.0	6111.1	18.2	46.7
1998	15 369.3	17.4	7557.4	23.7	49.2

资料来源：历年《中国统计年鉴》。

以邮电部门的投资利用为例，在20世纪80年代中期以前，电信业投资的70%～80%来自邮电部的投资，而20世纪80年代后期至90年代中期，邮电部的投资已降到1/4左右。资金来源变化的重要原因是明确邮电部投资的重点是国家骨干线，省会局及其以下地方网的投资主要靠地方电信部门，而地方电信局筹资得到地方政府支持。如表4－9所示，邮电投资最主要的资金来源是"自筹资金"，其主要项目是电信初装费、留成利润和折旧，初装费收取金额范围由中央决策，具体征收数由地方政府决定，可见，地方政府收费的作用日益明显。

表4－9 改革开放以来我国邮电部门的投资及来源

时期	投资额（亿元）	构成（％）				
		财政	贷款	外资	自筹	其中邮电部
1983年	9.5					86.0
1984年	13.5					84.3
1985年	19.3					80.2
"六五"时期（1981～1985年）	58.6	24.4	4.3	0.6	51.9	
"七五"时期（1986～1990年）	201.9	27.7	10.6	8.4	61.4	56.6
"八五"时期（1991～1995年）	2380.6	27.7	8.7	16.9	70.6	25.6

资料来源：何霞《邮电部门投资宏观结构分析与展望》等，载于《管理世界》1999年第1期，第129页。

(三) 收费对城市维护的贡献①

表 4-10 和表 4-11 从资金来源结构方面显示了收费收入对我国部分城市维护的建设性作用。

表 4-10　　1990 年全国部分城市维护建设资金来源结构　　百万元

城市名称	合计	城市维护建设税	公用事业附加	国家预算内投资	水资源费	国内贷款	利用外资	排水设备有偿使用费	经营性收入	其他收入
北京	2411	435	217	709	15			34	347	655
天津	619	240	68	112	8			23	119	50
沈阳	444	136	31	78	15	30		14	57	82
上海	2339		467	592				58	466	
南京	348	141	43	0.3			37	16	64	
厦门	224	42	10	1					15	157
郑州	126	55	15	1	2	1	6	5	13	28
武汉	425	158	37	15		47		28	69	72
广州	864	233	74	10		98		28	149	273
西安	213	54	22	14	7	32		7	24	53
重庆	216	110	40						30	30
兰州	129	79	20	11				2	8	9
全国	21 049	6509	2262	3076	279	884	247	493	2612	4688

资料来源：中国建设部《城市建设统计》(1990)。

从表 4-10 看出，1990 年全国城市维护建设资金总量达 210.49 亿元，其中依靠城市维护建设税（专项税收，具有收费性质）聚集的资金占 30.92%，城市公用事业附加占 10.75%，国家预算内投资（包括中央、地方财政拨款）占 14.61%，水资源费占 1.32%，国内贷款占 4.20%，利用外资占 1.17%，排水设备有偿使用费占 2.34%，经营性收入占 12.41%，其他收入占 22.27%。从上述资金来源渠道看，通过城市维护建设税、公用事业附加、国家预算内拨款三条利用政府权力征集的资金占全部城市建设维护资

---

① 何盛明、杨良初等：《中国城市建设资金来源与城市财政体制研究》。

金的56.28%，依靠经营性收入和其他收入的企业自筹资金占34.68%，而依靠贷款、利用外资和收费等途径筹集的资金仅占9.03%。实际上，经营性收入，作为城市公共设施使用性收入，也可以认为是公共收费的一种形式，从而纳入收费贡献率的判断之中。从东西部城市对比看，不仅城市维护建设资金总量存在较大差异，而且西部地区城市维护建设更主要依靠城市维护建设税、公用事业附加和财政投资，而东部地区城市靠企业自筹和贷款、收费筹集的资金所占比重高于西部地区。以兰州市为例，通过城市维护建设税、公用事业附加、预算内投资筹集的资金占全部城市维护建设资金的85.33%，而东部的广州市这一比重仅占36.67%。说明西部地区城市的城市维护建设主要借助政府的力量筹集的，东部地区的城市越来越重视通过企业自筹和资本市场的力量筹集城市维护资金。实际上与东西部地区的市场经济的发育程度存在较大差距有很大关系。

从表4-11看出，1998年全国城市维护建设资金达到1433.32亿元，比1990年增长5.8倍，年均增长27.10%，高于同期GDP年均增长19.93%的速度，这个速度是比较快的。从资金来源渠道看，在1998年全国城市维护资金中城市维护建设税占15.02%，城市公用事业附加占4.21%，国家预算内投资（包括地方财政拨款）占15.56%，水资源费占0.44%，国内贷款占21.42%，利用外资占5.15%，企事业自筹占12.34%，其他收入占25.85%。与1990年比较，来自依靠政府权力征集的城市维护建设税、公用事业附加以及预算内投资三块资金所占比重从56.28%下降至34.80%，依靠企业自筹和其他收入筹集的资金从34.68%上升至38.19%，通过国内贷款、利用外资和收费的市场力量筹资从9.03%上升至27.01%。说明各级政府越来越重视通过资本市场和企业自筹的途径筹集城市维护建设资金。

表 4-11　　1998 年全国部分城市维护建设资金来源结构　　百万元

城市	合计	城市维护建设税	公用事业附加	国家预算内投资	水资源费	国内贷款	利用外资	企事业自筹	其他收入
北京	16 277	1412	618	1228	140	4853	403	2473	5147
天津	3979	485	143	1336	1	349	181	671	813
沈阳	1926	300	49	289	6	209			1073
上海	14 953	2041	1108	1961		5357	23	1878	2586
南京	32 058	380	196	380	0.01	150	13		2086
厦门	1290	167	36	435		253		212	188
郑州	1281	220	86	150	0.1	199	1812	24	420
武汉	1655	300	139	131		191	44	587	264
广州	12 362	820	326	778		4706	1936	550	3246
西安	1729	260		425	9	168	227	58	583
重庆	2603	217	106	505		599	755	23	39 751
兰州	579	147	70	215	1		47		98
全国	143 332	21 532	6060	22 304	637	30 696	7384	17 694	37 044

资料来源：中国建设部《城市建设统计》(1998 年)。

（四）收费和筹资在全社会固定资产投资中的作用分析

我国在向市场经济转换的过程中，尽管政府规范的预算收入占 GNP 的比重呈现出持续下滑的局面，但政府在经济建设方面的实际支出仍然占相当比重。当然，这并不是直接体现在国家财政投资项目（该项目在总体上也是呈持续下降态势）上，而是体现在比重日益上升的"自筹和其他"栏目。在"自筹和其他"中，收费或政府性筹资的比例尽管难以准确判断，但占绝大份额是可以肯定的。特别是地方政府，"吃饭靠财政，筹资搞建设"已是不争的事实。从表 4-12 中，我们可以看出，"自筹和其他"栏目的资金来源在全国固定资产投资中的比重。

表 4-12　　1981~2005 年全社会固定资产投资资金来源结构　　　　%

年份	国家投资	国内贷款	利用外资	自筹和其他
1981	28.10	12.70	3.80	55.40
1982	22.70	14.30	4.90	58.10
1983	23.80	12.30	4.70	59.20
1984	23	14.10	3.90	59
1985	16	20.10	3.60	60.30
1986	14.60	21.10	4.40	59.90
1987	13.10	23	4.80	59.10
1988	9.30	21	5.90	63.80
1989	8.30	17.30	6.60	67.80
1990	8.70	19.60	6.30	65.40
1991	6.80	23.50	5.70	64
1992	4.30	27.40	5.80	62.50
1993	3.70	23.50	7.30	65.50
1994	3	22.40	9.90	64.70
1995	3	20.50	11.20	65.30
1996	2.70	19.60	11.80	66
1997	2.80	18.90	10.30	67.70
1998	4.20	19.30	9.10	67.40
1999	6.22	19.24	6.74	67.79
2000	6.37	20.32	5.12	68.19
2001	6.70	19.06	4.56	69.68
2002	7.02	19.67	4.63	68.69
2003	4.59	20.55	4.43	70.43
2004	4.37	18.49	4.41	72.74
2005	4.39	17.25	4.21	74.15

资料来源：历年《中国统计年鉴》。

由于我们所探讨的收费或筹资是指政府或公共部门的行为结果，不包括私人自筹部分，因此我们结合表 4-13 所列的全社会按照经济类型划分的固定资产投资统计，可以进一步判断公共部门收费或筹资的作用。

表4-13 全社会按经济类型划分的固定资产投资比重   %

年份	合计	国有经济	集体经济	个体经济	其他经济
1981	100	69.46	11.99	18.55	—
1982	100	68.70	14.17	17.13	—
1983	100	66.57	10.93	22.50	—
1984	100	64.66	13.02	22.31	—
1985	100	66.08	12.88	21.04	—
1986	100	66.64	12.56	20.81	—
1987	100	64.58	14.43	20.97	—
1988	100	63.53	14.97	21.50	—
1989	100	63.67	12.92	23.40	—
1990	100	66.11	11.72	22.17	—
1991	100	66.38	12.47	21.14	—
1992	100	68.05	16.82	15.12	—
1993	100	60.63	17.73	11.29	10.35
1994	100	56.42	16.19	11.56	15.83
1995	100	54.44	16.43	12.79	16.34
1996	100	52.40	15.94	14.01	17.65
1997	100	52.49	15.44	13.75	18.32
1998	100	54.11	14.76	13.18	17.96

注：其他经济类型包括联营经济、股份制经济、外商投资经济、港澳台投资经济等国有、集体和个体经济以外的经济成分。

资料来源：根据《中国统计年鉴》(1999)整理。

表4-14 1999~2005年按经济类型划分的固定资产投资结构变动情况   %

年份	固定资产投资小计	国有经济	集体经济	个体经济	其他经济类型
1999	100	64.76	17.62	17.04	0.59
2000	100	63.10	18.36	18.01	0.53
2001	100	61.87	18.55	19.08	0.50
2002	100	59.77	18.96	20.64	0.63
2003	100	57.40	21.22	20.46	0.92
2004	100	54.89	21.86	21.67	1.58
2005	100	52.43	21.15	24.55	1.87

资料来源：根据中国经济信息网数据整理得出。

由此可以大致判断,在国有企业没有根本摆脱困境、经济效益没有明显提升的情况下,国有经济成分固定资产投资能够长期占主导地位的原因之一就在于有大量的收费或集资资金的投入。

尽管在市场经济发展到的今天,我们可以认为这是政府职能转轨不及时或存在"越位"的表现,但这些资金的投入毕竟增加了国民经济的发展动力,成为促进经济增长的积极因素。

(五)从教育投入角度看基金或收费的贡献

教育是一个民族进步和发展的基础,是提高全民族整体素质和创造能力的根本途径。改革开放以来,国家在税收收入不足的情况下,在预算内外均设置了相应的教育附加或收费来为教育事业筹集必要的资金,从而有效地促进了教育的发展。这些收费的项目主要有:农村教育附加、城市教育附加、教育地方附加费、人民教育基金,以及对非义务教育阶段学生的学习收费等。表4-15显示了从1991~2004年我国教育经费来源结构。

在预算内教育支出中,"八五"时期,预算内教育附加收入占预算内教育支出的比重约为6.68%。而预算外财政投入教育的资金来源基本上是教育附加或基金。在总体上看,教育方面的非税收入占教育经费来源的比重是上升的。虽然近年来政府在教育收费控制与管理方面作出了很大的努力,逐步抑制了教育乱收费的现象,但我国高中教育依然是非义务教育以及高等教育的产业化发展大大促进了教育收费增长。因此,在教育收费方面,一方面还存在着乱收费的现象,另一方面则反映了我国高等教育产业化改革的成果。

(六)各种资源性和环境保护税费制度的逐步建立健全为有效节约国有资源和促进环境保护起了积极的作用

为了节约资源和提高资源的使用效率,在经济改革过程中,我国先后开征了资源税、矿产资源补偿费、城镇土地使用税、耕地占用税和土地增值税等税费。各地方也相应设立了一些相应收费,如水资源费、渔业资源增值保护费和林业保护管理费等。为了保护环境、治理环境污染,国家先后开征了污水排污费、超标污染费。

表4—15　1991～2004年我国教育经费投入情况

单位：万元

年份	教育经费收入	预算内教育经费投入	社会捐、集资办学经费收入	学费、杂费收入	其他收入	社会团体、公民个人办学校教育经费收入	教育经费支出	教育收费收入占教育经费支出的比例（%）
1991	5 734 050.3	4 597 308.1	628 209.7	323 475.6	185 056.9		7 315 028.2	15.54
1992	6 770 366.4	5 387 381.7	696 285.2	439 319.3	247 380.2		8 670 490.5	15.95
1993	8 365 670.1	6 443 914	701 856.1	871 476.9	315 100.4	33 322.7	10 599 374.4	18.13
1994	11 980 211.7	8 839 794.7	974 487.1	1 469 228.1	588 906.6	107 795.2	14 887 812.6	21.09
1995	14 948 197.8	10 283 930	1 628 414	2 012 422.5	819 759.8	203 671.5	18 779 501.1	24.84
1996	18 025 511.6	12 119 133.6	1 884 189.5	2 610 391.2	1 149 798.4	261 998.9	22 623 393.5	26.11
1997	20 269 171.5	13 577 262.1	1 706 587.6	3 260 792	1 422 783.4	301 746.4	25 317 325.7	26.43
1998	24 821 983	15 655 917	1 418 537	3 697 474	3 569 741	480 314	29 490 592	31.08
1999	28 776 257.6	18 157 597.3	1 258 694.2	4 636 107.9	4 094 901.1	628 957.1	33 490 416.4	31.71
2000	33 721 542.1	20 856 792	1 139 556.9	5 948 304.3	4 918 351.7	858 537.2	38 490 805.8	33.42
2001	41 630 288.6	25 823 761.9	1 128 851.8	7 456 013.5	5 940 766.2	1 280 895.2	46 376 626.2	34.08
2002	51 028 613.4	31 142 383.3	1 272 791	9 227 791.7	7 660 098.7	1 725 548.7	54 800 277.6	36.29
2003	58 114 999	34 538 582.6	1 045 926.9	11 214 984.7	8 725 357	2 590 147.8	62 082 653	37.98
2004	68 045 572.4	40 278 158	934 203.8	13 465 517.3	9 889 164.5	3 478 528.8	72 425 989.2	38.34

资料来源：根据中国经济信息网整理得出。

这些调节资源、改善环境等方面的税费无疑对经济发展和社会公众生活水平的改善起了积极作用。例如，国有土地的有偿使用有效地提高了土地的利用效率，也为土地的进一步开发提供了经济基础。随着我国有关这方面的税费制度的进一步完善，其积极作用会愈来愈大。

（七）收费对经济体制改革的促进作用

收费对经济体制改革的促进作用是难以通过数字衡量的。但改革实际上是一种利益的再分配或再调整。在国家财政因经费不足或通过改革将一些事业单位推向市场时，适当鼓励收费有助于减少改革的政治阻力（而且，推向市场的某些具有准公共产品性质的服务本来就应该采取收费的方式）；在税制建设滞后的情况下，用收费手段来弥补财政用度的不足比采取直接统收国有企业利润更有助于市场规则的建立；在中央通过分税制集中了较大份额的税收收入时，适当允许或默许地方政府或部门通过收费方式筹集资金维持运转或许在当时是一种现实的选择。这既使相对规范的"分税制"财政分配体制得以建立，也为未来重新调整中央和地方的财政关系提供了较大的空间（因为在当时税种设计不全面、不理想的或不成熟情况下，如果采取相对固定的不合理税种来解决地方政府的资金供给的话，可能会增加未来矫正税制的难度。显然，从法律上讲或从立法成本上讲，矫正"乱收费"比矫正"乱征税"要容易得多），如此等等。

当然，这些判断也可能并非完全正确。但综观我国二十多年来的改革历程，每一次收费的膨胀均和一些重大改革措施的出台有着较强的关联性。这或许是保护既得利益的"渐进性"改革的必然逻辑。我们在反思"乱收费"的危害性的同时，也应该仔细探讨一下收费作为一种让步性办法对改革造成的利益冲突的粘合作用。其消除政治阻力的作用往往远远大于经济方面的作用。在此，我们也可以称之为"收费的超经济积极作用"。

二、我国目前政府收费膨胀的危害性影响

规范的收费虽然也会给纳费者造成所谓的负担,但纳费者可以从相应的服务得到回报,而且往往是相对较高的回报(这是相对于纳费者的总体主观效用评价而言的),结果是社会总体福利的增进。这也是一些产品或服务需要由公共部门集中生产的优势所在。可见,收费本身的负担并不是什么突出的问题,其消极影响即使有也是有限的,或曰是在正常范围之内的。我国政府收费的危害产生于收费的不规范性和总量上的迅速膨胀。

目前我国收费的不规范性有多方面的表现:(1)许多收费项目与所应提供的服务不存在对应关系,有人也称之为收费职能的"异化";(2)一些收费项目即使与提供的服务存在着对应关系,但收费水平大大超过必要的成本费用界限,成为超标收费;(3)一些收费虽然也是遵循成本费用原则,但并不是消费者所希望的消费项目,这是强制性收费;(4)还有一些收费,即使按照我国现在的市场发育水平,也应该交由市场调节而不应由政府或其他公共部门来提供,可以称之为"越位性"收费;(5)大量收费收入没有纳入财政预算内管理,甚至没有纳入预算外管理,成为体制外收入,这些收费收入姑且称之为"财权分割型收费";(6)还存在着税外加费、费上加费,成为重复收费。

专栏 4-1　全国政府预算外收费 8000 亿元大多来自乱收费和乱罚款

2005 年 6 月底,中央党校研究室副主任周天勇曾经在一个座谈会上说,目前,全国各级政府统计内的预算外收费高达 5000 亿元,统计外的预算外收入至少 3000 亿元,两项相加即超过 8000 亿元,而这些绝大部分来源于政府乱收费和乱罚款。这么庞大的数字,的确令人震惊。笔者报道了这条消息后,引起了广泛反响。

几天前,笔者再次采访了周天勇。他对《物权法》(草案)没有关于限制政府乱收费的规定感到遗憾,认为《物权法》应当成为限制政府乱收费的最重要的法律。周天勇说:"有关部门总是说,一些不法企业和个体户

扰乱了市场经济秩序,其实,政府乱收费和乱罚款是扰乱市场经济秩序的最大祸根。"按他的观点,以目前所征的税收和社保方面的各种征收,再加上这8000亿元预算外的收入计算,国民经济的综合税费负担已经高达33%,企业和老百姓的负担非常沉重。

  收费是国家通过公权收取公民财产的一种行为。在现代市场经济国家中,通过公权向公民收费,首先要得到公民的同意。国家可以通过提出收税方案,并由立法机构审查批准的方式,在合法的前提下,向公民收税和收费。我国的情况当然不是这样:政府部门往往通过种种合法和不合法的途径,利用公权千方百计、巧立名目地设立各种收费项目,处于弱势一方的企业和老百姓根本没有讨价还价的余地,政府更不会在收费之前征求老百姓的意见。周天勇认为,这实际上是政府利用公权侵犯公民和法人财产的行为。如果按照过去的观点,政府收费、罚款似乎是天经地义的。传统的政治经济学认为,税收具有强制性、无偿性和固定性等特征,这也似乎为政府部门随意利用公权收费和罚款提供了理论基础。但是,从国际上看,行政权力和利益相分离、执法与收费相分离,是现代国家和政府的一个基本原则。税外大量的收费和罚款,在其他任何一个现代国家都是不允许的。现代治理较好的国家,绝大多数用严格的预算来控制政府机构的不合理增长。我国则正好相反。改革开放以来,由于财政体制改革的滞后,加上没有建设现代财政税收制衡关系,导致由社会供养的机构和人员快速增长,地县乡靠乱收费和乱罚款维持运行,实际上成了"吃饭"和供养型的财政。在没有预算制衡约束的情况下,"吃皇粮"、"吃准皇粮"的机构和人员增长很快。而错误的鼓励机制又进一步刺激了政府收费和罚款的增加。政府各部门为了自己的利益,将许多收费和罚款进行了所谓的收支两条线改革,并且还实行超收奖励的体制,这就导致其千方百计、巧立名目地进行收费和罚款,最终造成企业和老百姓负担越来越沉重。

  这样的后果是,乱收费成为政府机构膨胀的重要条件,而由于"吃皇粮"人员的快速膨胀,又导致了更多的乱收费和乱罚款,由此形成了机构人员膨胀和收费增加的恶性循环。据介绍,全国由财政发放工资的有4700万人,由财政发放退休金的约1000万人,县乡村非编制但由收费供养的2000万人,三者相加即7700万人。据周天勇介绍,2003年GDP的1/5被供养人员所消耗。乱收费和乱罚款最大的后果一是抑制了社会创业,由此也连带给扩大就业制造了障碍；二是由于预算外的收入支出不透明，也为腐败创造了体制条件。中共十六大提出建设社会主义政治文明，从行政方面看，其目标就是规范政府的行政行为，转变政府职能，使各级政府真正促进生产力的发展，而不是相反。从这个角度看，8000亿元的政府收费显然对建设社会主义政治文明提出了挑战，收费制度改革到了必须有所突破的时候了。

资料来源：http://news.xinhuanet.com/fortune/2005-08/02/content_3299195.htm。

总的看来，收费的不规范性是导致收费在总量上迅速膨胀的重要原因。庞大的收费规模扰乱了生产经营的正常市场秩序、侵占了税收收入的增长空间，削弱了社会资本形成，造成诸多负面影响。具体来说有如下的危害：

1. 收费的膨胀加重了企业和农民的负担。企业的困难与其负担有直接的关系，但负担并非来自税收，而是五花八门的收费。国家经贸委的调查表明，国有工业企业的各种不合理负担大体上占到其当年实现利润和税收之和的20%，甚至超过了当年实现的利润。对北京地区6家国有企业的典型调查还表明，他们所承受的来自各个政府职能部门的收费项目多达206项（高培勇，1998年）。另据湖南省资料统计，一个企业基建或技改项目，各种收费占总投资的20%~40%。① 关于农民税外负担问题，国务院曾于1991年规定：向农民收取的统筹提留费用不能超过上年农民纯收入的5%的水平，而由中央有关部委批准的收费如：2%的教育附加，0.5%~1%的卫生事业费；0.5%~1%的农业技术推广费；1.5%的国防教育民兵训练费和征兵费；1.5%的计划生育统筹费；1%~1.5%的

---

① 国务院减轻企业负担办公室新闻组：《中国企业治乱减负报告》，河北人民出版社2000年版。

村组干部统筹费。按这几项收费的标准计算，收费加总占农民上年纯收入的比例就达 7%～8.5%。如果考虑到地方制定的各种公开和隐性的收费项目，农民的负担会更大（何成军，1998 年）。据辽宁省对 60 个县进行的调查显示，有 28 个县农民负担超标；江苏省对 64 个县（市）超标的达到 40 个；河南省确山县，摊给农民各种收费达 30 多项，收费负担占农民人均纯收入的 20%。① 难怪社会上反映："头税轻，二税重，三税四税无底洞"。企业和农民负担的加重，抑制了基层组织的生产积极性，无疑对经济发展造成障碍。

2. 收费的膨胀加剧了社会分配不公，是滋生贪污腐化的温床。许多政出多门的各种政府性收费的一个共同特征是各部门、各单位自收自支，不纳入预算管理，甚至形成制度外收入。这样，收费项目的多寡和收费规模便和各自收费主体的利益呈正相关关系。收费多的部门其福利水平就高，灰色收入、隐性收入增加，加剧了社会收入分配的不公。如浙江某市，在有收费权和无收费权的单位之间，行政费用差异明显，每年人均支出最高的达到 57.54 万元，而少的只有 0.45 万元。② 在各种收费的收取和使用缺乏正常的必要的监督情况下，各类腐败现象也就有了土壤和温床，以权谋钱、以权谋私等腐化行为也由此产生并蔓延开来。

3. 收费膨胀侵蚀了税基，肢解了财政，弱化了政府宏观调控能力。财权分割、财力分散是我国目前政府分配体系的重要特征，收费的膨胀是导致这一格局的重要原因。我国还未达到真正的法治社会，权大于法的现象屡见不鲜。征税是以法律为依托的，而收费则是以权力为依托的。因此，在现实生活中往往存在着"重费轻税"的思想，甚至有的地方明令"先收费、后征税"。由收费派生的"三乱"及截留收入致使拖欠、偷漏税款的现象时有发生。由此可见，收费的膨胀不仅侵蚀了税基，而且加大了税收征管的难

---

①② 梁朋著：《财税体制改革》，广东经济出版社 1999 年版。

度。正因为如此，政府稳定的财政收入增长机制难以有效建立。政府财力不足，制约了政府职能的实现，弱化了政府宏观调控能力。而与此相反的是，收费名义上是政府收入，但实际上收费的流向主要在预算外，甚至是在体制外。税收增长乏力和收费的膨胀，形成了政府部门财力分配格局的"弱干强枝"现象。政府预算的统一性和完整性由此遭到破坏，财政被肢解，财力分散化。长此以往，势必危及国家的政令统一和长治久安。

4. 收费的膨胀造成效率损失，阻碍资本形成。公共收费是对应于公共服务而言的。现行的收费项目过多过滥，实际上已经使收费职能异化。收费已经和服务失去了对应关系。少服务多收费，只收费不服务，巧立名目乱收费的现象极为普遍。在很多的情况下，收费的目的不再是为了更好地服务或调节特定经济行为，而是为了增加收费部门的利益。收费职能的异化必然造成效率的损失。而且，业已收取的巨额费用更多地用于修建楼堂馆所和增加福利开支。使得这些从生产中抽取出来的资金难以再生为投资性资本，阻碍了资本形成，致使经济增长后继乏力。另一方面，"三乱"行为加大了社会投资者的预期投资损失，和预期收益的不确定性，恶化了投资环境。这将从增量方面减少社会资本的形成，造成整个社会资金运用的效率损失。如河南亚西亚集团1995年11月在天津投资上千万元经营天津亚西亚商厦，在开业前后的两个月里就因某些地方执法监督部门的摊派、罚款和请客送礼而支出近30万元。4个月后，亚西亚集团就因不堪负重而宣布关闭。①

5. 各地收费主体混乱、资金规模庞大，助长了重复建设和盲目建设，进一步扭曲了产业结构，降低了这些资金的使用效率，也增加了国家未来结构调整的难度。我国是一个发展中国家，各级政府都有发展当地经济的积极性。这本来是可取的，但由于资金分散在各地方、各部门，资金规模相对狭小且又受各自利益限制，难以

---

① 梁朋著：《财税体制改革》，广东经济出版社1999年版。

在生产投入方面上规模、上档次，投资方向也往往趋向所谓"价高利大"的加工产业，形成了"一哄而上"的局面。各地这种重复建设和盲目建设倾向的加重，在宏观上就造成了各地产业结构的趋同现象，降低了社会资源配置效率。

6. 乱收费也助长了机构的膨胀和人员的臃肿。本来机构膨胀和人员臃肿是造成收费扩张的直接原因之一，但收费限制不严格也使得一些机构借此筹集经费扩张机构和人员编制，形成了恶性循环。从现实情况来看，那些机构冗员压而不缩、缩而不减、不断膨胀的基本上都是具有经济负担能力、不仅负责收费而且还自主安排全部或部分收费资金的行政事业单位。如土地管理部门通过收费筹资来组建大量土地管理所，甚至组建土地评估事务所。而后者实际上本来就应该转为市场性中间机构，依托市场经营。再比如某华东沿海小县，专门负责公路运输业收费就专设三个副科级机构，但是一个国道收费站就配置了70多人，比负责全县11个乡镇，有3000多纳税人的地税征管系统的总人数还多。①

由此可见，收费的膨胀已对国民经济的运行和改革的深化造成负面影响，对收费过度膨胀的危害社会各界已逐渐形成共识，尽快规范政府分配格局，建立与市场经济相适应的规范有序的政府收入机制已成为必然趋势。"费改税"改革就是在这样的原因背景下出台的。"费改税"的实质就是要通过清理整顿过多过滥的收费和基金，建立有序的分配关系，减轻企业和农民负担，规范政府行为，提高政府的宏观调控能力。

---

① 国务院减轻企业负担办公室新闻组：《中国企业治乱减负报告》，河北人民出版社 2000 年版。

第五章
我国公共收费的规范化

　　收费存在的合理性不仅在于它是组织公共收入的重要渠道，更重要的是收费杠杆的运用会对社会经济运行产生积极的影响，能够有效改进整体福利。但这又是以收费的规范性为前提的。收费不规范，收费所具有的经济功用就难以真正体现，甚至会扰乱经济运行程序，也就是说"没有规矩，不成方圆"。这是我国目前对社会性收费进行治理整顿的重要原因，也是本章展开讨论的意义所在。

第一节 公共收费规范化的目标定位

　　目前，我国正处于经济转轨时期。在此期间，我们面临着双重任务：一方面要进行经济管理体制的改革，实现体制的转换，使之适应市场经济的发展；另一方面要逐步培育和健全市场体系，使其在社会资源配置方面起基础性作用，以提高经济运行的效率，实现经济赶超。总的来说，通过改革来协调政府和市场的关系、转换政府职能是我们既定的目标。

　　财政职能的转轨是随着政府职能的转轨而进行的。在市场经济条件下，定位于弥补市场缺陷、维护市场运行的政府财政，需要相应优化支出结构、规范政府收入分配方式，以利于市场经济的发展和提高经济运行效率。这样，公共收费的规范化就成为深化财税体制改革的重要内容。特别在政府收费因混乱无序而危害较为严重的时期，治理整顿收费行为具有更为重要的社会经济意义。

我国经济改革的目标模式是建立社会主义市场经济。在社会主义市场经济条件下，财政改革的定位是公共财政，因此公共收费的定位应该仅限于准公共产品领域，通过建立规范的公共收费机制来实现政府干预和市场调节的有机粘合。这也是公共收费规范化的最终目标。

然而，我国是经济转轨国家，正处于经济转换时期，情况较为复杂，因此规范收费的具体目标定位必须结合现实、虑及长远。其根本原因在于：我国目前的政府与市场的关系是处于互动性调整状态，这种互动性不仅与我国生产力的发展、分工和交换的扩大相关（因为我国是一个发展中国家），而且与经济体制改革的深化和政府职能的转轨休戚与共（因为我国目前也是一个经济转型国家）。作为市场调节与政府干预有机粘合的公共收费，其规范化的路径只能在这种动态调整中有序进行。

一、公共收费的"公共性"探讨

规范的公共收费，首先是指公共收费是否能够体现收益的直接性和对称性原则，避免出现再分配效应。这是收费得以确立的重要原则。其次是指公共收费项目是否有助于协调政府与市场的关系。也就是说，公共部门收费应该是弥补市场缺陷和维护市场运行的，而不是包揽市场功能，更不是破坏市场的正常运行。规范的公共收费还指公共收费资金管理活动的规范有序。也就是说，收费资金要纳入法定渠道并合理使用，用有效的责任机制和监督机制来防止乱收乱用，从而确保收费功能的充分发挥。这样的收费就是具有"公共性"的收费，就是规范的公共收费。在这里，所谓"公共性"① 是相对于市场和市场缺陷而言的。

在计划经济时期，由于基本上没有市场，所以收费性质的判别也缺乏基准。但在市场调节不存在的地方，收费的"公共性"又是毋庸置疑的。因为在没有市场调节的情况下，公共权力机构的计划调节无疑会包揽一切社会产品。从这个意义上来说，在计划经济时期，只要有收费的存在，无论是针对私人产品还是公共产品，即可认定为"公共性"收费。实际上，在计划经济时期，我国各种社会产品所谓的价格也是如此。计划价格仅仅是或主要是政府调配资源的一种信号或政策，而不是直接能够反映市场价值和市场供求的信息（尽管我们有时试图这样做）。这种计划价格和市场价格的差异性还在于，计划价格消除了私人劳动向社会劳动的转化过程和数量差异，也就是说，通过计划价格消除了产品或服务在市场上的"惊险的跳跃"。这种私人劳动直接量化为社会劳动的特性，以及价格决定极强的政策性色彩使得计划价格在本质上是"公共价格"或"社会价格"，与收费，甚至与税收有着较强的关联性。因为，一切都是"取之于民，用之于民"的。因此，在计划经济时期，即使有政府收费项目的存在，也往往是出于管理上的便利或出于弥补高度集中的计划控制所产生行为僵化的需要，并不意味着它是真正意义上的公共收费，也并不意味着其他收入形式（如计划价格、

---

① "公共性"是对公共事务和共同实体的属性的一种概括。对公共性的研究广泛见诸于政治学、法学、哲学、经济学和文学艺术等学科领域。由于所采取的研究方法和立场不同，"公共性"表现出不同的含义。哈贝马斯认为："公共性本身就表现为一个独立的领域，即公共领域，它和私人领域是相对立的。"在他看来，"公共性"等同于"公共领域"。这种公共领域并非某种特定的公共场所，而是任何能体现公共性原则，并因对所有公民开放而形成的场合。日本学者小林直树认为，公共性是具有广泛社会一般利害的性质，目前公共性的内容可以归纳为：（1）同一社会成员（国民、住民）共同的必要利益（对社会的有用性和必要性）；（2）开放给全体成员的共同消费及利用的可能性；（3）在前两个前提基础上，主要由公的主体（国家、各级政府）运作和管理。我国台湾学者周志宏认为，"公共性"涉及公众、公费、社会资源，影响公共利益（社会成员共通之必要利益），其结果为社会成员共享（共同消费、利用的可能性开放给全体成员）之性质。还有学者认为："公共性是一种公有性而非私有性，一种共享性而非排他性，一种共同性而非差异性。"

企业收入或税收）就是纯粹的非费收入。这也导致了收费领域界定的不稳定性和收费与否的不确定性。这种收费的"公共性"，甚至计划价格的"公共性"与我们基于市场和市场缺陷所探讨的公共收费的公共性既有联系，又有不同。

大体来说，相同的地方在于：都是以政府干预为前提的。不同之处在于：存在着市场缺陷与市场缺位的区别，以及与此相关政府干预范围和方式的区别。在市场经济条件下，存在着市场，存在着市场缺陷，公共收费只能是出于弥补市场缺陷的需要，其适宜领域往往是准公共产品；在计划经济条件下，基本上没有市场，存在着完全意义上的市场缺位（也就是说，市场的存在程度近乎零）。由于市场的完全缺位，市场调节能力为零，一切社会产品相对而言似乎都可以认为是公共配置的产品（或计划配置的产品）。这使得在计划统制条件下，公共产品和私人产品之间的经济划分几乎没有什么现实意义，因为所有的产品或服务都可以认为是公共配置产品（或者说等同于公共产品）。尽管我们在前面讨论政府收费与公共收费的差别时是按照公共产品、私人产品的划分法对比分析的，但那只是从历史纵向的角度、借助公共产品理论进行的考察。可见，在一定时期，社会产品的划分还受社会制度的制约，受市场的存在与否以及市场发育程度的制约。这也进一步说明公共产品（包括准公共产品）的鉴定和由此决定的公共收费是一个历史的、社会的范畴，并不完全是一个技术上的经济划分问题。

笔者颇费点墨地在这里探讨公共收费的"公共性"问题，目的是要通过比较计划经济和市场经济两种不同经济制度条件下公共收费所反映的"公共性"的异同来着重分析我国经济转轨时期公共收费的内涵变动。

经济转轨时期，公共收费所反映的客观内容是随着市场、制度和技术等因素的变动而变化的。就一般的意义来说，这也适应于成熟市场经济公共收费内涵的决定。只不过在成熟的市场经济条件下，除技术因素外，市场和制度已经是既定的或仅仅处于微调状态

（可以忽略不计），因此社会产品的经济划分主要取决于技术的变动因素。也就是说，随着技术的变革，一些产品或服务会在纯公共产品、准公共产品和私人产品之间进行相应转变。但在发展中国家，特别是在处于经济转型阶段的发展中国家，存在市场从无到有、从小到大的变迁过程，也面临着相应的制度、技术的急剧变迁。这样，市场和制度的变迁也就成为影响社会产品划分重要的、不可忽视的因素。各种因素对社会产品划分的影响大致如下：

市场变迁：市场变迁指市场的产生及其发展，它和市场缺位密切相关。只有在市场存在的条件下，社会产品划分为纯公共产品、准公共产品和私人产品才有现实的经济意义。一般来说，市场越发展，市场功能越强，私人产品或准公共产品的比重越大。纯粹的计划经济形态可以认为是市场功能为零（即市场完全缺位）的极端例子之一。在这种形态下，所有社会产品作为公共配置的产品，如果勉强划分的话，可以认为都是公共产品。

制度变迁：在这里，制度变迁仅仅指那些相对于社会生产力的发展，相对于市场的扩张而言的制度变迁。制度变迁有可能适应生产力的发展，也有可能阻碍生产力的发展。同样，制度变迁有可能促进市场成长，也可能排斥市场。制度变迁首先通过促进市场成长来影响社会产品的划分比例。其次，制度变迁也可以通过排斥市场来影响社会产品的划分比例。在制度完全排斥市场的情况下（如纯粹的计划经济），社会产品可以认为是单一的公共产品。在制度限制市场有效成长的情况下，在市场缺位的地方存在着的社会产品也可以认为是单一的公共产品。不过，在市场已经建立和完善的区域，如果政府出现"越位"的情况，并不意味着是制度变迁的原因，而往往是由于政府职能转轨方面的原因或出于官僚机构追求预算规模和政府规模最大化的结果。

技术变迁：技术变迁主要是指因社会技术的变动而影响着社会产品的可分割性和可竞争性。这适应于一切市场经济形态。因此，我们在比较我国经济转型时期与成熟市场经济之间的差异时，将其作为定量而舍去不论或不作为重点讨论。

二、我国经济转型时期公共收费及其演变的客观基础

从市场经济的发展秩序来看，我国和市场经济发达的国家不同。西方资本主义国家的市场经济是建立在经济自然增长基础之上的。对政府干预和公共收费适应领域的分析是从"市场缺陷"开始的。政府对经济的干预和干预规模的扩大是随着市场的发展和市场缺陷的日益凸显而有针对性地逐步进行的。在某种意义上说，这是一种自然粘合的过程。而且，其社会产品的划分也是随经济形势的变动而变化的。在早期的自由资本主义时期，政府干预的边界仅限于斯密所言的国防、制度规则和公共工程等，基本上属于狭义的公共产品范畴，后来随着企业组织制度的变更（如资本的集中和垄断的出现和强化）和因拥挤程度增加而导致外部性影响甚大的情况下，矫正外部性和反垄断才成为公共产品的范畴（以污染为例，就单位产品而言，市场经济早期的污染程度可能更胜于后来的同类产品，但当时因地广人稀、生产规模有限而产生的外部性影响基本上可以忽略不计）。公平社会分配和熨平经济周期成为公共产品更是20世纪后半叶的事情。经过几百年的发展，在这些国家里，政府和市场的关系也相对规范有序，政府干预仅仅在于弥补"市场缺陷"，而用不着填补"市场缺位"。政府和市场各自调节边界的变化主要取决于社会技术的变迁（如技术进步所导致的电信行业在整体上变为非自然垄断行业）。反映在公共收费方面，收费的领域、收费的标准与规模，和收费的程序都相对稳定和规范。因此，公共部门的收费基本上是"收之有据，用之合理"，亦即基本上不存在乱收费问题。

而我国的情况却是，经过几十年的计划经济时期，经济不仅落后，而且经济运行缺乏市场基础。在走向市场经济的过程中，政府不仅面临着如何适应市场、维护市场和弥补市场的问题，而且不得不逐步树立市场观念，建立市场和发展市场。改革开放的二十年，我国市场体系正在逐步建立和完善，而且市场化进程又和体制改革

的深化呈正相关，因此在资源的配置方面，政府和市场的边界正处于互动性调整状态。也就是说，经济转换时期的政府干预，既存在着"填补市场缺位"的必要，又需要在市场较为健全完善的地方来弥补"市场缺陷"。这使得我们对政府干预和公共收费适宜领域的分析首先要考虑"市场缺位"问题，其次才能考虑"市场缺陷"问题。也正是因为如此，在目前的情况下，政府与市场在调节社会资源配置方面一时难以划出相对持久、相对稳定的界线。顺理成章地，政府究竟该干什么和怎样干就成为重要的议题。反映在实际工作中，政府提供产品或服务的领域或界限仍处于不断的变动和不断的探索之中。许多盈利性产品或服务，按照成熟的市场体系划分，基本上都属于私人产品，但按照我国目前的情况来看，其中有许多仍然属于"市场缺位"型公共配置产品，而不得不由政府干预。而且，同样的产品或服务，由于地区间市场经济发展的悬殊，也可能在客观上决定着不同地区的地方政府干预的范围或程度也不相同。准公共产品的情况尤为甚之。由此可见，我国经济转轨时期的特殊性，客观上会使公共收费规模相对庞大，种类也较为混杂。

更为复杂的是，即使相对于我国现在的市场发育程度，由于经济体制改革不到位，政府在经济活动中仍然存在着所谓的"越位和缺位并存"的现象。究其原因，在于经济体制改革的进程、政府职能转轨的速率与市场发育的程度存在着一定的差异。这很大程度上是由中国的渐进性改革战略决定的，是我国目前经济过渡时期带有必然性的现象。这使得有许多盈利性产品或服务，相对于我国目前某些领域较为健全的市场体系来说，本来应该由市场自行调节，但因政府的"越位"而仍然由政府干预。有许多收费并不属于典型的具有公共性项目收费（因为收费资金所资助的实际项目并非是公共产品或准公共产品），但仍然采取政府收费的方式进行。

目前我国的公共收费，相对于我国目前的市场发育水准，有许多收费实际上并不是出于弥补市场的需要，而是政府职能转轨不及时，政府干预"越位"的结果，甚至有许多是出于弥补政府部门财力紧张的需要，因此成为乱收费。然而，从长远来看，即使是目前那些合法合理的收费，相对于发达的市场经济而言，也是相对不规范的（但却有可能是必要的，而且相对于目前的市场发育情况仍然可以认为是公共收费）。因为政府目前并不只是提供公共产品或准公共产品。从这个意义上说，我国公共收费的规范化基本上是与我国目前的体制转换时期，甚至与消除我国的"市场缺位"问题"共存亡"的。也正是因为如此，我国公共收费的规范化需要根据现实情况和未来的发展分阶段、有步骤地动态实施。

三、公共收费规范化的步骤和阶段性目标

公共收费规范化的第一阶段就是要以规范政府收入分配体制入手，通过制度创新来制止乱收费，其主要特征是注重制度创新。目前我国真正意义上的乱收费则是一些人、一些单位和一些部门出于种种原因，借助我国"试错性"经济体制改革所提供的"相对宽松"的机会，利用手中的权力，巧立名目，变相收费或超标收费造成的。这种收费的不规范性不仅在于它没有真正体现缴费者收益和负担的对称性原则，而且在于这些貌似合法或根本非法的收费资金大多数脱离了正常的预算渠道，成为预算外、甚至体制外的收入。这为收费规模的膨胀、资金使用的低效和浪费，乃至贪污腐败提供了契机。如果说某些收费有助于消除一些有害的外部性的话，那么非规范的乱收费行为则可能不仅没有达到预期目的，反而其本身又造成了新的、更难治愈的有害外部性。这是否是政府失灵的一种特殊表现？值得进一步探讨。事实上，目前我国的乱收费业已成为社会公害。朱镕基总理在1998年3月19日的记者招待会上说："目前存在的一个问题是费大于税。很多政府机关在国家规定以外征收各种费用，使老百姓负担不堪，民怨沸腾，对此必须进行改革。"这说明，治理整顿收费，首先是要将那些违规的或非法的收费消除掉，将那些"以费代税"的收费回归为税收。

公共收费规范化的第二阶段，就是结合政府职能转轨，基于目前我国"市场缺位"和"市场缺陷"的现状，来调整或鉴定适宜公共收费的具体领域；其主要特征是注重市场变迁引致的政府干预范围的变动。相对来说，我国现阶段公共收费的适宜领域也是准公共产品领域。只不过由于"市场缺位"因素的存在，可能会使我们所谓的准公共产品领域要不同于成熟市场经济时期的准公共产品领域。也就是说，包含了在成熟市场经济条件下的部分私人产品和部分无须政府干预的准公共产品。这是公共收费规范化的实质性阶段。而且，这一阶段也许是一个较为复杂的阶段，因为市场在迅速成长，政府干预的边界也在不断调整，公共收费的管理和规范化显然是处于动态转变过程。比如，如何选择在适当的时机将一些盈利性公共服务推向市场，如何鉴定哪些行业不再属于准公共产品范畴，如何判断市场性盈利资本能够有足够的实力（包括资金实力和管理水平）能够涉入沉淀资本很大的基础产业，如何在公共事业领域引入市场竞争机制。如此等等。这既是一个经济转换的过程，也是一个培育市场和让位于市场的过程，因此是一个极为复杂的动态协调过程。

　　公共收费规范化的第三阶段是一个在基本上消除"市场缺位"的市场体系下，依据"市场缺陷"情况和技术进步所引起的社会产品具体划分的变动而逐渐协调政府与市场关系，规范公共收费管理机制的阶段，其主要特征是在制度与市场既定的情况下注重技术变迁所引致的公共产品界限变化。在这个阶段，我国的经济转型接近完成或业已完成，政府与市场的关系相对稳定，因此公共收费的规范化管理基本上是一个微调的过程。这也是我国公共收费规范化的终极目标。

　　从我国目前的情况来看，我国收费的规范化仍然处于初级阶段，乱收费如果不能及时有效制止的话，不仅市场秩序难以规范，而且政府的职能转轨和转轨经济体制的深化改革也难以继续进行。

第二节 我国目前业已采取的规范政府性收费的措施及其评价

改革开放以来，我国收费扩张的历史同时也基本上是"三乱"治理的历史。这可以从如下我国防治乱收费相关法规或条例的不完全列举中得到印证。

一、制止乱收费的有关条例、法规

——1982年为解决乱摊派造成企业社会负担过重的问题，国务院颁发了《关于解决企业社会负担过重问题的若干规定》。

——1983年，国务院、中纪委联合发出了《关于坚决制止乱涨生产资料价格和向建设单位乱摊派费用的紧急通知》；中共中央办公厅、国务院办公厅根据中央书记处和国务院的指示发出了《关于坚决制止以"集资"为名向企业事业单位和个人乱摊派的通知》。

——1986年4月23日，国务院发出《关于坚决制止向企业乱摊派的通知》，简称49号文件。

——1988年4月28日，国务院颁布《禁止向企业摊派暂行条例》；1988年6月3日，国家物价局、财政部为维护国家的利益，保护企事业单位和公民的合法权益，保障经济体制改革和社会主义建设事业的顺利进行，根据《中华人民共和国价格管理条例》和《关于加强预算外资金管理的通知》（国务院［1986］44号）的精神，制定《关于加强行政事业单位收费管理的通知》。

——1990年2月，国务院发布《关于切实减轻农民负担的通知》；1990年9月16日，针对愈演愈烈的乱收费、乱罚款和各种摊派的形势，中共中央、国务院颁布《关于坚决制止乱收费、乱罚款和各种摊派的决定》。

——1991年5月6日，国家物价局、财政部印发《关于审定行政事业性质收费的若干问题的通知》。

——1993年9月23日，财政部下发《关于制止和纠正擅自征收各种基金的通知》；1993年10月5日，《中共中央、国务院关于反腐败斗争近期抓好几项工作的决定》和国务院《关于近期开展反腐败斗争实施意见的通知》对治理乱收费提出明确的要求，把治理乱收费作为反腐倡廉的一项重要内容；1993年10月9日，根据党中央关于开展反腐败斗争的工作部署，中央办公厅、国务院又转发了财政部《关于治理乱收费的规定》。同年还经党中央、国务院同意，财政部印发了《关于对行政性收费、罚没收入实行预算管理的规定》。经国务院同意，公布全国第一批取消的收费项目，共75项。同年12月，公布了全国第二批取消收费的项目，共68项。

——1994年7月4日，财政部、国家计委公布第三批取消的收费项目，共49项；同年12月6日，国家计委下发《关于加强行政事业性收费管理的通知》。

——1995年5月10日，国务院办公厅转发财政部、审计署、监察部对各种基金进行清理登记意见的通知，《关于转发对各种基金进行清理登记的意见》。11月21日，国家计委下发《关于进一步加强行政事业收费管理的通知》。

——1996年7月6日颁布《国务院关于加强预算外资金管理的决定》，简称29号文件。

——1997年3月13日，为了进一步改善投资环境，维护外商投资企业的合法权益，根据国家有关法律、法规的规定，财政部、国家计委下发《关于加强涉及外商投资企业行政事业收费监督管理的通知》；同年7月7日，中共中央、国务院正式下发《关于治理乱收费、乱罚款和各种摊派的问题的决定》，简称14号文件。

——2000年3月2日颁布《中共中央、国务院关于进行农村税费改革试点工作的通知》。

——2001年，国务院办公厅转发了《财政部关于深化收支两条线改革，进一步加强财政管理的意见》。其中规定从2002年开始，在编制部门预算时，中央级行政事业单位要编制基本支出预算、项目预算以及政府采购预算，实行预算外资金收缴分离制度；地方公安、法院、工商、环保、计划生育等执收执罚部门的预算外收费收入要全部纳入地方国库，纳入预算管理。地方其他行政事业性收费一律缴入财政专户管理。自2001年9月1日起财政部又将51项行政事业性收费和政府性基金纳入预算管理，涉及资金约200亿元，进一步缩小了预算外资金收入规模；各级财政部门对行政事业单位银行账户进行了全面整顿，进一步规范了单位账户设置，多数地方取消了行政事业单位的预算外资金收入过渡户；财政部发布了《行政事业性收费和政府性基金票据管理规定》，各地也积极配合，按照法制化、规范化的管理办法，进一步加强了票据管理；推行并完善了行政事业性收费、政府性基金和罚没收入"单位开票、银行代理、财政统管"的征管体制；建立了行政事业性收费和政府性基金收支预决算制度，并将其逐步纳入部门预算编制范围。

——2001年3月24日颁布《国务院关于进一步做好农村税费改革试点工作的通知》。

——2002年3月27日颁布《国务院办公厅关于做好2002年扩大农村税费改革试点工作的意见》。

——2000年7月4日颁布《财政部、国家发展委员会、农业部关于取消农村税费改革试点地区有关涉及农民负担的收费项目的通知》。

——2000年7月教育部办公厅关于印发《关于全国中小学收费专项治理工作实施意见》的通知。

——2000年7月6日农业部印发《村级范围内筹资筹劳管理暂行规定》的通知。

——2001年6月1日颁布《财政部、国家税务总局关于调整农村税费改革试点地区农业特产税若干政策的通知》。

——2001年11月颁布《国家计委、财政部、教育部关于坚决落实贫困地区农村义务教育阶段试行"一费制"收费制度的通知》。

——2002年7月26日财政部关于印发《农村税费改革中央对地方的转移支付暂行办法》的通知。

——2002年8月21日颁布《国务院农村税费改革工作小组、国务院纠正行业不正之风办公室关于切实加强农村税费改革试点工作的紧急通知》。

——2002年11月25日颁布《国务院农村税费改革工作小组关于农村税费改革试点地区暂停清收农民税费尾欠工作有关问题的紧急通知》。

——2003年3月27日颁布《国务院关于全面推进农村税费改革试点工作的意见》。

——2004年7月财政部颁发《关于加强非税收入管理的通知》。

——2005年8月颁布《教育部、监察部、国务院纠风办关于严厉禁止学校违规收费落实政府对教育的投入责任的紧急通知》。

——2006年12月财政部关于印发《国有土地使用权出让收支管理办法》的通知。

二、大规模取消违法违纪的收费项目和一些不合理的收费项目

1995年以前出台的一系列政策法规，有效地制止了"三乱"扩张的势头，但没有从根本上制约"三乱"行为。从1995年起，各级政府部门开始对乱收费情况进行了清查摸底和整顿工作。从1996年起，先后取消了一些不合理的收费项目。1996年国务院下文列出48项取消建设项目收费清单。其中，建设项目19项：建筑工程管理费，开发企业资质初审，年审公告费，统建管理费，新建房屋安全鉴定费，房屋买卖登记费，房产复查费，商品房注册登记费，自来水安装管理费，自来水表立户费，规划、定点保证金，绿化保证金，拆迁安置押金，道路污染费，绿化管理费和建设项目划定红线手续、验线费等。土地管理10项：土地界桩、坐标测量费，土地出让管理手续费，土地办证费，土地开发管理费，土地开发配套费，土地权变更费，土地过户费，改变土地使用性质转户费，土地占用招工保证金，土地测量费。电力部门5项：供电安装管理费，用电入户、立户费，接电报装费，用电附加费，电网改造费。公安部门3项：建筑消防设计、设施审验费，施工企业治安费，消防押金。工商行政管理部门1项：建筑市场管理费。文化部门2项：考古调查费、考古勘探费。环保部门1项：建设项目环保押金。劳动部门1项：施工企业使用临时工管理费。审计部门1项：建设资金审计费。统计部门1项：商品房统计费。民政部门1项：地名申请费。教育部门1项：教育设施配套费。体育部门1项：体育设施配套费。邮电部门1项：邮电通讯设施配套费。

1997年12月23日，财政部下文取消29项行政事业性收费，其中，工商部门2项：私营企业管理费，汽车、钢材交易市场管理费。建设部门8项：小康住宅推荐产品评估费，《项目经理资质证书》工本费，塔吊拆装许可证工本费，造价工程师执业资格证工本费，工程造价咨询单位资质证书工本费，甲级工程造价咨询单位评审公告费，供水企业资质证书工本费，燃气、热力企业资质证书工本费。外贸部门4项：进口货物码头代号费，纺织品出口配额招标手续费。公安部门9项：持枪证工本费，公用持枪证工本费，射击运动枪证工本费，注射枪购买工本费，中华人民共和国持枪证工本费，持枪通行证工本费，射击运动枪、猎枪、注射枪购买证工本费，枪支弹药运输证工本费，枪支弹药携运证工本费。保密部门1项：国家秘密载体复制许可证工本费。税务部门1项：税务发票管理费。

1997年11月27日，财政部、国家经贸委、国家计委、审计署、监察部、国务院纠风办公布取消第一批取消的各种基金（附加、收费）项目。主要是历年来各省、自治区、直辖市以下各级人民政府及其所属部门未按国家规定经国务院或财政部批准，越权设立的基金，共217项。

1998年5月28日,财政部、国家经贸委、国家计委、审计署、监察部、国务院纠风办公布取消第二批各种基金(附加、收费)项目,取消的项目从中央到地方共147项。1998年10月23日,财政部、国家计委发出通知取消第二批收费项目。这批取消的收费项目共20项,涉及文化、公安、建设、旅游、广播电视、林业和口岸等7个部门,主要是一些不合理或越权出台的收费项目。公布取消的收费项目自1998年11月1日起停止征收。据统计,截至1998年3月底,中央部门取消向企业不合理收费277项;各省自治区直辖市取消2028项。

另据统计,自中央《关于加强涉及外商投资企业行政事业收费监督管理的通知》下发以后,截至1999年5月,经过两年的治理,经国务院减轻企业负担部际联席会议审议批准,以六部委名义先后分6批公布取消向企业的不合理收费973项,涉及金额450亿元;各部门取消向企业的不合理收费39项,涉及金额69亿元;各省、自治区、直辖市政府宣布取消向企业的不合理收费4288项,合并项目76项,降低标准项目89项,涉及金额326.9亿元;地市以下政府取消21 410项,涉及金额139.2亿元。以上总计,取消不合理收费26 710项,涉及金额每年985亿元左右。[①] 截止到2000年底的不完全统计,全国共取消不合理收费项目44 602项,涉及金额1679.8亿元。[②]

进入21世纪以来,政府清理收费的力度依然不减。2001年,全国各地区、各部门认真落实党中央、国务院关于治乱减负的一系列政策措施,治乱减负工作取得新成果。全国2001年共取消向企业不合理收费33 456项,涉及金额598亿元。[③] 2002年10月和

---

① 国务院减轻企业负担办公室新闻组:《中国企业治乱减负报告》,河北人民出版社2000年版,第225页。
② 宋则:《中国"入世"过渡期的消费政策研究——增进城乡居民消费需求的十项要点》,http://www.usc.cuhk.edu.hk/wk_wzdetails.asp?id=2343。
③ 《2001年全国企业减少不合理收费近600亿元》,新华网,2002-02-27。

2003年2月国务院决定共取消及调整1300项行政审批项目后，国务院行政审批制度改革工作领导小组对国务院部门行政审批项目又进行了全面清理。经严格审核论证，国务院决定再次取消和调整495项行政审批项目。其中，取消的行政审批项目409项；改变管理方式，不再作为行政审批，由行业组织或中介机构自律管理的39项；下放管理层级的47项。2002年全国共取消向企业不合理收费项目近9000项，涉及金额355亿元，查处乱收费案件近两万件。① 2003年，全国企业治乱减负工作力度进一步加大，共取消向企业不合理收费项目8401个，治乱和减负共涉及金额182.6亿元。其中，取消的不合理项目中，涉企收费项目7769个，涉及金额55.6亿元；涉车项目632个，涉及金额17.8亿元。另外，"非典"期间减免了部分行业行政事业性收费、基金，涉及金额109.2亿元。全国还撤销道路收费站488个；撤销检查站192个，清除非法站点701个。查处"三乱"案件7705件，受党纪政纪处分2284人。② 2004年，全国共取消向企业不合理收费项目9499项，查处向企业乱收费、乱罚款和各种摊派等"三乱"案件11 040件，处理相关人员4020人，撤并不符合规定的道路收费站点603个。③ 2005年各省（区、市）共取消涉企收费项目10 443项，涉及金额达56.2亿元；查处"三乱"案件16 001件，查处违规违纪责任人6553人。④

总体上看，自1997年党中央、国务院出台关于治理向企业乱收费、乱罚款和各种摊派决定以来，截至2006年底，全国企业累计减轻各类负担涉及金额约2800亿元，企业发展环境明显改善。经过10年治理，一大批不符合中央规定的收费和摊派项目被取

---

① 《2002年全国共取消向企业不合理收费项目近9000项》，中广网，2003-02-12。
② 《去年全国共取消向企业不合理收费项目8401个》，新华网，2004-02-24。
③ 《去年全国共取消向企业"不合理"收费9499项》，http://www.gzii.gov.cn, 2005-03-01。
④ 浙江省经济贸易委员会：《我国去年取消涉企收费上万项》。

消。在全国企业减轻的负担中，涉及部际联席会议和国务院有关部门的项目金额约1490亿元，各地政府宣布取消的项目涉及金额约1310亿元。全国共查处涉及向企业乱收费案件14万多起，有2.8万多人受到党纪、政纪处分。10年来，共清理整顿中介机构8900多个，取消中介不合理收费约17亿元，有力地规范了市场经济秩序。

由此可见，在清理整顿收费项目的过程中，我们已经取得了一定的成效，但要彻底清除积弊显然是难以毕其功于一役的。

三、进行"费改税"试点和改革工作

1999年4月底，中共中央机关报《人民日报》陆续发表评论员文章，论中国的税费改革。这标志着"费改税"工作纳入了党中央、国务院的议事日程。

事实上，"费改税"问题在"九五"税制改革规划中就已经列入。自1995年起财政部在湖南省武冈市等地进行了"费改税"试点。基本做法是，将目前村级对农民收取的三项提留和乡镇的五项统筹收费等改为统一征收的"农村公益事业建设税"（此税未立法，是试点探索阶段的做法）。其税负不得超过农民上年纯收入的5%，由乡镇财政所具体组织征收或委托其他单位和部门代征代扣代缴，纳入乡镇财政预算管理。实行"费改税"后，乡镇任何部门和单位不得以其他形式再向农民无偿收取费用，农民也有权拒绝缴纳并对税外乱收费行为提起行政诉讼。

自1995年以来，全国大约有7个省的50多个县市在进行农村税费改革试点。这些试点改革取得了一定的成效和经验。但从全国来看，"乱收费"的情况始终未能得到有效遏制。

1999年10月31日，全国人大常委会表决通过了公路修正案，为公路收费改革提供了条件。2000年，燃油税改革方案基本成型，燃油税的推出只差时机选择问题了。

2000年初，中央决定在具有代表性的农业大省安徽省进行全面试点，标志着全国农村税费改革全面试点和推广扩大工作正式启动。当时改革的主要内容是把农业税税率定为7%，附加上限定为20%，就是要把改革前的农业税费负担水平调整到8.4%。[①] 与此同时，取消屠宰税、取消乡镇统筹款、取消教育集资等专门面向农民征收的行政事业性收费和政府性基金，调整农业税政策、调整农业特产税征收办法；改革村提留使用办法。

2000年以后，农村税费改革、城市建设维护收费改革、公路和车辆税费改革也逐步纳入改革之列。2000年12月20日，国务院颁布《中华人民共和国车辆购置税暂行条例》，规定从2001年1月1日起取消车辆购置附加费，开征车辆购置税。车辆购置税的开征正式拉开了我国全面实施"费改税"的序幕。2004年以来，随着农业税的逐步取消，涉农收费大量取消，农村税费改革进入一个综合改革新阶段。

四、加强收费管理

1997年以来，我国为治理乱收费而出台了一系列加强收费管理的措施。在这里，择其要而略加介绍。

1988年颁布的《关于加强预算外资金管理的通知》，在坚持行政事业性收费实行统一领导、分级管理的原则下，要求收费必须以客观的管理行为和服务事实为依据。并对乱收费进行了鉴定：(1) 各级地方政府或部门制定的收费标准与法律、法规不符的；(2) 超越管理权限制定收费的；(3) 擅自增加收费项目的；(4) 擅自提高收费标准的；(5) 不按规定申领《收费许可证而收费》的；(6) 不使用规定的收费票据收费的；(7) 其他乱收费行为均属乱收费。并规定了相关处罚措施。

1993年颁布《关于对行政性收费、罚没收入实行预算管理的规定》，要求对行政性收费、罚没收入实行预算管理（即"收支两条线"）。

---

① 2000年1月，国务院第57次总理办公会议原则上议定了农业税税率为7%，农业税附加的上限为20%。

1996年《国务院关于加强预算外资金管理的决定》正式通过明文规定，预算外资金属于财政性资金。规定了预算外资金的相应范围，要求预算外资金要上缴财政专户，实行收支两条线管理。《国务院关于加强预算外资金管理的决定》充分考虑了推进市场经济建设进程和振兴国家财政的要求，在管理的广度和深度上，都比1986年的管理办法有实质性的突破，体现了新形势下经济改革与经济发展的要求，其主要特点是：（1）明确了政府分配的基本模式。从长远发展和整体管理的高度，提出了预算外资金是建立合理的财政分配体系前过渡时期的历史产物，它随着财政分配关系的理顺和财政职能的加强，最终必将绝大部分纳入预算内管理。（2）明确了预算外资金的性质。以前的有关规定明确，预算外资金由部门和单位自行收取，自主支配，其所有权和使用权归收取的部门和单位，这就模糊了预算外资金的性质，影响和削弱了财政管理。为此，《国务院关于加强预算外资金管理的决定》改变了原预算外资金所有权和使用权部门与单位所有的规定，明确了预算外资金是国家财政性资金，不是部门和单位自收自支资金，必须纳入财政管理，澄清了多年来的模糊认识，为预算外资金管理扫清了思想障碍。（3）确定了规范的预算外资金管理办法，为今后顺利纳入财政预算管理奠定了基础。原来的预算外资金管理办法实行的是部门和单位自收支，坐收坐支，单位既当"会计"，又当"出纳"，收支混为一体，缺乏相互制约的监督机制，弊端很多。为了消除这些缺陷，《国务院关于加强预算外资金管理的决定》明确提出，预算外资金管理办法要参照预算内资金管理模式，建立预算外资金的预决算制度，收入必须上缴财政专户，支出由财政按计划统筹安排，从财政专户中拨付，实行收支两条线管理，为预算外资金纳入规范化、制度化管理提供了制度保证。（4）明确了财政管理职能部门与有关部门之间的关系。《国务院关于加强预算外资金管理的决定》中明确规定："财政部门是预算外资金管理的职能部门，要认真履行职责，建立健全各项管理制度，积极做好各项服务工作，及时拨付预算外资金，切实加强对预算外资金的管理"。同时，还对计划（物价）、审计、监察等部门提出了管理要求，这有利于各部门之间的协调配合，共同推进预算外资金的规范化管理。(5) 明确了社会保障基金的管理办法，提出了社会保障基金在建立社会保障预算之前，暂按预算外资金管理办法进行管理，这有利于推进社会保障制度改革。

1997年以来，为了集中搞好治理整顿收费工作，政府着重强调要做好三件事情：(1) 严把治理整顿期间未经国务院批准不得出台新的收费项目的关口。(2) 建立严格的执收制度。国家计委、监察部下发了关于试行企业交费登记卡制度的通知，国家计委等六部委印发了《收费许可证管理办法》。(3) 加强对各种收费的管理。要求对各种收费进行严格的管理，防止截留、挤占和挪用。所有罚款必须全部上缴国库，取消和禁止各种形式的罚款收入提留分成的办法。集资、基金实行收支两条线管理。1998年，党中央国务院为了全面规范预算外资金管理运行秩序，努力从源头上预防和治理腐败，加强勤政廉政建设，整顿财政分配秩序，增强各级政府宏观调控能力，于6月19日批转了《财政部、国家计委、监察部、公安部、最高人民检察院、最高人民法院、国家工商行政管理局关于加强公安、检察院、法院和工商行政管理部门行政性收费和罚没收入收支两条线管理工作的规定》决定对四个部门的行政性收费和罚没收入按照"两个三分一规"，即收缴分离、罚缴分离、收支分离，规范收入管理；分灶吃饭、分级负担、分别定标，规范支出管理的工作目标实施财政管理。1999年，中共中央办公厅、国务院办公厅又转发了《监察部、财政部、国家计委、中国人民银行、审计署关于1999年落实行政事业性收费和罚没收入"收支两条线"规定工作的意见》，将实行"收缴分离"、"罚缴分离"的单位扩大到交通、城建、教育、卫生、海关、环保、农业、民航、劳动、土地管理、质量技术监督、计划生育和出入境检验检疫等13个部门，并提出了当年要达到的六条标准。

2001年底,国务院办公厅转发了《财政部关于深化收支两条线改革,进一步加强财政管理意见的通知》,以综合预算编制为出发点,以预算外资金管理为重点,以强调收支脱钩为中心,以国库管理制度改革为保障,明确提出进一步深化"收支两条线"改革的步骤与相关措施,成为2001年乃至今后年度预算外资金管理的纲领性文件,标志着对预算外资金的管理进入了一个新的时期。对预算外资金的"收支两条线"管理不仅是指收入与支出分别核定,更重要的是收入与支出之间不能再有挂钩关系,对"收支两条线"管理的内涵作了以下概括:一是在管理范围上,对所有的财政性资金,包括行政事业性收费(基金)、罚没收入都要实行"收支两条线"管理;二是在管理方式上,强调收支脱钩,并由此规定了行政事业性收费的收支运作机制,即收入上缴国库或预算外资金财政专户,支出由财政按计划从国库或预算外资金财政专户中核拨;三是在征管体系上,实行票款分离,实行"单位开票,银行代收,财政统管",执收单位原则上不得直接收取预算外资金;四是以财政专户来保证落实"收支两条线"工作。

2004年7月财政部颁发《关于加强非税收入管理的通知》,明确指出政府非税收入是指除税收之外的政府财政收入,其管理范围包括:行政事业性收费、政府性基金、国有资源有偿使用收入、国有资产有偿使用收入、国有资本经营收益、彩票公益金、罚没收入、以政府名义接受的捐赠收入、主管部门集中收入以及政府财政资金产生的利息收入等。并要求将其分步纳入财政预算,通过编制综合财政预算,与政府税收统筹安排。从"预算外资金"到"非税收入"的概念转变,标志着我国在建立公共财政体系、规范政府收入机制上认识的深化。非税收入与预算外资金相比,既有区别又有联系。非税收入是按照收入形式对政府收入进行的分类;预算外资金则是对政府收入按照资金管理方式进行的分类。非税收入概念的提出和管理范围的确定表明随着预算管理制度改革（部门预算和综合预算的实施）与政府收入机制的规范，将逐渐淡化预算外资金概念，为规范管理各项收费和统一预算制度奠定了基础。

2001年以来，政府也实质性地加快了非税收入收缴管理制度改革的进度。2001年国务院批准《财政国库管理制度改革方案》，要求在2001~2005年期间全面推行财政国库管理制度改革。按照这一要求，中央和地方着力推进国库集中收付制度改革，中央部门于2001年8月开始实施改革，截至2004年底，140个中央部门实行了国库集中支付改革，47个中央部门纳入了非税收入收缴改革实施范围。此外，地方党委、政府对国库集中收付制度改革也非常重视，改革力度不断加大，推进速度明显加快，绝大多数省本级迅速实施了改革，并将改革向地市县推进。截至2004年底，全国已有30个省区市、150个地市、200多个县实施了国库集中收付制度改革。截至2005年，部门预算改革全面推进，国库集中支付制度改革扩大到所有中央部门，有非税收入的中央部门也全部纳入收入收缴管理改革范围；36个省区市、计划单列市本级和相当一部分市县，实行了国库集中支付制度改革。管采分离、职责清晰、运转协调的政府采购管理体制初步形成，政府采购规模不断扩大。这些改革措施，加快了我国传统预算管理制度向现代预算管理制度的转变，进一步将公平、公正、公开、效率等公共管理原则落实到财政收支运行中，提高了财政资金使用管理的安全性、规范性和有效性。2006年，中央级非税收入收缴在所有中央部门已经纳入改革范围的基础上，又有10个部门实施了非税收入收缴改革，使改革实施部门扩大到42个。由35个财政部驻各地财政监察专员办事处收取的三峡工程建设基金等8项非税收入也实施收缴改革。纳入改革的资金范围已经涵盖了行政事业性收费、政府性基金、专项收入、国有资源（资产）有偿使用收入、罚没收入、彩票资金收入及其他非税收入等。随着改革范围的扩大，2006年通过非税收入收缴管理系统实现的收入大幅度增加，全年实现收入 579 亿元，是上年实现收入的 3.7 倍，比以往改革年度累计实现收入之和多出 190 亿元。与此同时，为进一步深化非税收入收缴改革，建立规范的国库集中收缴制度，研究拟定了《政府非税收入收缴管理办法》和《中央级政府非税收入收缴管理实施办法》。地方也进一步完善和推进非税收入收缴管理改革，全国有十几个省（区、市）和计划单列市通过使用中央非税收入收缴系统进行了改革，其他地方也积极探索适合本地区情况的非税收入收缴模式。在改革范围不断扩大的同时，实施改革的收入项目也逐步扩大到所有政府非税收入。从 2007 年起，在中央和地方预算编制中全面实行新的政府收支分类体系。深化部门预算改革，扩大预算支出绩效考评试点。争取到 2010 年，向全国人大报送所有中央一级预算单位部门预算，并向社会公开预算；将预算外资金全部纳入预算管理；将财政国库管理制度改革推进到所有基层预算单位和全部财政性资金；政府采购法规定的所有货物、工程和服务，都实行政府采购。加强行政事业单位国有资产管理，实现与预算管理的有机结合。

五、简要评价

尽管我国目前的乱收费现象并未根绝，甚至还有进一步蔓延的趋势，但改革开放以来政府进行的一系列控制乱收费的制度、法规确实有助于抑制收费的膨胀，规范政府行为。一些努力也取得了明显的成效。特别是在 1996 年将预算外资金定性为财政资金，为加强预算外资金管理奠定了基础。2000 年以来，政府收费管理在促进各项规制和改革的同时，更加注重强化对收费收入资金的管理。各级政府通过加强预算管理和预算外专户管理，以及非税收入收缴方式的改进，不断地规范收费资金的运行，一方面为财政积累了资金，另一方面也对政府各部门的收费冲动进行了有效的抑制。

专栏 5-1　　湖南省非税收入全面专管,"小金库"、"三乱"没法玩

  2004 年 7 月 12 日,隶属于湖南省财政厅的省非税收入管理局挂牌。它的成立,意味着湖南省非税收入"五龙治水"格局的终结,同时也宣告部门"小金库"和"三乱"末日不远,宣告非税收入征管迈上规范和透明之途。

  据湖南省财政厅调查,2003 年湖南省非税收入是 250 亿元,相当于地方财政收入 1.08 倍和地方各项税收收入 164 亿元的 1.52 倍。在非税收入中,全省行政事业性收费共有 310 大项,涉及 61 个部门和单位;政府性基金 23 项,涉及 19 个部门和单位;2002 年两项收入金额达 195 亿元,占非税收入总额的 77.8%。然而,由于非税收入的征管和使用带有浓厚的"自收自支"色彩,基本上是"谁收谁用、多收多用",大部分没有进入财政预算。于是,一方面是国库囊中羞涩,政府财力不济,很多该干的事干不了;另一方面是某些权力部门和单位巧立名目,乱收费、乱罚款、乱摊派,同时利用这些钱修建楼堂馆所,或者资金进入部门私设的小金库,用于发放职工的福利津贴,导致部门分配苦乐不均,行业歪风屡禁不止。

  20 世纪 90 年代以来,湖南省逐步加强非税收入管理。1994 年,湖南省出台了《湖南省预算外资金管理条例》,明确规定预算外资金所有权属于国家,管理权属于政府及其财政部门,单位只有使用权。2002 年,要求公安、法院、工商、环保、计生等部门的预算外收入要求全部上缴国库,纳入预算管理,其他单位的收费要求一律缴入财政专户。击中"小金库""三乱"命根。2001 年以来,在湖南省财政厅的大力支持下,部分市县开始对非税收入管理实行新的改革试点,取得了一些成功经验。同时,湖南省委、省政府要求"对非税收入实行釜底抽薪":一是彻底清理规范所有省直行政事业单位的公有资产和非税收入;二是坚决取消各单位收入过渡户,所有非税收入一律缴入"非税收入汇缴专户"等。2004 年 5 月 31 日,《湖南省非税收入管理条例》出台(将于 2004 年 9 月 1 日施行),取代已经运行 10 年的《湖南省预算外资金管理条例》。这是全国第一个关于非税收入的立法;第一个要求设立专司机构管理非税收入。有关专家认为,该条例有突破意义的几个方面在于:(1)强化了预算的约束力。因为条例规定,一切非税收入都将纳入财政综合预算,使得部门揩油的机会少了。(2)"三乱"现象将得到有效遏制。条例规定,凡是凭借国家权力征收的非税

收入,其项目的设立、征收范围的确定、征收标准的制定,应当遵守法定的权限和程序。并且,除条例规定的执收单位,任何机关、单位不得违反相关规定设定非税收入项目、范围和标准。(3)部门腐败机会和途径减少。非税收入实行收缴分离,禁止当场收取现款,取消执收单位过渡性账户等规定,断绝了部门"小金库"的来源。(4)部门分配和苦乐不均现象有望得到缓解。据悉今后所有行政事业单位的津贴补贴都会逐步统一起来。

资料来源:湘潭在线http://xtzx.rednet.com.cn,2004-07-12。

不过,收费混乱或者不规范的原因是多方面的,因此对收费的清理整顿不能仅仅局限在对现有项目的简单归类或取消,甚至寄希望于单一的"费改税"。更重要的是要强化对收费权的合理配置和有效监督,逐步建立良好的收费形成和管理机制。这既能杜绝巧立名目,自行确定收费项目,又能保证保留下来的收费项目的良性运行。但这又是以经济体制改革的深化、政府职能的转轨密切相关。因此收费的规范化是一个较为复杂的工程。作为过渡办法,可暂时考虑继续集中各级政府部门的行政性收费权,待清理整顿后,再根据实际情况有序地放开,对省级及中央各部门的收费管理权限也应适当限制并严格监督。只有这样,才能为收费的清理整顿和规范管理提供较为宽松的环境。

第三节 进一步规范公共收费的相关制度建设和政策措施

规范公共收费是一个艰巨复杂的过程。因为收费的规范化不只是涉及管理制度和管理的技术问题,而且涉及政府职能的转变和各方面的利益协调问题。从我国目前的情况来看,造成公共收费秩序混乱的主要原因在于我国经济转轨时期的制度创新不足。

正如诺思所言：即使是效率不高的制度也总比没有制度要好得多。制度创新不足，使得在原有体制自动消亡之时留下了制度空白。制度空白有多种表现形式：（1）新旧体制不衔接，留下绝对的空白；（2）新体制不尽规范合理，或不严密，有机可乘；（3）新旧体制并存。如"双轨制"，执行者出于自身利益往往选择有利于自己不利于他人或社会的具体政策，或者是这种双头（或多头）体制使得执行者无所适从而导致混乱。这种制度空白状态往往成为非规范行为的诱导性因素。用俗话说就是：在群龙无首的时候，往往是鱼龙混杂的时期。收费的混乱就是我国经济转型时期的突出问题之一。因此，规范公共收费首先必须通过制度创新填补制度空白，才能达到预期目的。为此，我们需要进行如下几方面的适应性变革。

一、适应市场经济的发展、逐步转变政府职能是规范公共收费的必要前提

公共收费主要是作用于准公共产品领域的。因此，公共收费是否规范从根本上取决于政府的职能定位。如果政府包揽过多，收费的范围必然会相应扩大，其中必然会包含许多非公共性收费，难以起到规范有效的作用。政府职能的转换首先要求政府应适应市场经济的发展，逐步退出盈利性行业。因为这是市场调节能够有效发挥的领域。为此，政府一方面要鼓励非公有经济的成长，另一方面政府应创造条件，真正切断与经营这些领域产品或服务的国有单位不必要的经济联系，让企业面对市场、自主经营。这样做，会有效缩小政府供给的范围，将原来依靠政府收费经营的项目转入市场，从而为规范公共收费行为奠定良好的基础。

政府生产和提供产品的领域缩小（或曰消除政府"越位"）也会为行政机构的简并提供物质基础。一般来说，政府规模的大小是和政府事权的大小成正比的。"小政府、大社会"是规范的市场经济的必然要求。政府从盈利性行业的逐步退出，将会大大减少政府的事权。许多行业主管部门将必然因此而萎缩，直至消亡。与此相关的政府的管理性、协调性机构也同样没有存在的必要。这将会大大减缓或阻滞政府经费膨胀的速率，从而减轻各级政府单纯采取收费方式筹资的压力。我国以前的机构精简之所以未能如愿实施，笔者认为主要是因为政府的事权没有有效减少造成的。目前进行的大规模机构精简，既是市场经济发展的必然性结果，又是促进市场经济进一步发展的必须。在精简政府机构和冗员时，必须注意机构精简和政府事权缩小的内在性联系，否则仍然难以摆脱减而复增的原有模式。这样，收费养人的现象是难以避免的。显然，政府事权的减少，以及由此决定的行政性工作人员的减少，一方面会减少政府事权性收费，另一方面也会因人员缩减、行政经费压缩而减轻财政压力，减少乱收费行为。

从动态效应来看，这种消除政府"越位"的过程，也为填补政府"缺位"提供了必要的财力或精力，同样有助于减少政府原来为急于消除"缺位"而导致的"以费代税"的压力。

二、统一和规范政府理财制度是规范公共收费的制度性条件

制度设置不合理、不规范往往是机会主义行为的诱因。政府理财制度的不规范，为乱收费行为提供了可趁之机。政府内部因不同的事务性权限而分为各司其职的不同部门。这些不同的部门因提供性质不同的产品或服务而拥有一定的收费权限。但允许收费（或应该收费）和收费资金的规范管理是截然不同的事情。政府财政部门正是汇集各种渠道的公共收入并进行规范管理的专职部门。因此，公共性收入需要统一于财政部门进行规范管理。但实际情况却是，在政府财政预算管理之外是形式各异的预算外资金和体制外资金。由于这些资金收入基本上由各相关部门自行决定，自行使用，实际就是将收费行为和部门、单位利益直接挂钩。这必然会产生机会主义行为，从而导致乱收费现象。就实际情况来看，由于财政预算收入比重偏低，财政困难，特别是中央财政更为困难，债务依存度直线攀高，但另一方面，企业和农民却叫苦连天，不堪重负。公

共收入的资金泄漏情况极为严重。这些非规范的收费收入有很多以非规范的方式运作，造成分配的不公，滋生了贪污腐败，加重了生产者和消费者的负担，裂解了统一规范的政府财政预算制度，扰乱了市场秩序，迟滞了经济效率的增进。而且，这些游离于国家财政预算之外的收费收入，随着其规模的进一步扩大，会进一步固化各部门、各单位的利益刚性，增加了利益协调的难度，无疑会对我国改革的深化制造更大的障碍，也会消除收费规范化的如何努力。由此可见，规范公共收费必须先规范政府的理财制度，形成统一的政府预算制度，以制度创新来为消除乱收费问题创造条件。

从中央和地方的关系来看，分级财政的实施，调动了地方政府理财的积极性。但地方公共收入和收入基数挂钩并因此而决定其未来年度可支配财力的做法，实际上会迫使地方政府采取不合作博弈策略，从而将大量非税收入排除在预算之外，甚至造成许多以费代税的现象。这显然不利于规范收费行为。因此必须寻求更为合理可行的办法来规范中央和地方的财政关系，为统一公共收入体系创造条件。

三、建立健全税收体制，提高征税能力，为规范公共收费创造宽松的环境

"税不够，费来补"，这在我国目前已是见怪不怪的现象。维持政府正常运转的经费应主要依靠常规性的税收收入，这已是市场经济发达国家的普遍经验。因为政府提供的主要是公共产品。客观地说，许多乱收费实际上也是出于无奈。税收收入能力不足是重要的原因。这不仅是税种设置或税制建设的问题，更重要的是税收征管能力和税收管理权限的问题。我国的名义税率始终远高于实际税率，各种纳税主体都在通过种种办法（包括合法的和非法的）来逃避税收，税收征管机构依法治税水平和征收努力程度也有待进一步提高。这使得税收收入难以随经济的发展而同步增长，各地方、各部门不得不增加收费来筹措资金，维持运转。也就是说由于税收征收无力，收支缺口太大，使得收费职能很容易异化为单纯的筹资工具。由此可见，规范公共收费需要加强税收征管能力。

专栏 5-2　　2006 年湖南省非税收入是地方税收 1.3 倍

　　2006 年，湖南省非税收入完成 444 亿元，相当于地方税收的 1.3 倍，与规范管理前的 2003 年相比，年均增长 15.93%。为推动非税收入工作进展，湖南省召开了《湖南省非税收入管理条例》执法检查动员大会。湖南省委常委、常务副省长肖捷，省人大常委会副主任周时昌出席会议并讲话。

　　非税收入在湖南的这几年财政收入中占了比较大的比重。肖捷指出，全省很多地方特别是基层财政普遍比较困难，为了缓解收支矛盾，各级政府在努力发展经济、增加税收的同时，努力加强非税收管理。"一些地方非税收入规模大、增长快，已经成为地方财力的重要来源，财政收入的增加，增强了政府宏观调控能力和公共服务职能。"……

　　湖南省在全国是率先制定非税收入管理地方法规的省份。通过预算审查、执法调研、听取汇报和审计部门专项审计等方式，加强了对非税收入征管情况的监督。但周时昌也指出："在全省的非税收入管理工作中，仍不可否认还存在着有法不依、执法不严、违法不究的现象。"周时昌举例说，一些项目审批不够规范，违规减、免、缓和欠征非税收入的情况还不同程度地存在；一些地方和单位截留、挤占、挪用非税收入，乱收滥罚、乱摊派、乱集中非税收入。他要求："通过监督检查，要切实纠正这些违法规定行为，不断提高我省非税收入管理水平。"

　　资料来源：红网http://www.hxonl.com，2007-03-31。

　　关于收费规范化相关的另一税收问题是地方政府的税收管理权问题。税制改革时之所以未给地方政府相应的税收管理权，其原因或许是顾忌当时并不规范的地方政府可能会利用手中的税收管理权限随意征税，加重基层负担。但这恰恰导致了一个不规范的事实，亦即地方和部门的乱收费行为。由于地方本级收入零星，又无权开征适合本地的新税，地方政府不得不采取多收费的形式来解决其资金困难。当然，集中税收管理权限是有一定道理的，但两害相权取其轻。乱收税毕竟要通过诸多程序，是明的，也是较难"混乱"（即使混乱也较易治理的，尽管治理的公开成本可能会高），而乱收费则不同，其随意性大，隐蔽性强，治理难度相对较大。由此可见，适当下放一些税收管理权限是必要的。这不仅能够形成规范的分税制财政体制，而且有助于规范收费行为。

改进税种设置也是一个值得考虑的问题。特别是那些因"费改税"而转设的税收。税种设置合理与否也是制约征税能力的一个重要因素。我国目前的一些税种仍有改进的余地和改进的必要，值得进一步探索。与税种设置相关的是税种的归属问题，也就是中央和地方，地方各级政府间的分税问题。税收收入分配级次合理，同样会有助于收费级次的合理，从而成为收费规范化的重要内容。

四、合理划分中央政府与地方各级政府的事权并以此为基础建立规范的分级财政分配体制

我国自1994年以来建立的"分税制"财政分配体制暴露出许多弊端。这主要体现在地方政府的事权与所能够支配的财力之间存在着明显的不对称性（这也与我国转移支付制度不规范和转移支付缺乏相应力度有关）。这使得地方政府往往通过乱收费来满足其职能需要（因为缺乏征税和发债的权力）。因此必须寻求相应的准则来合理划分政府间职能以及可行的财力分配体制。

政府间事权划分不合理性的根本原因在于缺乏一个相应的基准，即究竟什么事情应该由中央履行，什么事情由地方政府履行。实际上我国在计划经济时期也存在着同样的问题，但一直未能够得到很好的解决。在市场经济条件下，政府间职能的划分仍然必须以市场为基础，以效率为准则。也就是说，要首先确定什么事情应该由政府干预，然后再确定某一事项或某些事情由哪一级政府进行干预更有效率。这或许是一个长期性的市场检验过程，或者说是一个政府与市场的磨合过程，但政府间的职能划分必须以市场为准则进行有效划分才能得到根本性解决。因为，政府作为一个整体是为市场服务的，因此政府间职能划分也要以此为基础。中央与各级地方政府的职能配置既不能包揽市场，也不能分割市场。在此前提下，一些公共事务的职责归属则主要看谁履行更有效率。

我国地区发展极不平衡，市场的发育程度也各不相同。这进一步增加了政府间职能划分的复杂性。不过，并不能以此否定上述划分标准的可行性。况且，只有在政府间事权划分合理可靠的基础上，政府间的分级财政分配体制和规范的转移支付制度才能够有效建立。而只有建立合理有效的政府间财力分配体制和转移支付制度，才能为杜绝乱收费提供条件。

五、继续清理整顿现行收费项目，为规范公共收费做好基础性工作

现行收费混乱的状况产生诸多危害，必须正本清源。清理整顿收费是以规范收费为主要目的。尽管这项工作目前被称为"费改税"，但并不是要将所有的收费都改为税收，而是以"费改税"为龙头，规范政府收费行为，进行整个社会分配格局的适应性调整。如果对此作更全面、更准确的称呼，可以认为是以清理整顿预算外、制度外资金和各种收费为前提，使税收、公共性收费和经营性收费归位分流的一种综合性税费改革。其中包括把那些具有税收性质的收费纳入税收轨道。具体来说，有如下几个方面：

1. 以清理整顿现行各种收费入手，结合政府职能转轨和政府机构精简，将那些劳民伤财的不合理收费项目统统取消。这可以减轻企业和农民等微观经济单位的经济负担，增加社会资本的形成，调动企业和农民的积极性，促进经济的发展。这也有助于塑立良好的政府形象和消除社会分配不公。

2. 对那些不宜取消的收费项目进行重新鉴别，将属于税收性质的（或可由受益税代替的）收费项目，诸如农村公益事业性收费、社会保障收费、公路性收费等逐步改为税收来征收。这既能够还税收以严肃，也能够使收费更为真实，从而达到规范收费的目的。

3. 将那些保留下来的合法合理的收费项目进行进一步的分类，并规范管理。对那些合理合法的公共性收费项目则不仅要保留，而且要制定适宜的标准,遵循"谁受益,谁负担"和"谁收费,谁负责"原则,进行更为规范的管理,以充分发挥公共收费的积极作用。

4. 将那些相对于我国目前市场发育情况而言,应该由市场内在化经营的产品或服务推向市场,采取价格机制进行有效配置。这也是一个消除政府"越位"的过程,有助于规范公共收费。就现实情况看,即使那些合理合法的收费项目,由于政府职能转轨不及时或不到位,仍有一些是属于盈利性收费。就是说,有些项目并不属于真正意义上的公共收费,而是由于政府包揽了一些盈利性产品而进行的收费。这要结合政企分工改革和政府职能转轨而逐步分流出去,形成真正的市场价格。

第四节 一些国家改进收费管理的经验总结和相关案例

市场经济较为成熟的国家在规范公共收费管理方面积累了一些成功的经验,值得我们参考和借鉴。

一、基本管理制度和方式[①]

(一) 非税收入的种类

市场经济国家政府非税收入来源情况不尽相同,大体包括:政府提供的商品或劳务销售收入、国家资源收入、国有企业利润、政府投资收益、政府收费收入、罚没或罚款收入、彩票收入和政府利息收入等。

---

① 主要参考中华人民共和国财政部综合司、预算司、国库司等编写的《财政管理体制改革》,中国方正出版社2004年版,第39~45页。

专栏 5-3   美国政府非税收入构成

美国各级政府的非税收入来源情况差别很大。中央政府（即联邦政府，下同）非税收入占经常性财政预算收入的比重很小，约在 15% 左右；州政府非税收入占 15% 左右；而州以下政府非税收入则可以占到政府收入的一半左右，是其重要的收入来源，其中以政府的服务性（收费）收入为主，其他项目的非税收入则很少，但收入渠道规范。

2002 年度，美国联邦政府非税收入总额为 1030.56 亿美元，占政府经常性收入的比重为 5.6%，其中预算内非税收入 540.49 亿美元，占非税收入的 33.04%，主要包括规费等服务性收入、罚没收入、赠与收入和许可经营收入等；预算外的非税收入 690.07 亿美元，占非税收入的 66.96%，主要是财产性收入，具体项目包括利息收入、专营和租金收入（土地、矿藏和能源等）、财产销售收入、规费和其他服务收费、政府财物销售收入、贷款和投资到期变现收入等。在经常性非税收入中，收费是主体，分为以下几种类型：

1. 商品收费。商品收费与特定商品及其消费有关，是指政府提供水、电等产品，并向该类产品的消费者收取的费用。

2. 补偿性收费。补偿性收费存在于两种情形：一是向实施不良影响的主体收取，政府采取特定的项目来控制某些不良影响，同时向造成这些不良影响的主体收取补偿该项目实施成本的费用，如下水道布设安装、垃圾处理和污水废水处理等收费；二是向特定项目的开发者收取，用于开发项目附设公园、道路、学校和防火设施等建设，这些收费存入计息账户，若在一定期限内不用就要退还开发者。

3. 管理收费。政府对经济主体的某些活动实行管制，并向这些活动的行为主体收取一定的费用以弥补政府在监管和执行过程中的部分开支，如建筑许可费、专业许可收费和驾驶证收费等。

4. 特项收费。对在公共改良计划中获得资产增值的资产所有者征收的费用，目的在于弥补公共改良的成本。

资料来源：安徽财政厅课题组。

例如，加拿大非税收入来源于四类：自然资源收入，货物和劳务销售收入、特许权、执照和许可证收费和投资回报收入。澳大利亚非税收入来源于公共物品和服务销售收入、投资分红收入和其他非税收入。新西兰非税收入分为六类：管理性收费、使用者付费、资源补偿性收费、罚款收入、利息收入和分红收入。

专栏5-4　　　　　澳大利亚政府非税收入构成

　　2000~2001年澳大利亚中央政府总收入为1608.47亿澳元，其中政府非税收入147.91亿澳元，占政府总收入的9.2%。按照收入来源的性质划分，澳大利亚联邦政府非税收入主要包括以下四类：

　　1. 公共物品和服务销售收入。这部分收入是政府部门及其所属机构向社会提供公共物品和服务收取的费用，如销售数据资料收费（澳大利亚统计局、气象局向某一产业或企业提供特殊服务或者数据资料时收取）、管理收费（如证照收费、办理移民手续收费、服务酬金、企业注册费、旅客检查费和进口服务费）等。2000~2001财年，这部分收入约40亿澳元，占联邦政府非税收入的25%。

　　2. 利息收入。主要是联邦政府借给各州政府或有关金融机构款项获取的利息收入。此外，还包括住房合同利息、银行存款利息、过期债务利息、对外贷款和借款利息及交易利息等。由于州政府向联邦政府借款逐年减少，近20年来，这部分收入呈不断下降的趋势。2000~2001年，联邦政府取得的各项利息收入约10亿澳元，占联邦政府非税收入的7%。

　　3. 分红收入。主要来自一些国有金融或非金融公司（如澳大利亚储备银行、电信公司等）的经营利润。由于受公司盈利水平的影响，这部分收入很不稳定。近年来，联邦政府实行私有化政策，许多国有公司出售给私人经营，致使这部分收入逐年减少，2000~2001财年约50亿澳元，占联邦政府非税收入的31%。

　　4. 其他政府非税收入。主要包括外汇交易纯收益、国有资产出售收入、高等教育（学生）贷款利息收入、货币发行溢价收入、债务减免收入、各类罚款和捐赠收入等。这部分收入在2000~2001财年约60亿澳元，占联邦政府非税收入的37%。

资料来源：安徽财政厅课题组。

挪威中央非税收入包括：国有企业收入分成收入（如石油收入分成）、利息收入、国有企业股权收益、土地和道路出租收入、罚款和罚没收入、收费收入；地方非税收入主要来源于收费、罚款和利息收入等；地方政府收费包括水费、垃圾处理费、污水处理费、幼儿看护费、医疗收费、公园收费、博物馆收费、停车场收费和车辆通行费等。芬兰中央非税收入包括：国家养老基金转移支付收入、国有企业私有化收入、来自欧盟收入、国家经营的彩票和赌博机构利润、芬兰投币机协会利润、股息收入、收费收入；地方非税收入包括：水费、废物处置费、电费、公共交通费以及医疗和社会福利收费等。

（二）管理框架和管理措施

1. 依据法律规定，实行分级管理。加拿大三级政府各自依据有关法令分别管理本级收费，并由各级议会批准。联邦政府收费法律依据包括《宪法》、《财政管理法》和其他法律三类。省级政府根据联邦和省级法规规定收费，市级政府收费必须由省级法令授权。澳大利亚政府收费审批权集中在联邦和州两级，收费机构设立收费项目，按照隶属关系向联邦国库部或州国库部门提出申请，经联邦国会或州议会批准后，以联邦或州法律形式颁布实施。新西兰中央政府收费项目要报经国会批准后以法律形式实施；地方政府收费在《地方政府法》授权的范围内，由地方政府根据需要设立。挪威规定，中央政府收费应向财政与关税部提出申请，由财政与关税部根据国会以及法律规定审批。芬兰中央政府收费法律构架包括三个级次：宪法、国会制定的法律以及部门颁布的规章。芬兰宪法规定，国家政府机关收费行为以及收费数额应当依据法律规定进行管理，未经法律许可，国家政府机关无权收费。芬兰国会颁发的《收费法》对政府机构收费行为作了具体规定。除了必须依据法律收费外，芬兰还规定，国家政府机关收费必须向芬兰政府内阁委员会提出申请，并通过严格的立法审批程序。出售国有资产必须经过国会批准，根据市场行情来决定是否出售及出售数量。挪威、芬兰地方政府收费主要由地方议会负责审批。

专栏 5-5　　　　　美国政府非税收入管理

1. 严格控制收费标准。美国法律条款明确规定每项收费水平不能超过政府提供服务或福利的成本，不能超过外溢损失的额度。在财产评估体系比较成熟的情况下，收费标准具有较高的透明性和可控制性。

2. 收费收入具有专用性。收费收入被单项用于提供相关服务或福利的项目，而不用于一般公共项目。

3. 实行财政管理。在美国，也存在预算内政府非税收入和预算外政府非税收入的概念。虽然非税收入多数是专款专用，但除法律专门规定的以外，所有非税收入都要纳入预算管理。虽然非预算收入不在预算收入报表上反映，但也严格地比照预算的管理方式。

4. 政府非税收入项目经法定程序确定。每项政府非税收入的项目和标准、控制与开征，要通过议会或选民投票来决定，并对是否要民主投票、谁来投票和多少票数通过才能有效都作出了具体明确的规定。每项政府非税收入都在相关利益人及其代言人——议员们进行辩论的基础上经过相应的立法程序设立，使单纯的部门行为乃至于长官意志受到有效制约。

资料来源：安徽财政厅课题组。

2. 将政府收费划分为不同类型，分别核定收费。加拿大《财政管理法》规定对使用者收费不得超过成本。为此，国库部制定了专门的成本费用计算公式，供联邦政府部门和机构制定收费标准时参考，并规定特许权收费标准按市场价值确定，其他服务收费标准按照低于成本费用原则确定。澳大利亚联邦政府国库部将成本核算调查核实任务委托其下属生产力委员会负责，国库部根据生产力委员会提供情况向内阁提交是否同意收费及收费标准报告，经讨论通过后报国会审议并以立法形式确定。州政府收费标准由州财政部门按照成本补偿原则核定。新西兰中央政府收费标准，由收费机构提出方案报财政国库部审核后,直接报国会审议,并以立法形式确定;地方政府收费标准由市财政部门通过网络或宣传材料等形式向公众征求意见后,报市政委员会讨论通过并发布实施。芬兰《收费法》将收费行为分为受公共法律约束的行为和商业行为两类:受公共法律约束的行为的收费,一类可按照成本收费,如驾驶执照、特许权等;另一类则按低于成本收费或者免费提供,如卫生保健、环境保护和教育等。商业行为收费根据市场原则进行,并通过公开市场自由竞争确定。

3. 收费公开透明,实行听证协商制度。加拿大国库部规定,联邦政府部门和机构在收费项目设立过程中,必须与服务对象进行充分磋商,认真听取缴费人意见。具体程序包括:一是在设立新的收费项目或修订收费标准之前,采取适当方式通知缴费人,给予缴费人提供反馈意见的机会。二是就可能出现的问题与缴费人进行磋商并达成共识。三是设立答辩程序,阐明对缴费人提出意见和建议的吸收程度及其原因。未履行上述程序,或未经协商和达成一致意见的,不能实施收费。省级和市级政府设立收费的有关程序与联邦政府大体相似,也要在本区域范围内征求意见。

4. 政府集中统管收支,纳入财政预算管理。加拿大《财政管理法》规定,联邦政府部门和机构所有收费必须统一缴存到出纳总署的"综合收入基金"账户中,除个别收费收入可以用于补偿提供服务发生的费用外,收费收入原则上由政府统一安排使用,不与有关部门和机构支出相挂钩。有关部门和机构开支,必须列入部门或单位预算,并事先获得国库部和国会的批准。1999年澳大利亚改革会计核算方法,将政府非税收入全部计入政府收入统一账户,相关支出由财政部门通过预算统筹安排。新西兰中央政府收费,除渔业收费收入由渔业部门征收使用,结余上缴中央财政外,其他收入全部上缴中央国库,由财政国库部编制政府收支预算,报国会审批。

5. 制定多种收缴方式,严格收缴管理程序。加拿大政府收费的缴纳渠道有多种形式。如阿尔伯达省卡尔格里市规定了5种缴费渠道。包括：(1) 预先授权支付办法，即通过"消费者自动银行"予以自动划转；(2) 由金融机构代办缴付；(3) 通过电话委托缴付；(4) 通过邮寄付款；(5) 直接向征收机构缴纳。安达略省渥太华市则规定了银行代缴、计算机代缴、汇寄和向征收机构缴纳四种缴费渠道。澳大利亚财政部门针对不同的非税收入项目，本着"方便、快捷、高效、透明"的原则，采取不同的征收管理办法。如悉尼市，对于分散的公共停车场收费，由缴费人直接投币，财政部门派人定期收集入库；对于专门的公共停车场收费，由财政部门委托专人负责征收，并定期上缴财政账户。罚没收入由受罚人根据执罚人员开具罚单限期到银行交款。市政府公共设施出租收入、垃圾处理费等，由财政部门每3个月向缴费人开具单据，缴费人直接到银行交款。挪威中央政府规定，中央政府各部门取得的非税收入，通过商业银行划转中央银行账户，再汇总到中央国库。芬兰收费由国家机关根据要求提供服务或产品并开具发票后征收。按照芬兰财政部规定，接受服务的受益者必须在发票送达的2周内支付。如果到期不支付的，将按照规定计算处罚金额。芬兰于伐斯屈拉市政府建立了电子收费系统，实现市政府与银行之间的信息联网。该系统为每个缴款人设立了一个子系统，包括名称、地址、公共产品服务项目和标准等。按照芬兰规定，收费应当在2周内支付，支付方式主要通过银行进行，也可以采取网上付费、邮寄付费等方式，收费资金交到银行后，通过电子收费系统自动划转到市政府在银行设立的收入账户。

专栏5-6　　　　　澳大利亚政府非税收入管理方式

1. 通过严格的法律程序确定政府收费项目。澳大利亚政府的收费审批权集中在联邦和州两级，收费机构若要设立新的收费项目，必须按照该机构的隶属关系，向联邦政府国库部提出申请。属于中央政府机构的收费，经联邦政府国库部审核报总理内阁讨论通过后再报国会审议，并以联邦法律形式颁布实施；属于州或地方政府机构的收费，经州政府国库部门审核报州议会审议通过后，以州法律的形式颁布实施。

2. 以"成本补偿"为原则确定收费标准。澳大利亚有关法律规定，制定政府性收费标准应以"成本补偿"为原则，不能以盈利为目的。因此，政府对所提供的公共服务成本测算非常严格，以使其制定的收费标准，既能满足政府补偿成本的需要，又能使社会公众普遍接受。

3. 统一纳入预算管理。澳大利亚政府非税收入全部上缴财政，纳入预算管理，收费机构的收入全部计入政府收入统一账户，收费机构的相关支出由财政部门通过预算统筹安排。同时，为了保证收费机构尽职尽责地完成收费任务，财政部门在安排预算支出时，根据收费机构上年的收入情况适当增加其支出预算，但增加的预算不会超过该机构收入增长的部分。

资料来源：安徽财政厅课题组。

6. 加强监督检查，建立收费收支监督制度。加拿大联邦政府为了加强联邦政府收费管理，通过多种形式加强对收费的监督。一是在实施收费前，要求收费机构通过各种媒体，公布收费项目和收费标准，做好有关宣传解释工作。二是每年在向议会报告政府财政收支预算时，必须包括有关收费的具体内容，接受议会审查。三是在国库部设立联络点，直接听取缴费人的意见。由国库部通过审计、项目评审、特别调查、对部门年度业务计划进行检查等，督促有关部门和机构严格执行规定的收费政策。四是在政府公共会计报告、部门和单位年度报告中详细反映收费收支情况。加拿大各省也相应制定了收费监督管理办法。例如，阿尔伯达省在议会中成立了专门的"收费检查委员会"，其职责除了检查政府收费的综合政策外，还对政府各项收费征收标准的合理性进行检查、评议。芬兰政府非税收入管理要接受多个机构的监督检查：一是审计机构的审计。芬兰国会下设的国家审计办公室每年都将对已规定的收费进行审计。地方政府非税收入则由地方议会指定的审计委员会进行审计。二是芬兰公平竞争管理局的调查。芬兰《竞争法》规定，国家机关、地方政府及其所属公司进行的商业活动以及政府委托私人企业进行的商业活动，必须受《竞争法》的规范和约束。如果芬兰中央和地方政府部门提供的商业服务不利于市场公平竞争，芬兰公平竞争管理局有权对其进行调查并予以纠正或者处罚。三是有关部门的监督检查。芬兰《地方政府法》规定，内政部可以检查地方政府的运营和财政情况，确保城市政府依据与地方政府相关的法律规定进行自治。

二、基本管理经验与相关案例[①]

1998年，OECD对一些国家收费管理的经验进行了总结，并得出了一些原则性的结论。一般来说，规范的收费管理应该有：

1. 清晰的法律授权。最为重要的是，政府机关的服务性收费权利应通过法律给予清楚的界定；对收费来说，这种法律授权应该是一般性框架，而不要试图为收费设置精确的数量。这样就能够使收费在一定范围内进行适应性调整而不需要进一步的立法授权。

专栏 5-7　　　　　　　　芬兰情况(1)

芬兰宪法明确要求所有的使用费应当经过法律授权。1992年，芬兰议会实施了《政府服务收费法案》。这项法律规定了适宜于收费的政府服务种类和收费的基本计算方法。在这项法案的框架内，政府可以自主决定具体收费措施。每个部门拟定其服务中的哪些具体项目实行收费并且制定相应规则依法收费。

资料来源：芬兰的案例研究。

---

① User Charging for Government Services, Occasional Paper No. 22, OECD 1998.

2. 与用户进行磋商。当需要新开征一项收费或对原有收费项目进行重大修改时,要和用户进行磋商。这有助于让用户知道收费的合理性以避免产生误会。而且,用户的意见对建立和实施有效的政府收费制度大有裨益;需要让用户知道,磋商的目的不在于决定是否要收费,而是探讨收费的最佳方式。和用户磋商过程应当迅速完成以便在收费实施前就能够得到用户的信息反馈;有关收费制度的具体执行事项应当迅速传达给具体收费操作人员,也应当使这些收费人员明白收费的合理性和收费制度的运行情况。

专栏 5-8　　　　　　　　美国情况(1)

美国的原子能管理委员会近年来全靠收费筹资。这些收费每年都由该委员会制定的规则来确定。在规则采用以前,委员会就拟确定的收费项目向相关利益集团递交规则建议草案来征询意见。只有在委员会依据所收到的反馈意见进行适应性调整后才能最终发布收费规则。

资料来源:美国的案例研究。

3. 确定全部成本。适宜于收费的每项服务的全部成本费用应当明确确定。不论收费能否全部或部分地弥补全部成本费用,每项服务的所有费用应当弄清楚。如果收费不能全部弥补成本的话,就应当明确政府对该项服务的补助程度;全部成本不仅包括服务的直接成本,而且包括与其他活动分摊的成本(联合成本),以及非现金成本,如折旧和资本成本;确定总成本是很复杂的,尤其是在联合成本需要进行分摊的时候。收费服务项目的规模越大,在计量成本时的难度也就越大。在服务规模很小的情况下,运用合理估计方法计算分摊的联合成本远比运用精确的成本会计方法更为合适;这种会计计量方法应当定期复审以使其更为精确。

> **专栏 5-9　　　　美国情况（2）**
>
> 　　美国社会保障局是世界上最大的信息处理者之一。它平均每天处理2100万宗交易信息。1988年，该局决定制定一个成本归属体系（attribution system）以使每宗交易的费用都和享受服务的用户对应起来。以前，所有的信息技术成本都是全部归结在系统操作办公室。在系统建立的早期阶段，它只能将4/15的成本对应于具体的用户。通过改进系统，目前它已经能够将几乎所有的成本对应于各个用户。结果使得其管理功能得以明显改善。
>
> 　　资料来源：美国的案例研究。

　　4. 有效的征收制度。有效的收费征收体制对任何收费机构来说都是非常关键的。收费机构应当有征收的责任，当然也可以与第三方签订征收服务费的合同，并由其代征；如果在提供服务时客户不能提前付款，或者不能同时付款，就需要及时地发出发票并清楚地注明费用偿付的最后期限。发票应该简单明了，以提供充分简洁的信息；应当努力降低征收成本和尽可能便利征收过程；对不付费者应当马上实行跟踪追查。应当在收费制度生效前建立适宜的收费执法机制。这种执行的追索权力必须准确明了。不付费的确切定义也应该是明晰的。如果一项收费规模太小以至于使得现行征收行为不合算的话，那么应该考虑改变收费的方式。

> **专栏 5-10　　　　巴塞罗纳情况**
>
> 　　巴塞罗纳消防部门对一些非紧急服务征收费用。消防部门因此在收费征收中遇到了很大的麻烦，因为他们实际上只有20%~30%的发票得到支付。其原因有多种：征收责任不明确、开具发票的时间太长、发票本身太复杂、对不付费的强制执行机制效力有限。消防部门已经采取措施来纠正这种状况和改进征收效率。
>
> 　　资料来源：西班牙的案例研究。

> **专栏 5 – 11 德国情况**
>
> 德国在采用了公路使用计时收费系统时,寻求邻近国家的合作以建立能够在各个国家统一运行的单一收费系统。这大大方便了司机,理顺了收费过程。
>
> 资料来源:德国的案例研究。

5. 改善和监督收费服务机构的运作效率。直接针对使用者的受益进行收费对于改进机构效率和提高服务质量来说是一种卓有成效的管理方式;为各种服务机构确定详细的财务、服务质量和其他效益目标并使之与收费制度相协调,是极为重要的。各服务机构的行为应该纳入经常性监督的范围内以确保一定的效率和服务质量;各服务机构应该经常地、系统地征询所服务的客户的意见以更好地了解他们的服务需求;对政府机构来说,向使用者征费需要一套新的技巧。政府应该认识到这一点并精心筹划。这特别关系到人力资源领域和信息技术系统。应该投入足够的时间和资源去开发和维持这些技巧。

> **专栏 5 – 12 澳大利亚情况**
>
> 当澳大利亚的司法事务(the Attorney-General's legal Practice)转为向使用者收费时,客户所享受到的服务质量得到戏剧性的改变。对客户的服务现在实行定期调查方法并且建立了以客户为中心的服务组织(client focus groups)。这使得法律服务尽量满足客户的特殊需求。法律服务组织为了改善其服务质量经常性地将其服务业务定位于私人同类服务部门的最佳服务水准。这种向有偿服务的转变也明显改善了服务人员的工作态度。服务人员的商业技巧得到显著提高并成功地营造了新的服务氛围。通过向客户和服务人员的调查显示,司法服务质量的改善是有目共睹的。
>
> 资料来源:澳大利亚的案例研究。

专栏 5–13　　　　　　　　英国情况

　　奥登纳斯咨询公司（the Ordnance Survey）出售地图和相关数据资料给政府机构、公用事业单位、商业机构和社会公众。大量的咨询委员会已经得以建立，他们代表了大约160个对奥登纳斯咨询公司服务感兴趣的机构。这些委员会对奥登纳斯咨询公司的服务范围、有效性、详细的服务水准和定价等作出评论。奥登纳斯咨询公司尽量采纳这些委员会的正确意见。这种恳求客户意见的方法使得奥登纳斯勘察公司能够更好地迎合客户的需求。

　　资料来源：英国的案例研究。

　　6. 管理收入。应当考虑各个机构所持有的来自使用者的缴费收入。这种收入应当恰当地被划分为补偿性收入（负支出）。这项服务加强了使用者支付费用即可获得专门的服务这一观念，也强化了服务机构所赋予的收入管理职责；应当考虑让收费机构采用灵活的预算安排制度，也就是说，使收费收入的增长和服务支出的增加保持同步运行，以使这些机构能够对增加了的服务量作出及时的反映。

专栏 5–14　　　　　　　　芬兰情况（2）

　　芬兰在收费改革开始实施时，采用了一种新的相机预算制度。这使得政府机构能够为增加了的支出来相应筹集收费收入而不用再征得议会的同意。这种预算制度先前是以总预算的形式运行的，要求议会赞同预算的所有这些可能的变动。这些改革提高了政府机构的筹资和运作绩效。

　　资料来源：芬兰的案例研究。

　　7. 正确的定价策略。在条件许可的情况下，定价要尽可能基于市场竞争价格；定价应当使得每项服务的成本得到全额补偿，除非有足够的理由使定价低于成本。这有助于提高经济运行的资源配置效率；简化收费结构是非常重要的。如果某项服务大批量地提供给众多客户,最好实行统一收费标准,尽管每个客户的服务成本不同;如果某些服务项目可以按照使用者的使用情况进行分类而不是面对各个用户的话,合理的收费方式是,对同类使用者收取相同标准的费用(对不同档次的使用者收取不同标准的费用)来补偿这种服务的成本。不过,必须注意到,这可能造成某些使用者的福利损失。这是因为在这种情况下收费和所提供的服务之间的联系不如统一收费的直接对应性强;应当针对高峰和非高峰阶段制定不同的价格以均衡需求。相似地,对高价应当提供优质的服务;在对某项服务收取费用时,如果不对替代性服务收取相应价格的话,就有可能影响替代性服务的需求。因此,在这种情况下也应当考虑对替代性服务收取相应的费用。

专栏 5-15　　　　　美国情况(3)

　　美国原子能委员会全部以收费补偿成本的方式来维持运作。它评估出两种收费方式。首先,原子能委员会为那些单个的具体的客户提供能够辨认的服务时制定了成本补偿性收费。其次,原子能委员会就那些可以分类的使用者而不是单个使用者制定了能够补偿成本的服务费用。该委员会将为这类用户提供服务的总成本分配给同类用户中的每一个,并对每个用户收取等额的年费。

资料来源:美国的案例研究。

专栏 5-16　　　　　瑞典情况

　　当瑞典统计局收到索取储存在其计算机数据库里的专门信息的定单时,它按照提供服务的优先程度收取不同的价格。那些要求马上进行查询的定单需要支付额外的费用;那些可以在晚上完成查询和在对数据库信息服务需求低潮的其他时间完成的定单可以付较少的费用。

资料来源:瑞典的案例研究。

> **专栏 5-17　　　　　冰岛情况（1）**
>
> 　　当冰岛卫生部对门诊患者采取收费服务时，住院患者的数量明显增多，因为住院医疗服务仍然是免费的。结果是，政府不得不对住院患者收取相似费用以应付这一意外情况。
>
> 　　资料来源：冰岛的案例研究。

　　8. 基于公平的考虑。当完全用收费来补偿服务成本会给使用者带来额外经济负担时，应当考虑减少收费标准。这可能与低收入者、小群体、处于偏远地区的使用者和大宗用户等密切相关。减少了的收费标准应当清晰；在使用费不能全部补偿服务费用时，政府的补助应该向服务的提供者和监督者公开化；应当认识到，对确保公平来说，税收和福利制度比减少收费更有效率。

> **专栏 5-18　　　　　冰岛情况（2）**
>
> 　　当冰岛向享受普通医生和专家提供的医疗服务的患者收取费用时，政府意识到，这对低收入者来说是一个不合理的负担。因此，政府通过发行优惠医疗卡的办法只向这些患者收取正常费用的 1/3。
>
> 　　资料来源：冰岛的案例研究。

> **专栏 5-19　　　　　加拿大情况**
>
> 　　在加拿大对航空管制服务进行收费时，考虑到对所有的飞机收取同样的费用是不合理的。因为一架 400 座的大型喷气式客机所享受的服务的价值远远高于一架 15 座的小飞机所享受到的。因此，实际收取的费用标准和飞机的大小直接相关，尽管服务的成本与飞机的大小基本上没有关系。
>
> 　　资料来源：加拿大的案例研究。

专栏 5–20　　　　　　　卢森堡情况

卢森堡在收取退休人员和家庭护理服务费时，将居民的经济收入考虑在内。如果居民的月收入少于或等于所收取的费用，那么所收取的费用就会相应地降低，居民就能够留下标准数额的钱作为零花钱。特殊的服务安排也要考虑居民拥有的任何资产。

资料来源：卢森堡的案例研究。

9. 确保竞争中性。如果一个机构提供商业性服务，并且和私人部门竞争，但该机构同时还保持对另外一种服务的垄断供给，就必须采取谨慎措施确保不能让其通过垄断服务来资助商业性服务；在给这类服务定价时，必须采取谨慎措施确保他们的成本计量是精确的和他们合并了所有的私人部门同样面对的成本项目。例如，政府机构可以享受免除各种税收的优惠和免费享受由中央机关提供的某些资助性服务。

专栏 5–21　　　　　　　芬兰情况(3)

在芬兰，政府致力于确保竞争中性。政府机构被限制在他们所能提供的商业范围之内；所有的这些服务必须与这些机构的基本法定职能密切相关才行。一些特别条款用于这些服务的成本计量，以使得这些服务的成本能够精确和完整。这些机构的遵从情况要受到自由竞争办公室的监督，该机构有权命令政府机构修改他们的价格。

资料来源：芬兰的案例研究。

第五节　建立规范合理的收费
　　　　管理和监督机制

我国乱收费的成因之一则是由于缺乏合理有效的收费管理和监督措施。监督管理不严，许多巧立名目或擅自设立的收费屡有发生、屡禁不止。从长远来看，建立科学合理的收费管理监督机制是杜绝乱收费和提高公共收费管理水平的制度保证。为此，必须根据实际情况、借鉴国外成熟经验，努力改革我国现行收费管理制度，以适应市场经济发展的需要。

一、重新划分收费体系

公共收费从大的方面说是政府干预的产物，但具体收费的主体不同，既有以政府行政机关（中央或各级地方政府）为主体的收费，也有以其他一些公用事业单位（如城市公共服务公司等）为主体的收费。我国原来的收费划分是以行政性收费、事业收费和经营性收费进行区分的。在转向市场经济的过程中，由于许多经营性收费，甚至部分事业收费将随着市场体系的建立健全和政府职能的转轨而成为可直接由市场内在化配置的项目（即属于价格运行范畴）。如果在实际工作中仍然沿用过去的划分方法，容易导致界限的混乱，显然不利于收费管理和监督水平的提高。

重新划分公共收费的方法可以借鉴成熟市场经济国家的划分方法，将公共收费按其性质划分为规费和使用费两种。如果需要进一步划分，可分为：规费（Fee）、使用费（User Charges）、罚没收入（Fines）和城市公用事业收入，等等。这也是适应国际惯例，以便于相互比较和借鉴。

二、定期鉴定公共收费范围

即使在成熟的市场经济国家，由于技术的进步，社会产品的性质也会发生变化（即发生公共产品和私人产品之间的性质变动）。因此，公共收费的具体适宜领域也会发生相应的变化。以自然垄断为例，我们可以看出公共收费适用范围的变动与技术变动的相关性。

20世纪70年代以后，以信息技术和其他高技术为中心的新技术革命如火如荼，使许多产业结构发生了深刻的变化，在以前的自然垄断领域内形成了新企业加入所需的技术基础。这样，通过规制来维持垄断的根据已经薄弱了（特别是电信和能源领域）。因此，20世纪70年代以后，以美国、英国、日本等主要国家为中心，对电信、运输和能源等许多产业领域，都实行了改革管制方式或放松管制，以适度引入竞争的政策措施。这些国家放松管制或取消管制的原因在于传统的自然垄断行业，随着技术的进步，在行业内出现了非自然垄断业务而有市场完全内在化的基础。也就是说，这些非自然垄断业务已经被认为是具有私人产品性质的业务，需要采取价格机制来运行。具体情况如下：

1. 电信业。随着技术的革新，电信业已从单一的有线网络服务发展为有线和无线兼而有之的多维产业。从大类上说，其产品主要包括：（1）生产和销售的各种通信设备；（2）通过本地网络提供的市话服务；（3）通过长途网提供的长话服务；（4）借助有线电话网络提供的无线寻呼通信、移动通信服务；（5）借助有线网络提供的各种增值服务（如电子邮件、可视图文等）。

在这些业务中，各种通信设备的生产和供应、各种通信网络增值服务、无线寻呼及移动电话不具有自然垄断性。而且，随着光纤技术的运用，长途电话网络提供的服务也不存在显著的自然垄断性。因此，存在较强自然垄断性的业务只是本地电话网络服务。所以，电信业成为各国放松政府管制，引入竞争机制的先锋。

2. 电力产业。电力产业主要包括发电、输电、配电和供电等业务。其中，输电和配电业务属于自然垄断业务，而发电和供电则具有潜在竞争性，基本上可以认为是非自然垄断业务。但技术上要求，这几种业务需要高度协调，具有范围经济效应。这就存在着在这些潜在竞争性业务中引入竞争机制所获得的利益是否超过因失去垄断业务与非垄断业务技术上所需要的紧密协调性而造成的效率损失。

3. 自来水产业。相对来说，自来水产业具有较强的自然垄断性，尤其是管道网络运作方面，很难进行直接市场竞争。自来水产业包括自来水供应和污水处理两种业务，其中，自来水供应又可分为自来水生产、管道输送和供应业务。在这些业务中，真正属于自然垄断业务的只有自来水管道网络操作业务。但是，自来水供应与污水处理之间的分离可能存在着外部性问题。如果一体化经营则会将外部性内在化。而且，在自来水供应业务中，生产、输送和供应业务的分离，虽然能够带来竞争性收益，但政府会因进一步加强进入管道的自来水质量经常性检查和自来水生产企业的小规模竞争而增加监督成本及损失规模效益。

4. 煤气产业。煤气业也是地区性垄断。煤气产业包括生产、输送、分销和供应等业务。煤气的种类较多，如煤制气、油制气、液化气和天然气等。而且，作为一种能源，煤气有许多替代性产品。如电、煤、油等。因此，煤气的生产既可能会存在着激烈的竞争，也会面临着需求的不确定性。在煤气业中，只有直接与管道网络相关的输送和分销业务才具有自然垄断性，其余的可以认为是非自然垄断业务。不过，煤气属于"三易"产业，因此煤气生产的竞争，即使不与规模经济的损失相关，也会存在着安全性问题。安全性也涉及与煤气供应相关的煤气设备的供应、安装和维修等业务。

5. 铁路。建设铁路线路、生产和供应机车车辆、铁路物资、对路网进行日常维修和管理、客货运输服务等，都可以认为是铁路业务。但只有路网经营（日常维修和管理）才具有自然垄断性。通过网络提供的服务（客货运输）等业务属于非自然垄断业务。

此外，诸如邮政、航空和城市交通等行业均有如此特点，需要进行相应的分析和鉴定。限于篇幅，在此不展开讨论。

由于出现上述变化，西方市场经济国家的政府干预范围和相应的公共收费适用范围也重新进行鉴定，以适应变化了的形势。我国目前的情况更是如此。由于体制变迁、市场迅速成长和技术引进与技术进步，公共收费的适宜范围变化的可能性更大。因此，收费管理要基于我国现实，定期鉴定公共收费的适宜范围。这既利于市场的发展和经济运行整体效率的提高，也能充分发挥公共收费的积极作用。

一般来说，在我国从计划经济向市场经济的转化过程中，政府干预的领域将相对迅速缩小，因此公共收费的适用范围也就呈现出不同的变动特征。目前，由于收费的混乱和政府干预的变革主要是如何有序地从盈利性行业退出，因此，在总体上看，公共收费的范围将相应缩小。但随着市场功能的增强和政府职能转换的逐步到位，在政府干预的一些准公共产品领域里就会大范围地引进市场因素，从而又会有增加公共收费范围的趋势。另外，从未来发展趋势来看，由于人口的日益增加、城市化进程的加快和深化公众平均收入水平的提高，社会共同需要的东西越来越多，因此公共收费的范围将相应扩大。

一般来说，基于我国目前的现实，易于采取公共收费的，有如下几个方面：（1）按照法律、法规规定进行登记、注册、审验、颁发证照的，可收取相应规费；（2）审判机关依照相关规定收取的司法性收费；（3）特许使用国家资源进行生产经营活动的，收取特许权使用费；（4）对生产经营活动造成环境污染或损害环境的；（5）一些确实需要由政府提供的基础设施或公用事业服务；（6）违规性罚没收费。

这只是按照大类划分的，具体情况要依据实际进行鉴定。值得注意的是我们以前对收费的鉴定不可避免地受原有的物质产品和非物质产品划分法的影响，亦即认为只有实物生产才具有价值，而其他劳务性支出只具有服务性质，只属于再分配范畴，因此收费的存在主要是对这些非物质生产活动的价值衡量。在市场经济条件下，社会产品的划分基本上要按照公共产品和私人产品的划分法才能够适应协调市场与政府关系的需要。这种划分方法是按照政府与市场这两种社会资源配置方式的配置效率为标准进行的。这也有助于公共收费范围的鉴定。

三、合理确定公共收费水平

在计划经济时期，公共收费水平的确定往往是大大低于公共收费项目的应有成本，这是和当时的"低工资、高福利"政策相关。改革开放以来，政府为改善公共服务事业，逐步提高了一些行业的价格水平，如煤气、铁路运输价格等，有效地改善了这些行业的经济运营情况。不过，也存在着有些服务项目乘机"搭车收费"的现象。而且，在我国目前的乱收费中，层层加码、超标收费现象极为普遍。究其原因在于公共收费水平的确定既存在着技术上的问题，也存在着管理方面的问题。

合理确定公共收费水平不仅仅体现着国家的政策，而且体现着公平与效率。只有这样，才能够发挥公共收费的应有作用。

合理确定公共收费水平一方面取决于公共定价水平的提高，另一方面还取决于收费水平的日常管理。

提高公共定价水平是一个难度很大的问题。这主要是由于政府的信息不全所致（这里假设政府是一个廉洁奉公的权力机关）。在西方市场经济国家也存在着同样的问题。因此这些国家的公共定价管理也尽快能寻求依托市场来决定价格的方式。例如，这些国家为了解决自然垄断业务的价格水平和经营效率问题，20世纪80年代以来，纷纷改革管制方式，实施有效竞争，依靠市场检验来确定相应的公共收费水平。这被称为激励性管制措施。这些激励性措施主要有：

1. 特许投标制度。这是将政府给予企业垄断性事业特许权限制在一定的时期内，在特许期结束后，再将特许权通过竞争投标制给予标价较为理想（即以较低的价格提供较优服务）的企业来组织生产。在一定条件下，这种措施既能促使企业提高内部效率，亦即确保自然垄断产生的规模经济，也能通过市场竞争来揭示价格水平。

2. 区域间竞争制度。将受管制的全国性垄断企业分割为几个地区性企业，使特定地区的企业在其他地区企业成就的刺激下提高自身内部效率的方法。这实际上是将全国性垄断变为地区性垄断。虽然这些企业之间并不存在直接的市场竞争，因而难以判断这种比较竞争机制是否有预期的效果，但只要能够消除彼此间的共谋行为，那么这种相互间的竞争或比较能够为管制当局提供有关成本水平和服务质量高低的信息，充分发挥管制的监控功能，从而使管制方式和定价水平变得更有效率。

3. 社会契约制度或成本调整契约。这是美国在电力事业部门中广泛采取的办法。管制当局和受管制者之间在修订收费时就设备运转率、热效率、燃料费、外购电力价格和建设费等签订合同。如果能够实现好于合同规定的成绩，管制者就给予企业报酬，否则给予处罚。在信息全面的条件下，这种方法能够促使企业提高内部效率，也能为以后年度的公共定价通过较为充分的信息。政府管制当局可以根据变化了的情况再进行成本契约的进一步调整。

4. 价格上限制度。这是在管制当局和被管制企业以签订合同的形式，规定了价格的上限，从而使价格原则上只能在这个限度内自由变动。这是英国较为广泛采用的形式，其模式为：RPI－X。RPI 表示零售价格指数，即通货膨胀率。X 是管制当局确定的在一定时期内企业生产效率增长的百分比。如果 RPI－X 是负数，则企业必须降价，其幅度为 RPI－X 的绝对值。由于价格受到限制，因此企业存在着向较低成本要效益的激励机制。但这种最高限价需要选定适当的时期进行相应调整。否则，如果调整期过长，企业因长期享受最高价格保护而无更大动力来革新技术、较低成本；如果调整期过短，企业无从较采取激励性管制措施来提高受管制行业或企业的运行效率。但必须存在调整期，否则公共定价水平就难以提高。

上述这些有效定价的措施主要适用于市场较为发育，有大量潜在竞争者的场合。不过，公共收费机制的存在虽然要基于市场，但由于市场的介入程度不同，其定价的方式也不可能完全相同。在市场介入不充分的公共服务领域，为了提高定价水平，政府管制当局应当采取多种方式来取得较为充分的信息。例如，采取在充分调查研究基础上的专家评议定价方式，市场性中介机构评估方式和价格听证会等方式。这种市场性的或民主性的定价方式能够有效提高定价水平。

另外，为了防止公共服务变相提价和变相转嫁负担，以及为了取得充分的经验性资料，需要对收费水平进行日常管理和定期检查制度。

四、建立科学民主的公共收费决策和监督机制

公共服务的公共选择理论表明，公共决策水平的提高需要集中社会公众的意见，最大限度地体现消费者的意愿。这不仅能够有效减少公共决策的失误，而且能够激励社会公众的积极参与，从而成为民主化进程的重要一环。

建立科学民主的公共收费决策和监督体系是规范公共收费的制度保证。一般来说，公共收费是基于政府或相关公共部门提供的产品或服务收取的，在一定程度上存在着市场性交换关系，因此理应尊重受益者的消费意愿，而不能完全由政府性公共部门单方面决定和强制性征收。这就需要在确立公共服务项目和评价、监督公共服务效果等方面建立科学民主的制度，以提高公共服务的决策水平，增进资源配置效率。

公共收费项目的立项实际上是形成规范的公共收费机制的关键。这既是合理确定政府经济干预规模的基础（因为纯公共产品无疑是应当由政府提供，因此值得探讨的是政府干预准公共产品的范围或边界），也是能否真正体现消费者意愿的前提，从而在整体上决定着社会资源的配置效率。相对来说，科学民主的立项程序能从整体上保证选择结果的合理性。如果在立项上随意性很大，完全由某一部门或某一领导独断专行，那么很难保证项目的合理性，甚至会出现"巧立名目，变相收费"的现象（亦即外部成本太大）。各个部门的收费行为，由于范围较广，情况复杂，中央政府因缺乏足够的信息和难以及时作出反应而不能实施有效的监督与制约。各

级政府也有其各自的利益,从其内在动因上也具有扩展收入的倾向,上级政府同样难以实施有效监督。因此,真正有效的监管应该是来自政府及其所辖部门之外的监管制度和监管机构。从公共收费的"受益—负担"的对称原则看,收费的负担者(生产者或消费者)是最宜充当监督者的角色。因为付出者有权利要求回报。这就要求公共收费的立项不能只局限于收费者(或集资者)的自律,不能只局限于上级对下级或部门之间的相互审查,相互制约,而是要调动公共收费所涉及的广大消费者(或居民)的积极主动性,以民主的方式参与决定。亦即,应由选民或选民的代表机构(如各级人民代表大会等)对公共收费的立项进行事前投票选择、事中经常监督和事后效益评价。这是一种民主和法制监督,也是一种全过程的监督,成本不高,效果更佳。因此,在确定公共收费的立项、收费标准和收费范围等方面的问题时,要在受益范围内,尽可能广泛地征询民意,通过民主决策和民主选举来确定立项的可行与否。一般来说,在受益范围内,政府筹资方式(如采取税收还是收费)和规模的选择固然重要,但更重要的是要保证政府行为的规范和有效,其关键是要沟通和体现民意。在实际工作中要充分发挥民选机构的作用,在较小受益范围的场合甚至可以采取全民性普选来决定这方面的问题。

公共服务项目的资金使用和效果评价的民主化与规范化是确保资金不被滥用、挪用,确保项目效益逐步提高的制度保证。公共收费项目是受益者直接承担相应费用的项目,因此无论从需求偏好的显示,还是从其真实受益程度的评价来看,消费者相对具有更为强烈的选项、监督和评价动机("搭便车"的愿望相对较小)。从长期来看,这种民主性监督评价机制的效果显然更胜于公共部门的自律机制,况且两种机制相结合总比一种机制更为积极稳妥。

在市场经济发达的国家,政府对于收费项目、规模和项目的控制与评估都要通过议会或社区选民投票来决定。例如,美国洛杉矶县政府对增加税收、收费和评估的标准是否要民主投票、谁来投票及多少票数通过才能有效等问题都作出了明确的规定。可见，公共收费的民主化、科学化决策是市场经济国家确保公共收费有效性的制度保证。

科学民主的公共收费决策和监督制度实际上对我国目前收费混乱状况的治理也能起釜底抽薪的作用。"元帅升帐，诸神退位"。乱收费的根源在于收费决策的非制约性和随意性。如果光靠上级政府的监督和制约，成本很大且效果并非理想。这是我们多年来"三乱"屡禁不止的重要原因。规范的民主监督，成本相对较小，成效可能更大。而且，这与我国民主法制建设的大方向是一致的。缺乏民主决策程序和相关法律制约，公共收费的原则是难以长久坚持的，也会使治理整顿现行收费失去原则和基础。

在受益范围内建立健全公共收费的民主决策机制也有助于理顺我国目前这种事务与权限不对称的收费权限管理制度。一般来说，公共收费作用于微观领域，主要是地方公共部门提供公共服务而组织相应收入或进行成本补偿的重要手段。这些地方性公共部门直接面对消费者，了解其公共需求的变动情况。因此一些公共服务项目是否提供、怎样提供、收费标准如何等，基本上应该由地方来决定。但由于缺乏相应的民主决策监督机制（我国的监督主要来自上级政府部门），因此上级政府只能采取高度集中的收费管理制度。这就形成了具体经办事务的公共部门无权决定，而必须经由上级的审批核准才能够得以进行。在信息偏在的情况下，上级部门既难以及时明了下级部门所办事务合理与否，也不能及时制止下级部门的收费扩张冲动，管理效率显然难以有效提高。采取民主化的决策和监督机制，可以将本级公共部门的公共服务及收费情况直接纳入社会公众的监控之下，既能够使公共服务的项目决策及时有效，又能够直接规制公共部门的服务行为，从而使收费管理的效率大大提高。究其原因，是因为在受益范围内的受益者能够更为清晰地表露对公共服务的需求意愿，也能够及时有效地纠正地方公共服务部门的行为偏差。实质上，这是充分发挥地区选民的信息优势，也是充分利用消费者的利益激励作用。这显然有助于矫正公共收费管理制度的不对称性。

五、依法治费

市场经济是法治经济，规范的公共收费是需要法律制度加以保证的。收费行为不能完全依靠作为收费主体的政府及其所辖部门的自律措施来解决，而且还要确立其法定地位，增强法律监督。我国相关收费立法不足也是收费混乱的重要原因。加强收费立法，以法治费是治理乱收费、规费各个收费的法律保证。因此，要加快制定公共收费法并严格执行。

不仅如此，公共收费的程序也应该制度化和法制化。近年来，我国结合治理整顿收费逐步形成了较为规范的收费管理制度，主要包括：

1. 收费目录管理制度。政府收费目录包括收费名称、收费机构、收费范围、收费标准和审批权限等，这些信息要按照规定的渠道定期向社会公布。

2. 收费许可证制度。有授权许可的收费就容易规范和透明。即行政收费的监督部门通过核发收费许可证，对收费主体、收费事项等进行控制的制度。凡有收费项目的行政机关或其他组织，应申领收费许可证，然后凭收费许可证进行收费，无收费许可证所实施的收费，个人或组织有权拒绝。因此，核发收费许可证是物价部门监督收费机关收费活动的途径。

3. 收费登记制度，即行政收费监督部门向缴费人发放收费登记手册（卡），当收费机关收费时填写该登记手册（卡），以便以后收费监督部门检查的制度。例如许多地方针对农民负担过重的问题，设计了"农民负担卡"制度；为减轻企业负担，对国有大中型企业实行"收费登记卡"制度；为规范对外商投资企业的收费，向外资企业发放"收费监督卡"等。这些登记手册（卡）须包括下列内容：收费项目、标准、金额、收费机关名称、收费人员姓名和实施行政的时间。由于登记手册（卡）使缴费义务人对行政机关的上述事项一目了然，故又形象地称之为"明白卡"。明白卡便于缴费人监督行政收费活动。

4. 收费年审制度，即各级行政收费监督部门每年对收费及相应的收支情况进行审查，其目的在于及时发现和解决收费中突出的不合理问题，制止违法乱纪行为。

5. 财政专户储存制度，即机关将收取的费用存入指定银行，并由财政部门和银行共同监督其使用的一种制度。这种制度是针对预算外收费的；预算内收费，统一上缴财政，不适用专户储存制度。

6. 行政收费的收据制度。收据是收费机关已实施了收费的证明，除法律另有规定外，收费机关必须使用法定的收费收据。否则，缴费人有权拒绝付款；收据也是缴费义务人履行了义务的证明。凭此，缴费人可以对抗重复履行义务的要求；收据还是缴费人财务收支的凭证，不使用法定收据，财会不能入账报销；收据是发生争议的证据，以收费监督部门认定收费是否超标的凭据。我国行政收费的收据，除中央和地方管理的专项资金和集资性收费外，其他行政收费一律使用财政专用收据，财政专用收据套印财政部门的收费收据监制章。收费机关应凭物价部门核发的收费《专用收据购买证》购买收据。财政部门对收费机关可进行检查，对不使用收费专用收据的，可给予罚款等处罚。

这些制度措施在实践中被证明是行之有效的，所需要的是不断地健全和完善，逐步规范化和精细化，为强化收费的微观管理创造条件。

六、收费资金的规范管理

政府收费行为的混乱很大程度上是一些政府部门和单位的驱利行为所致，而严格、规范管理收费资金能够有效消除各部门的"机会主义行为"，使其无利可图。这样才能真正发挥公共收费的功效。因此，在收费管理中，收费资金的管理也是很重要的环节。我国近年来非税收入管理中也确实在资金管理方面取得了很大进步，一些地方在征缴分离、收支脱钩和并入预算内管理方面有许多创新。但不容否认的是，迄今为止，依然有大量资金以预算外资金的形式存在，依然有大量"小金库"资金的存在。因此，进一步规范政府非税收入资金管理依然有许多工作要做。

不仅如此，公共收费的资金管理不能只限于"政府非税收入"范畴，因为许多公用事业和公益事业部门的收入形式也是采取公共收费方式组织的。如果政府对这方面的资金管理制度和监督检查不健全，那么一方面可能造成这些领域或者部门资金的滥收和滥用，另一方面也容易诱使一些本来应该属于政府非税收入管理范畴的收入组织形式转化为其他方式的收费方式（如目前一些部门热衷于将一些行政事业收费转化为经营性收费以逃避规范管理）。因此，随着管理理念的更新和管理技术的进步，政府需要不断加强这方面的工作，建立健全收费资金的管理机制，防止公共资金的流失，防止腐败浪费行为。

专栏 5–22　　　　　　　新疆非税收入管理改革进程

实行政府非税收入管理是深化财政体制改革的需要，有利于增强政府宏观调控能力，可以集中资金办大事，也有利于改革行政审批制度，提高行政执法水平。新疆行政、事业单位按照国家赋予的职能收取的各种资金，都属于国家的财政性资金，但在实际执行过程中，有些资金被部门和单位分散掌握和安排，从而造成大量财政性资金游离于财政预算约束之外，有的单位还私设"小金库"，乱花钱，出现了贪污腐败现象。2001年，新疆各行政、事业单位预算外收入高达60多亿元，但其中真正由新疆财政部门调控的资金只有4.13亿元。

2002年7月初，新疆被国家财政列为中国4个非税收入改革的试点省区。当年，新疆政府先在新疆本级10个左右的部门各选择1~2户有代表性的单位进行试点，同时，在乌鲁木齐市市属的部分单位进行试点。

新疆政府非税收入管理改革基本目标是：按照构建公共财政管理模式的要求，在进一步清理收费项目、改革票据管理、完善行政审批制度的基础上，用2~3年的时间，有计划、分步骤地在新疆范围建立起以计算机网络为依托的"单位开票、银行代收、财政统管"的政府非税收入管理体制,确保政府非税收入管理的法制化、规范化,实现政府财政性资金"国家所有、政府调控、财政管理"的目标。

从2004年5月起,乌鲁木齐市市属各职能部门的非税收入过渡户将陆续予以取消,各项非税收入直接缴入乌鲁木齐市财政局在代收银行统一开设的政府非税收入财政专户。乌鲁木齐市教育局、民政局和环保局三个部门及所属单位被定为开通非税收入管理改革系统的首批单位。

从2005年起,新疆将用2~3年时间,在新疆建立起以计算机网络为依托的"单位开票、银行代收、财政统管"的政府非税收入管理体制,预计60多亿元的预算外收入将纳入财政管理。2005年5月23日,新疆阿图什市行政事业单位依托"金财工程"局域网,建立起了"单位开票、银行代收、财政统管"的政府非税收入管理体制。阿图什市委副书记鲁光彩、常务副市长杜继峰在力助这项"金财工程"时认为:"建立非税收入管理体制,将改变各单位以往手工开票操作的弊端,杜绝部门乱收费、私设小金库现象,规范各项收入管理,全速增加当地财力。"

资料来源:新疆天山网2005-05-23; http://www.xjnews.com.cn, 2002-07-10;中部经理人网2005-09-11。

七、小结

总的说来,我国公共收费的规范化是一个长期复杂的过程。重要的是要意识到这一问题并且采取必要的措施来逐步解决。对收费规范化的认识不同或在不同阶段所要达到的目标不同,政府采取的治理措施也相应有所变化。当务之急是要将现行收费规范化,包括暂时冻结或严格限制新的收费项目。现在进行的预算外资金清查摸底、取消部分收费项目、"收支两条线"管理以及"费改税"工作可以认为是第一阶段的主要任务。其中心内容应该是在逐步减轻企业和居民负担的基础上将收费资金采取种种形式纳入法定渠道。随之而来的问题是鉴定和保留那些真正具有公共服务性质的收费项目,并使其规范运行,发挥公共收费机制应有的作用。最后则是要随着我国市场经济的发展和政府职能的转轨,不断地调整政府和市场的运作边界,将政府能够有效提供的部分公共服务项目(有些项目即使是属于公共服务性项目也并非只有由政府提供才是最有效的)采取公共收费的方式进行,以充分发挥市场对社会资源的基础配置作用。就后者而言,由于我国市场的培育和完善是一个较为长期的过程,因此决定了公共收费的规范化也是一个长期的过程。

第六章
"费改税"与公共收费的规范化

从 1997 年起,我国对政府收费行为开始进行大规模的治理。这些工作在习惯上也被称为"费改税",但公共收费的规范化实际上是一个更为宽泛的概念。不过,"费改税"工作对规范我国目前政府收费行为的混乱具有重要的意义,因此也就成为本书所要探讨的内容之一。

第一节 "费改税"的内涵及其目的

如果仅仅从字面上理解的话,"费改税"是处理政府税收与公共收费之间的关系。"费改税"并不是要将所有的收费项目改为税收,而是将那些具有税收性质的收费或者是那些以税收形式存在更为有效的收费改为税收征税。也就是说,"费改税"工作,如果能够达到预期目的的话,就是要消除"以费代税"的现象,以及依据效率原则和出于管理上的便利将一些较为普遍性的收费改为"受益税"和"专项税收"。这是对"费改税"改革的一种狭义的理解和解释。

就广义而言,"费改税"工作是以狭义上的"费改税"为龙头,治理整顿所有的公共收费行为,通过对现行收费的"清、转、改、留"和建章建制来规范我国的公共收费、建立健全国家税收制度。而且,更重要的是,要通过这一举措,进一步理顺政府与市场的关系,改善或规范政府的收入分配行为,解决企业和农民负担过重的问题,从而为经济发展和经济运行效率的提高奠定良好的基础。

所谓"清、转、改、留"是指:(1)在对收费进行全面治理整顿的基础上,取消不合法、不合理的收费项目,降低过高的收费标准(亦即"清");(2)将现行收费中一些不再体现政府职能、可以通过市场以内在化的价格方式提供的项目转为经营性收费(价格),并对经营过程依法征税(即"转");(3)将那些直接体现政府职能,具有税收特征且便于税收征管的现行收费项目改为相应的税收,纳入政府税收体系(即"改");(4)将现行收费中那些宜于采取收费形式、符合国际惯例的少量规费,以及有偿使用国有资源的收费等继续予以保留,实行规范化管理(即"留")。这是指广义的"费改税"改革。

由此可见,狭义的"费改税"只是相当于广义"费改税"中的"改"而已。目前,存在争议的是广义上的"费改税"的提法。许多学者认为,这项改革与其称为"费改税",还不如称为"税费分流归位"更为贴切。因为,"费改税"的提法容易造成人们的误解,也容易在改革的具体实践中产生偏差。真正意义上的费显然并不一定能够改为税收,否则就会造成收入渠道的错位与效率的损失。不过,无论如何,这些争论并不妨碍其实际意义。因为其实质都是意味着政府收费体系,乃至于政府和整个社会分配体系的重塑。

由于我们在前面已经就税费改革进行了一般性的讨论,在这里,我们只是就狭义的"费改税"进行较为深入的探讨。

就狭义的"费改税"而言,首先体现为将那些具有税收性质的收费回归为税收,因而是一种消除收费"越位"和税收"缺位"的过程,可以称之为税费分流;其次,是将那些实质上仍然是收费性质但由于其受益范围和受益时间相对具有普遍性和持久性、采取税收征收更有效率的现行收费项目改为税收（受益税或专项税）。也就是说，真正意义上的"费改税"是后者，前者只不过是税收的回归，属于"拨乱反正"的内容。

也正是这种回归也许会产生另外一种回归思路：我们为什么不能采取正面建设税制的方法，即通过建立和完善现行税制来确立相应的税种消除税收的"缺位"，从而使收费的"越位"在税制建设的逐步到位过程中自行消失或直接取消？这是一种"你打你的，我打我的"的战略方法。其优点是：有助于理清思路，在确定具体的税收要素时不受现行相关收费项目的束缚。其缺点是：(1)在收入的预测上缺乏现实基础。特别是在政府财力紧张时期，政策设计者往往出于"不打无把握之仗"的稳妥性思维，倾向于基于现实收费项目所取得的收入规模来设计税收要素。究其原因在于：大多数不合理、甚至不合法的收费和基金却支持了一个无可奈何的事实，即这些资金成为维持政府运转的必要的经费来源。如果税收征收不足，导致了行政运转不畅，其后果可能更为严重。(2)没有考虑既得利益的维持因素。既得利益的调和往往是改革取得成功的重要因素。如果一味追求改革效率，而不考虑既得利益的话，往往会造成巨大的政治阻力，从而使改革难以为继。(3)缺乏对现行收费项目的清查、鉴定和归并程序，有可能造成"你建你的税，我收我的费"的尴尬局面。这不仅未能有效解决收费混乱的问题，而且有可能使社会负担"火上加油"。由此看来，归费为税（或"费改税"）或许是一个较为现实的选择。

不过，笼统地说，无论税费分流，还是改收费为受益税（或专项税），都是一种收入形式的变动，因此统称为"费改税"并不为过。但在"费改税"的过程中，也必须注意防止单纯为照顾既得利益而扭曲改革的倾向。

"费改税"也是改革的必然逻辑。在市场经济有效成长的情况下，客观上要求政府职能必须尽快重新定位。这也要求政府的收入方式规范有序，既要消除"税收缺位"，也要消除"收费越位"。这一过程，也同样是收费的理性定位和范围鉴定的过程。

第二节 "费改税"对公共收费规范化的意义

狭义的"费改税"只是处理政府税收与公共收费之间的关系。在政府与市场之间的关系能够得到清晰鉴定的前提下，这实际上是在政府干预范围内的一种理性调整。这种改革有助于克服"以费代税"和"以费挤税"的现象，为规范收费和政府分配方式提供条件。相对于单纯规范收费而言，"费改税"有如下作用：

1. 从交易费用的角度来看，将具有税收性质的收费改为税收，能够有效提高政府收入的征收效率。就组织政府收入的具体方式而言，税收和收费有时并无绝对的界限，如受益税和收费之间在本质上是一致的，但形式上却不同。在这种情况下，收入组织的成本问题就成为决定采取那种方式更为适宜的关键。

一般来说，税收的交易费用主要包括课税的立法费用和税收征管的组织制度费用，而收费的交易费用则主要是因排斥性收费而引发的费用。如果一些受益范围广、受益期限较长的项目，税收立法和征管的固定成本分摊在每一收入单位上的成本就会明显降低，如社会保障和道路收费等，从而通过设立税收、组织收入的相对效率就高。但在受益范围较小、受益人较为明确和时效性较强的场合，相当于税收的立法和征管成本来说，收费的排除费用就小得多，因此采取收费方式才是有效率的。

像资源性收费、大范围的环境治理收费、社会保障收费和公路收费等，尽管其具有受益性质，因而实质上是公共收费，但大多数国家采取更有效率的受益税或专项税的形式来组织收入。这些项目,目前在我国是以收费的方式进行的。这些项目的"费改税",即使不考虑乱收费因素,也是较为合理和有效的,更何况其中夹杂着许多乱收费因素。例如,公路性收费,如果以征收燃油税来取代的话,将会大大减少征管的调查费用和征收费用,也能够有效消除各种"搭车收费"行为。

另外,那些本来就是税收性质的收费,如房地产方面的各项收费,如果通过"费改税"改革纳入国家税收征管,显然会提高政府收入组织的效率,也会因有效消除政府分配行为的混乱而为收费的规范化创造条件。

2. 通过"费改税"能够将业已分割了的政府收入重新归于统一,有助于抑制各部门、各地方的乱收费冲动。目前我国的收费混乱,在很大程度上是由于政府收入体系的人为割裂,即分为预算内、预算外和体制外。大量的收费收入游离于国家预算内管理。"费改税"改革,在将某些收费改为税收的同时,实际上也意味着这些资金的收入组织工作集中于税务部门,也将自然而然地纳入规范的国家预算内管理。这一方面会充裕国家财政收入,能够使政府集中财力实现改革与发展的重任,另一方面也将切断各部门、各地方出于自身利益扩张收费的冲动,对乱收费有釜底抽薪的作用。目前我国公共收入体系处于"割裂"状态的原因之一也在于公共收入征收机构的多元化,从而为一些部门或地方截留、隐瞒收入提供了条件。通过"费改税"使公共收入的组织渠道相对集中于国家税务机关,就会有效解决这一问题。

"费改税"在相对增加规范的财政收入的同时,也为进一步改善中央与地方之间的财力分配关系提供条件。长期以来,乱收费行为主要存在于地方,是为弥补其经费不足和满足其自身利益而违规征收的。通过"费改税"形成的税种和税收收入将主要用于满足地方政府的经费支出,成为地方税收的重要组成部分。这有助于抑制地方政府的收费扩张压力。

3. 通过"费改税"建立或合并的新税有固定的税基、税目和税率,与原来的收费形式相比,对政府形成法律制约,也使纳税人有稳定的预期。这会有效消除超标收费行为,减轻和稳定社会公众的经济负担。

4."费改税"是将相当数量的收费项目逐步改为相应的、适宜的税种进行征管,会大大减少现行收费项目,有助于收费的规范化管理。而且,选择哪些收费项目改为税收的过程本身就需要对现行收费项目进行必要的清查摸底和分类鉴别工作,其中包含着对公共收费的重新定位过程。这显然也是收费规范化的基础性工作之一。

上述都是"费改税"对公共收费规范化的积极意义。然而,如果"费改税"改革出现偏差,也会对公共收费的规范化起反作用。首先是"费改税"的时机选择问题;其次是"费改税"有可能导致税外加费的问题;最后是"费改税"的选择项目是否合理。如果选项不合理,有可能会造成税收的不稳定,影响国家税收的严肃性。这些都是值得我们认真考虑的问题。

值得注意的是,"费改税"只能是我国目前收费规范化过程中的一个重要环节,只是对既有收费项目的部分改革,而不能解决所有的收费定位问题,更不能确保未来的收费项目是否合理合法,因此也不能期望过高。

第三节 "费改税"的项目选择

目前比较一致的意见是:坚决清理乱收费,取缔那些不合理的或非法的收费,规范合理合法的收费项目。与此同时,要"分阶段,分步骤,先易后难,循序渐进"地将那些具有税收性质的收费项目改为收税,但在具体选择改革项目或顺序时,存在着不同的认识。

一、"费改税"的具体建议方案

"费改税"的项目选择是最为重要的。目前,经济学界和实际

工作部门所讨论的"费改税"项目主要集中于如下方案:

1. 建立社会保障税。将现行的待业保险基金、养老保险基金、医疗保险基金、残疾人福利基金、残疾人就业保障金等纳入社会保障税范畴。

2. 设立环境保护税。将环境保护费、超标排污费、污水排污费、海洋废弃物倾倒费和污染源治理专项基金等纳入环境保护税。

3. 将与资源有关的收费项目并入资源税。即将现行的矿产资源补偿费、无线电管理费、水资源费、城市水资源费、渔业资源增值保护费、黄渤东南海区渔业资源增值保护费、黄渤海对虾资源增值保护基金、陆生野生动物资源保护管理费、林业保护管理费、林地补偿费和原油价格调节基金等与资源有关的收费并入资源税统一征收。

4. 设立教育税。将教育附加、高等教育费附加、农村教育事业附加、地方教育附加、地方教育基金和教育事业附加费等纳入教育税征收。

5. 设立燃油税。将公路养路费、运输管理费、车辆通行费、公路建设基金和公路基础设施增容费等纳入燃油税征收。

6. 将与城市建设维护有关的收费并入城市维护建设税。这些并入的收费项目主要有:城镇建设费、河道养护费、水运客运附加、城市公用事业附加、城市排水设施有偿使用费、市政设施配套费、河道工程修建维护费、城市公用事业附加和旅游发展基金等。

7. 开征证券交易税。将证券市场监管费、期货市场监管费等收费纳入证券交易税。

8. 将土地部门征收的土地管理性收费并入土地使用税或者设立物业税。主要有:外商投资土地使用费、土地管理费、征地管理费和菜田建设费等项收费。

以上所列费改税方案大体上反映了当前理论界和实际工作部门对归并部分收费的政策性建议(当然,个别收费项目的归属和个别税种的开征与否仍有分歧之处)。

二、"费改税"的近期选项

"费改税"的选项实际上是颇费踌躇的,存在着项目设计的技术、利益等方面的矛盾。有些在技术上可行、经济上合理的改革项目,在利益协调方面却可能受到阻碍。燃油税的改革就是一个明显的例证。燃油税改革尽管存在着某些外围性的难题(如附加税收导致的价格上扬会诱发走私、用油的非机动车的排除或补偿问题等),但从收入组织的技术经济角度来看,还是可行的,而且改革完成后会大幅度降低收入征收成本。存在的问题实际上是利益协调问题。

从收费收入的构成来看,选择哪些收费项目成为近期改革的目标对于规范收费和改善政府形象,以及对促进经济发展有着极为重要的意义。表6-1反映了我国1997年政府收费收入构成基本情况。

表6-1　1997年全国有关部门行政事业收费、基金收入构成　　亿元

项目 部门	合计	比重(%)	收费收入	比重(%)	基金收入	比重(%)
交通电讯	1912	45.7	254	14.1	1659	69.5
教 育	433	10.3	283	15.7	149	6.2
卫 生	244	5.8	243	13.5	0.7	接近零
城 建	238	5.7	199	11.1	38	1.6
农林水	159	3.8	93	5.2	66	2.8
公检法	157	3.8	153	8.5	3.8	接近零
工 商	138	3.3	138	7.7	0	0
广播电视	69	1.6	67	3.7	1.2	接近零
其他部门	839	20	369	20.5	469	19.6
总 计	4187	100	1799	100	2387	100

资料来源:《税务研究》1999年第11期及财政部有关资料。

从表6-1中的收费和基金的收入总量来看,交通电讯、教育、城建和农林水的比重较高,特别是交通电讯,几乎占了收费和基金总额的一半。另据财政部统计,1997年全国涉及交通和车辆的各种收费归并后约有530项,收费资金高达1626亿元,占同期全国有统

计的收费资金总额的38.8%，其中，越权设立的收费项目约占交通和车辆收费项目的46%。① 这些资金有相当部分由各级地方使用。

"费改税"既要考虑各方面的利益，也要考虑税费的合理定位，更要考虑国家的整体利益。如果这些构成比重十分庞大的收费资金不能够首先纳入"费改税"的议事日程的话，那么收费的治理整顿、社会分配秩序的有序规范就难以实现，进而会危及经济改革和经济发展的全局。这就存在着全局利益和局部利益、当前利益和长远利益的两难选择。也正是因为如此，1999年燃油税改革方案几经波折，虽然最终以1999年10月31日《中华人民共和国公路法》（修正案）在人大通过告一段落，但迄今为止仍然未能走向实质性的变革。

不过，"费改税"改革并不能因此止步，而是需要在利益协调和制度创新方面进行大量的工作，以使改革能够有序进行。综合看来，近期费改税工作，应主要进行如下几项改革：（1）将各种社会保障、保险基金合并征收社会保障税；（2）将各种公路养路性收费改由燃油税征收；（3）将目前的各种教育性收费改征教育税；（4）将用于城市建设方面的城镇建设费、河道养护费和市政设施配套费等收费项目并入城市维护建设税；（5）将有关房地产方面的税费进行适当归并，逐步改革为物业税等。

之所以如此选择，是因为现行的保障收费管理效率较低，浪费严重，难以适应形势的需要：各种公路养路性收费项目繁多、主体庞杂，不能确保收费资金的专款专用和有效使用，以费养人问题严重。同样的问题也出现在各种教育基金和教育附加。而且，这些收费涉及的范围广、数量大，影响也较大，问题极为严重，已经到了非改不可的地步。从实际情况看来，各种社保基金、公路养路性收费、教育收费等的清理整顿工作也较易行，社会各界的认识也较为一致。尽管存在着一些利益协调和改革方面的技术难题，但必须坚

---

① 《多用路多负担，少用路少负担》，载于《中国财经报》1998年4月28日。

持这一方向。因此，从需要和可能两方面来看，将这些收费项目改为税收征收，可以作为"费改税"改革的突破口。

三、"费改税"改革值得考虑的一些问题

从上述政策性建议与相关分析中，我们可以看到，归费为税较为复杂，不可能"全面开花"，因此宜采取稳步推开的办法来逐步解决。为此，应注意考虑如下几个问题：

1. 要进行细致入微的调查研究工作。所谓"知己知彼，百战不贻"，就是要求在采取行动之前，要通过深入的调查分析、归纳整理才能取得成功。将收费归并为收税同样也是如此。现行的收费较为混乱，正处于"剪不断，理还乱"的状态，因此必须进行深入细致的调查鉴别工作。首先进行费改税的项目，应该是那些业已勘察明晰的收费项目。

2. <u>注重立法</u>。"费改税"改革要立法在先，谋定而后动。缺乏立法也就难以进行规范性变革，必然增加"费改税"的难度。另外，"费改税"涉及各方面利益的调整。因此，统一思想、统一认识是尤为重要的，否则立法工作就难以顺利进行，即使出台了改革方案，其效果也要大打折扣，甚至难以成功。

3. "费改税"改革和税制建设的一致性和矛盾性。总的来说，"费改税"是规范政府收费行为、健全税制的必要之举。但是，无论收费项目并入某种原有税收，还是将相关的收费项目合并为一种新税种，均会对现存税制造成冲击。税制建设要求税种的设立在体现效率和公平的原则基础上，进行简化和优化。因此，由收费项目归拢合并为税收应尽可能以不过多增加新税种为原则，亦即应以并为主，以设为辅。即使设立新税种，还应该在技术上解决好税基和税率的设计问题。

4. "费改税"改革必然要涉及中央和地方财力分配的适应性调整。因此，在"费改税"的过程中要兼顾中央和地方的利益，充分调动多方面的积极性。尽管目前中央财政赤字连年，但必须考虑到地方财政的困难和地方的利益，否则会影响费改税改革的顺利

进行。显然,"费改税"改革要和中央与地方,以及各级政府之间的财政分配体制的进一步完善结合起来考虑。

5. "费改税"改革要以适当减轻企业和农民的总体负担为原则。人们常言"头税轻,二税重,三税是个无底洞",就是因为现行的税外收费加重了基层负担。可见,"费改税"改革一定要借此时机适当减轻基层的总体负担,这既是促进经济发展的内在要求,也是使这次改革具有广泛群众基础的所在。因此,在归费为税的具体实施中,要考虑到基层的总体负担。

6. "费改税"还要同规范预算管理相结合,要同规范收费管理相结合,以防止增加了新税,未减少旧费,甚至又不必要地增加了税外收费。

7. "费改税"改革要想有序进行,切忌一刀切或一哄而上,否则无疑会乱上添乱。为今之计,首先要把相对成熟的、相对重要的收费项目进行费改税工作。那些征收范围较广、影响面大,又明显没有直接的利益对称关系,而且"费改税"后又不会过大影响原来的财力分配格局的收费项目应该首先成为"费改税"的目标。其次,继续深入清理各种收费项目,积极创造条件,待条件成熟时,再不失时机地推进费改税工作。所以,"费改税"要采取先易后难,成熟的先改的策略。这样才能有效保证改革的成功,减少改革的阻力。

在这些值得考虑的问题中,最为关键的是利益矛盾的协调问题。1999年以来燃油税方案的立法和出台的曲折经验告诉我们,利益协调的问题如果解决不好,改革的步伐就可能会受阻。

第四节 "费改税"与公路收费体系的规范化

一、公路收费改革的必要性

公路养路性收费庞杂零乱,长期以来一直是公众议论的热点。

公路"三乱"收费从总体上增加了运输成本,造成流通领域的人为割据,严重制约了地区间经济的交流。1998年,在全国各种公共收费项目中,总的概念是:几乎所有的部门都在收费,但交通部门的收费就占到50%左右。而且,公路收费养人问题极为严重,这使得有限的公路性收费难以有效地改善公路交通状况。收费职能的异化极为明显。公路养路收费制度的改革是必然的事情。

将公路养路性收费改为税收进行征收从管理角度来看可以加强对公路交通维护养护收入的征管和使用的调控能力,制止公路收费的"三乱"行为,为地区经济发展乃至于整个国民经济的发展提供有利的条件。从理论上看,一般情况下,道路交通建设是政府公共支出的重要内容。在道路交通未达到拥挤点以前,这种物品近乎公共产品。因此,以税收收入为支撑的公路维护维修是可行的选择。

二、公路性收费"费改税"改革的各种意见详析

曾几何时,社会各界对公路养路性收费改为税收征收的意见较为一致,但究竟改为哪一种税、采取何种方式征收则有分歧。一种意见是通过开征燃油税来取代各种形式的公路养路性收费,另一种意见是开征公路建设税来取代收费,或直接将公路性收费并入车船使用税。

赞同开征公路建设税(或并入车船使用税)而反对开征燃油税的观点是:从税收征管的角度来看,开征燃油税的可操作性值得怀疑。因为许多烧油的并不使用公路,例如飞机、轮船、工厂、农用机械和一些军用设备等。如果对这方面的用油也征税,不符合燃油税这种"受益税"的特点。因此,开征燃油税后,在实际操作中需要界定的东西太多。这无疑会加大税收征管的难度,而且,燃油税征管存在着很大的漏洞:首先是带费高价运行的燃油极易诱发走私,其次是容易产生欺骗和倒卖行为,如以非公路用途的名义购买各种燃油而将其用于公路机动车辆之上。一些免收燃油税的单位如军事部门和一些政府部门也有可能将购得的燃油转售出去。最后,燃油税无论在哪一个环节征都存在着许多实际问题,比如,在生产环节征收诱发燃油走私和倒卖的可能性最大，在零售环节征收，收入组织的监管成本太高等。从地区经济来看，由于地区经济发展不平衡，车辆流向相对集中于政治、经济、文化的中心区域。因此，燃油税的开征实际上会造成税源的转移，不利于老、少、边、穷地区公路基础设施的建设和维护。综上原因，开征公路建设税（或将公路收费项目并入车船使用税）更可行。（1）将收费项目改为公路建设税的优点是：公路建设税的征收从税负上不必重新设计，只需将现行合理可行的收费进行加总均衡即可。从征收范围上，可以限定在使用公路的机动车辆上，而且还可以有效衔接目前存在的关于军队和县以上国家预算开支的党政机关、社会团体的车辆不交纳养路费的规定。更为可行的是公路建设税设立的涉及面较窄，符合受益者负担的原则，也免于进行许多技术上困难的清理鉴定工作，以及由此引致的征管漏洞的堵防。从征管方面看，公路建设税应由税务部门主管，但也可由公路部门代征代缴。这既能加强征管力度，也可以利用一部分现行公路养护收费人员以免出现过多的人员下岗安置问题。从公平角度来看，公路建设税征收的区域性较强，因而不会出现税源的转移，有助于地区公路基础设施的建设和维护，有助于促进地区经济的发展。（2）将一些公路收费项目并入车船使用税的优点除与公路建设税大体相同外，还有减少新税设立的优势。因为车船使用税是一个业已开征了的税种。这种"费改税"方法，所需变化的只是按现行收费项目和收费标准增设税目、设计税率，而入库级次和征收机关都可保持不变。

赞同开征燃油税的认为，公路"三乱"收费及公路收费养人问题严重，社会要求改革的呼声较大。据有关部门统计，1997年，仅这些机构的收费征收及相关管理人员就约25万人，经费开销达几十亿元。加之，收费的规模很大，据有关资料显示，仅养路费和车辆购置附加费这两项每年就达600亿元左右。因此，改征燃油税，可以将如此规模的收费收入纳入规范的财税分配渠道，使乱收费无立足之地，也同样会消除公路收费养人的问题。燃油税是一种源头控制税,只要解决好,无论是在生产环节征收还是在流转环节征收都便于控制。因此,开征燃油税是较好的选择。况且,开征燃油税在西方发达国家是有成功先例的。我国的海南也在这方面进行了有益的尝试。至于开征燃油税面临复杂的界定工作问题,虽然存在着很大的难度,但并非无法解决。对于各种用途的燃油也可以采取全面征收然后再视不同情况,该返还的再返还回去或由政府预算给予一些单位增加相应的预算经费。对那些开征燃油税后可能产生的扭曲性行为,只要采取一定的监督、控制和惩处办法是能够得到有效控制的。对于改税后还存在的现行公路收费站、卡和人员的撤销与安置等问题,虽然有一定的困难,但这正是属于改革的目的之一,不应悲观视之。而且,征收燃油税也是国际上通行的做法。不少国家通过燃油税等方式为公路养护和公路建设筹集资金。

介乎两种意见之中的是另外一种折衷的办法,即认为设立燃油税是一种方向,应该继续创造条件,缓步出台。为今之计,首先将各种公路养护性收费改为公路建设税(或为减少新设立税种,将收费并入车船使用税之中),然后待条件成熟时,再单独设立燃油税。但这种所谓的"中间道路",从可能的结果来看,会回归到前一种意见,因为一旦改为公路建设税或并入车船使用税,那么再进行税种的调整不仅涉及建立燃油税所面临的困难问题,还会涉及规范税种的调整程序问题。因而走第一步容易,走第二步则难。如果这种"中间道路"仍认为设立燃油税是一种方向,那么与其走出第一步费改税,还不如暂时强化对公路收费的清理、整顿并积极创造条件,待时机成熟时一步到位地建立燃油税。

三、燃油税占据主流的原因分析

当全国人大最终通过了《中华人民共和国公路法》(修正案)后,标志着公路收费改革的燃油税方案基本上成为最终的选择。实际上,几种方案争论表象的背后是利益的协调问题。燃油税改革使得原来归地方或部门掌握的各种收费可能突然间变为中央税。尽管财力会通过转移支付方式得到相应的(但并不完全对应)补偿,但财权的失落却有许多难言之隐。可以说，利益协调不能到位是使得燃油税至今未能再向前走一步的主要原因。

从中央政府来看，选择燃油税可能出于如下原因：（1）选择燃油税，特别是选择在燃料生产环节进行征收的燃油税，将会大大减少征收费用，也相应减少了"跑、冒、滴、露"。这显然是最具效率的征收方式。（2）适当增加中央政府收入，以相应解决中央财政收入比重过低的问题。即使燃油税收入全部通过转移支付下拨给各地，也能增加中央政府的宏观调控能力。（3）选择燃油税，形成全国统一的税收负担率，也有助于打破地区分割。（4）在节约型社会中，燃油税不仅在调节汽车消费、发展节能技术发挥作用，而且能够在总体上调节燃油需求。

各地方和各部门对燃油税改革的"买点"和忧虑可能同时存在。"买点"或许是：公路收费业已成为屡遭"垢病"的领域，改革的压力来自四面八方。大势所趋，不能无动于衷。况且，经济落后地区本来就因路少车少，原来的收费所得不多，因此改为燃油税负担也不大，甚至还有可能通过转移支付得到更多的实惠。忧虑则可能是出于：（1）筹资权力的失落，其中包含着许多隐性的或潜在的收益失落，但不便言表。（2）燃油税收入的财力分配难以如愿。特别是经济较为发达的地区和城市，这种忧虑可能更大。因为，他们相对来说付出的多，得到的可能较少。（3）现行公路和车辆收费制度已经存在很久，为此也形成了一批隶属于地方和部门的相关服务人员，人员的安置就成为一个矛盾的焦点。例如，2000年前后燃油税之所以推出功亏一篑，据媒体报道：与当时需要安置27万名路桥收费人员有很大关系。在这之前，税务部门提出要接收12万人，却没料到一下子多出了15万人。总的来说，地方与部门对开征燃油税的"买点"可能买的只是"改革"的账，因此由衷的选择往往可能是公路建设税和并入车船使用税，而可能不是燃油税。因为前者基本上不会改变资金使用的大致格局。忧虑之处，恰恰可能成为燃油税出台的阻力因素。

中央和地方（乃至于部门）之间的利益博弈可能在公路修正案的通过时暂时达到均衡状态。但从2001年至今，几任国家税务总局局长和财政部部长多次对外发布过燃油税将择机开征的所谓"权威消息"，均未能够如期兑现。从最早提出开征燃油税到现在，已经10多年了，燃油税一直难产。官方的公开信息是因为油价的上涨导致燃油税不好出台，似乎油价是破解燃油税出台的钥匙。但笔者认为，利益博弈是核心，打破这种均衡所期待的或许是燃油税税种或收入的具体分配措施的重新调整。燃油税作为共享税及其共享的程度或许是打破这一均衡的真正所在。但笔者此间进行分析的目的，不在于探讨如何实现这种临时性均衡僵局的突破，而在于说明打破这种僵局能够促使燃油税改革具体方案的尽早出台，从而有助于规范现行公路收费的混乱状态。

四、燃油税设立后对收费规范化的利弊分析

从技术上和经济上来看，燃油税的设立既是可行的、便利的，也是非常经济的。这是一种高效率的收入组织形式。但这种收入组织形式也将很大的成本转移出来。这种外溢性成本主要是增加了对燃料走私和倒卖的控制和打击力度。可以说，走私和倒卖得不到有效控制，燃油税就流于形式，成为无水之源。对走私和倒卖的打击力度与燃油税的收入数量呈极强的正相关关系。就现实情况来看，因此而投入的社会成本可能会出乎人们的预料。由此看来，燃油税自身的组织效率将会因外部成本的扩大而大大降低。这是燃油税立项的可虑之处。如果燃油税因此而征收不力，庞大的公路养护和建设资金需求就可能又掉头寻求收费的支持。这会使收费的规范化"雪上加霜"。

燃油税（甚至包括上述的其他设计税种）还面临与收费的规范化密切相关的如下问题：（1）历史遗留问题。即原来各地贷款修路而遗留下来的贷款偿还问题。"费改税"隐含的两层意思是：费改税后形成的税收收入直接纳入税务机关并上缴财政；费改税后，基本上不再存在公路收费项目。也就是说不能再靠公路收费来

偿还贷款。如果这样，看来原来贷款的偿还问题只能由相应的税收收入解决，将进一步加重财政负担。如果仍然允许采取收费解决，收费的控制成本仍然很大。控制不严，仍然会成为乱收费的重要源头。（2）未来公路基础设施的建设资金来源问题。据资料统计。20多年来，收费公路筹集的公路建设资金已超过10 000亿元。截至2006年底，全国所有的高速公路、80%的一级公路和50%的二级公路，都是依靠"贷款修路，收费还贷"政策筹资建成的。截至2006年底，全国公路总里程达348万公里，其中高速公路4.54万公里。一级公路4.53万公里，二级公路26.32万公里，特别是高速公路实现从无到有，从列世界第三十九位的147公里（1988年）跃升到第二位的45 400公里（2006年），成就令世界瞩目。①如果不允许利用筹资或收费修路或利用外资修路，那么公路基础设施的建设只能由政府负责。当然这也是政府的重要职能。但政府是否能筹集足够的资金来尽快改善公路基础设施建设呢？值得考虑。从目前的情况来看，至少BOT方式仍然是需要鼓励的，但BOT方式意味着在特许权和特许期范围内的收费。仍然存在着收费的鉴定和管理控制问题。（3）公路的拥挤问题如何解决。在既定道路交通条件下，完全有可能在某些路段上因车辆行驶过量而出现拥挤问题，从而造成成本的增加和使用效率的损失。特别是高速公路更有可能会出现如此情况。日本京都大学山田洁之教授在研究日本高速公路问题时指出，即使高速公路在通过收费制度偿还了建设投入资金后，高速公路仍然不宜免费使用，否则"高速公路有可能比普通公路更拥挤"，故收费制度仍然应该继续实行。就一般情况而言，征收燃油税后，如果不在高峰路段或高峰时间通过必要的收费制度进行排除，可能会进一步激励车辆选择较为拥挤的场合。按照准公共产品的理论，适当收费产生的排除效应会较好的解决这一问

---

① 《肯定与正视——对我国收费公路发展的理性思考》，天津市政公路信息网，http://www.tjsz.org.cn/Article_Show.asp?ArticleID=6037。

题。但费改税后设立的新税种（或并入的税种）却显然缺乏如此的灵活性。就公路交通来说，在未达到拥挤点之前完全可以认为是公共产品，因而税收支撑是有效的。但达到或超过临界状态，公路交通就转化为准公共产品，其需要一定的手段来实现排他性和竞争性，因而适当收费同样是更有效率的。

可见，我国即使出台了燃油税，仍然难以完全排除必要的公路性收费。这也会为乱收费提供可乘之机。因此，加强公路收费制度的管理和监督仍需坚持不懈。

第五节 农村收费的规范化与"费改税"

"民以食为天"。农业是悠久的产业，也是经济发展的基础。改革开放以来，我国农村共进行了两次大的制度变迁。一次是发端于改革初期的家庭联产承包制改革；另一次是近年来不断深化的农村税费改革。农村家庭联产承包制度改革，极大地解放了农村生产力，基本解决了温饱问题，实现了农村经济发展的一个飞跃。然而，随着我国经济体制改革的重点向城市的转移和工业经济的快速增长，农业经济的增长步伐相对缓慢，而税费负担却日益沉重，严重影响了农村经济发展和农民生活的改善。因此，深化农村改革，尤其是税费改革，成为迫在眉睫的事情。从1995年到2003年我国政府在深入改革农村税费制度方面进行了不懈的努力，取得了明显成效。2004年，温家宝总理在政府工作报告中承诺"五年内逐步取消农业税"，2006年，我国全面取消农业税，提前完成政府的庄重承诺。这也宣告了我国集中性农村税费改革阶段的平稳结束，农村经济改革从此进入一个新的综合改革阶段和社会主义新农村建设阶段。可以说，农村税费改革是迄今为止我国税费改革最为成功的一个领域。

一、1990年以来我国农民的负担情况

据统计，1991~1995年，仅农村统筹资金就分别为400亿元、418.19亿元、424.68亿元、498.99亿元和593.04亿元，分别比上年增长11.3%、4.7%、1.4%、7.5%和18.8%。农民人均负担率相当于上一年农民人均纯收入的比例6.5%、6.6%、6.0%、6.0%和5.4%。此外，据不完全统计，农民负担的其他行政事业性收费、罚款、集资摊派数额也相当可观，农民人均负担从1991年到1995年分别为13.80元、10.33元、6.83元、9.46元和14.45元，相当于农村统筹资金的1/4左右。而且由于负担不均，越是贫穷落后的地区，农民负担越重，这已成为一个相当严重的问题。[①]

1997年，涉及农民的收费负担主要有四类：（1）随农业税征收的农牧业税附加，1997年达18亿元，占当年农民人均纯收入的0.01%。（2）村提留乡统筹费。1997年全国农村的提留统筹费总额为703亿元（其中乡统筹为289亿元，村提留为414亿元），占当年农民纯收入的3.58%。（3）农村义务工、劳动积累工。1997年两工合计为81.7亿个劳动工作日，按每个工作日10元计算，以资代劳金为817亿元，占当年农民人均纯收入的4.4%。（4）各种社会负担。包括地方、部门出台的收费、集资、摊派、基金和罚款。据农业部不完全统计，1997年各种社会负担金额为240亿元，占当年农民人均纯收入的1.3%。以上四项负担合计共占农民当年人均纯收入的9.29%。[②] 这大大超出了农民负担不超过其纯收入的5%的规定界限。

根据国务院税费改革工作小组办公室的统计数字，1998年农民的税费总额1224亿元，包括了农业税、附加税、特产税、屠宰税、三提五统（即乡统筹、村提留）、教育集资以及以资代劳款、

[①] 苏明：《中国农村统筹资金制度改革研究》，载于《财政科学研究所研究报告》1998年第30期。

[②] 项怀诚主编：《1999中国财政报告》，中国财政经济出版社1999年版。

地方行政性收费。其中农业税 300 亿元，乡统筹、村提留共约为 600 亿元，余为其他费用。

由此可见，我国农村大规模、集中性的税费改革是在这样的基础上开始的。

二、村提留与乡统筹制度

我国农村统筹资金制度是伴随着农村家庭联产承包责任制的推行应运而生的。其基本特征是以乡统筹费和村级集体提留的形式参与农户收入分配，在此基础上形成统筹资金的再分配，集中用于乡村教育、道路建设、其他公益事业及其政权建设等。乡统筹，简称"五统筹"，包括乡村两级办学经费、计划生育费、民兵训练费、乡村道路修建费和优抚费等。村提留包括公积金、公益金和管理费三项，简称"三提留"。

农村统筹资金的筹集对于促进农村公益事业发展，确保农村社会经济稳定发挥了积极作用。但是，随着农村经济的发展，这种收费制度越来越不适应形势的要求，成为增加农民负担，阻滞农业生产的重要原因。这是因为：（1）这种收费是分散地由乡镇的各个部门自收自支，收费管理缺乏规范性，随意性大。各部门受部门、单位利益驱动，巧立名目变相增加各种收费，从而促使收费规模刚性膨胀。（2）这种收费实质上属于"一事一费一制"的筹资办法，本身就有推动开征新费的机制。当农村经济发展出现新的公共事务需要时，在资金供给短缺的情况下，就只好相应开征新的收费来筹资。（3）这种收费制度脱离财政监督管理，透明度低，收费成本高，浪费严重，农民抵触情绪严重。由于这些资金由各部门自收自支，财政难以有效监督，收管随意性大，使用效率低下，吃、喝、挪用现象时有发生。这使得农民不能从交纳的费用中享受到本应享受到的公共福利。收费已逐渐失去其受益对称性。（4）这种统筹资金制度是以乡为单位，按上年人均纯收入的 5% 收取统筹提留款，而且普遍采取按人头或按田亩定额征收办法，产生了农民负担不均，畸轻畸重的问题。比如，经营农业的农户收入水平较低、非农业的农民收入水平较高,因此,按人头、按田亩定额征收的办法,无疑会导致前者负担重,后者负担轻的情况,造成了分配的不公,也不利于稳定农业生产。(5)随着乡镇一级政府的正式确立,要求相应的税收收入作为其履行职能的经济支柱。而乡统筹村提留这种税费不清的收入组织形式有可能进一步诱使收费的扩张。

综上所述,我们可知,农村税费制度已到了非改不可的地步。而且,这些统筹资金之外的各类负担也必须在深化改革中得到清理和规范。

三、2000年以前一些地区农村"费改税"的试点模式

从1995年开始,湖南省武冈市率先进行农村统筹资金制度改革的试点,此后,全国大约有7个省50多个县进行了试点。这些改革试点在一定程度上规范了国家和农民的分配关系,减轻了农民负担,促进了农村公益建设事业的发展,为农村税费改革的规范化发展提供了宝贵的经验。但也存在着一些问题。对此,有必要进行简要的回顾。

(一)湖南武冈实行的"费改税"

从1995年开始,武冈市先在两上乡镇进行"费改税"试点,1996年度试点乡镇扩大到6个,1997年经市人民代表大会决定在全市普遍推开。

武冈市的"费改税"办法,取消了农民的统筹提留及各种行政事业性收费,改为"农村公益事业建设税",是以税收形式来规范国家和农民的分配关系。该税的征税对象是试点区内的农民,同时与责任田相结合,实行"以人为主,人地结合"的征收办法,即有责任田且有户籍的人口,按100%征收;没有责任田的但有户籍的人口按70%征收,有责任田但户口已迁出的按30%征收。1997年改为"人田各半"征收,即将后两者均按50%征收。该税的计税收入是统计部门统计的农民上年人均纯收入(包括生产性收入,农林牧副渔业收入,个体、私营经济的经营收入等)。但人均纯收入数据只统计到乡,全乡只有一个计税标准。1997年武冈

市为了贯彻公平税务的原则,根据经济条件的好坏将纳税人划分为三个档次,确定不同的计税收入(即确定以前三年农民人均纯收入的平均数作为当年计税收入,农民负担稳定三年不变)。该税的税率采用地区差别比例税率,1995年试点乡镇税率确定为3%,1996年扩大试点后税率确定为5%以内。该税由乡财政所负责征收或委托其他部门代扣代缴。

武冈市的"农村公益事业建设税"收入统一纳入乡镇财政专户管理,实行专款专用,并严格执行预决算制度。收入和支出预算经乡镇人民代表大会审议通过,其结算结果接受市财政及审计部门的监督和检查。整个支出管理以财政部门为主,其他有关部门相应配合。

(二)河北正定实行"公粮制"

河北正定县的"公粮制"改革是从1993年开始的,1993年选择了3个乡进行"公粮制"改革试点,1994年在全县24个乡镇全面推开。

正定县"公粮制"改革的主要特征是将农村统筹资金制度改革与粮食征购体制改革结合在一起进行,实行农民交售公粮的办法,取消了粮食定购任务,农民也不再缴纳农业税、"三提五统"费、土地承包费,亦有权拒绝一切不合理的摊派。这种征收是实物征收。征收率在1993年试点时确定为按前三年粮食平均常年产量的8%计征,1994年改为按(农业税+"三提五统"费)/粮价。公粮征收实行"人地结合,以地为主"的办法,即"农业税由地负担"、"三提五统"、"人地各半"的办法。公粮款由乡按农业税、乡统筹、村提留三项用途分别管理、专款专用、村提留部分实行村有乡管。在一切缴纳完毕后,由征收部门据实填写完税卡。农民可持此卡抵制各种乱收费乱摊派。

(三)安徽太和等地实行"税费合一"

"税费合一"是将农业税收与农村统筹资金合并,统一向农民征收,其基本特点是:(1)把农民缴纳的各种"税"与"费"结合在一起进行改革；（2）农民的缴纳方式是钱粮结合，既有实物，又有货币。实行这种试点改革的有安徽太和县、河北魏县等。

安徽太和县纳入税费改革的项目包括：农业税、农业特产税、乡统筹和村提留等。确定税费任务的依据是农民承包的农业税计税土地，以村民小组为单位，根据人均土地的多少，分成不同的情况，按一定的标准分乡镇计算全县税费总额。然后，再分配下达到乡镇，乡镇以村民小组为单位，平均落实到承包土地的农户和个人，一定三年不变。这实际上就是取消了定购任务，税费合一，钱粮结合，以实物征收为主（货币征收主要是对无田地者以上年人均纯收入的5%征收代金）。最后，由财政部门和粮食部门进行征实粮款的结算工作。资金的管理情况是：农业税和农业特产税按照县对乡镇的预算体制，分别缴入县金库和乡镇本级金库，纳入预算管理；村提留由乡农经站管理，实行村有乡管；乡统筹费由乡财政所纳入预算外管理。

河北魏县的"税费合一"改革是从1996年开始的，主要是把农业税收入和"三提五统"等农民应当负担的费用合并为"一道税"，实行"一口清、一次征"，农民不再无偿负担其他杂项费用。确定的税费征收总额由农业税、农业特产税、"三提五统"费和教育集资组成。征收是以耕地为税费负担主体。在具体征收中要求粮食产区折实征粮，果品产区征粮为主，征现金为辅。对农户上缴粮食局的粮食和代金，由县财政与粮食局统一结算，全部划归县财级。然后按照资金的性质、用途、所有权，实行税费分流，定向划转。

安徽怀远县的农村税费改革始于1999年，是一种将收费收入并入农业税和农业税附加的一种模式。① 其主要内容是：（1）取消乡统筹费，原由乡统筹费开支的项目改由乡镇财政预算安排；（2）重

---

① 国务院农村税费改革工作小组：《关于安徽农村税费改革试点工作的调查报告》，2000年4月27日。

新调整农业税税率。全县农业税平均税率由8.98%调整到6%；(3)根据第二轮土地承包面积重新调整农业税计税土地面积，由1964年确定的179.5万亩调整到186万亩；(4)调整农业税常年产量，由改革前的每亩147.26公斤调整到每亩413公斤，计税价格按1998年粮食定购价格确定，平均价格为每公斤1.44元；(5)改革村提留征收办法，将原村提留中的公益金和管理费改为新的农业税附加，附加比例最高不超过正税的29%，将原村提留中的公积金实行村内一事一议；(6)完善农业税征收办法，做到负担项目、数额到户，纳税通知单到户，完税凭证及附加收据到户，减免落实到户。在改革中，对部分人多地少的地区，实行税费总量控制，村人均、亩均负担超过本乡平均水平30%以上的，调减税费总量。

四、当时社会各界对农村"费改税"试点模式的不同反映

上述试点改革在减轻农民负担、规范农村分配秩序、加强资金管理等方面取得了一定的成效，也为我国整个农村统筹资金制度的改革提供了有益的启示，但在当时也引发不少争论。这些争论在当时的情况下也在一定程度上对后来的改革路径产生了影响。当时社会各界对此的质疑或规范农村税费体系的建议主要有：

1. 农村统筹资金制度改革不宜取消国家的粮食定购政策。从试点情况看，不论是"公粮制"改革，还是"税费合一"改革，都取消了粮食定购，或采取税费征实办法，或部分采取折征代金办法。但粮食既是一种经济物资，又是一种战略性储备物资。从现实情况来看，我国当时还不具备取消国家粮食定购政策。反对者认为，我国在1985年曾取消了过去长期实行的粮食统购，随之改为合同定购，不到一年时间，粮食收购出现困难，又不得不改回为带有指令性、强制性的国家定购。因此，"税费合一"的方式有可能过早产生粮食的市场化与国家进行粮食适度控制之间的矛盾。不能因为我国粮食连续几年丰收就忽视粮食储备的重要性，综观长远，粮食供需的矛盾仍然存在。

2. 农业税不宜和统筹资金合一。这主要是因为：(1) 农业税与农业统筹资金的计税依据不同。农业税是根据土地常年产量征收，乡统筹和村提留是按农民上年人均纯收入计征，二者不能简单合并。(2) 农业税和农业统筹资金的功用不同。农业税实行增产不增税政策，其主要作用在于减轻农民负担，鼓励农民发展农业生产，改善农民群众的生产生活条件；农业特产税的基本特征是对特定农业产品的征税。按农民收入的多少，征收各有不同，其主要目的是为了合理调节农、林、牧、副、渔业生产收入，公平税负；农村统筹资金主要是为农村公益事业建设提供资金来源，因而有其特有的服务领域。(3) 农业税因是针对土地常年产量征收，因而主要是采取实物征收，而农村统筹资金是针对农民纯收入而言的。因而主要应采取货币方式征收。两者合并，难免造成困难。特别是对那些从事非农生产的农户造成不便。而且，这种税费合并，按土地分摊税收，会对从事耕种生产和从事非农生产的农户之间造成负担的非均衡。这种非均衡性会随着农民平均人均纯收入的增加而进一步加大。(4) 由于农业是国民经济的基础，农业的重要性决定了农业税的立法权必须集中在中央。而由农村统筹资金改为的税种一般应该属于地方立法权限的内容（这是就适度下放税收管理权而言的）。因此，农业税和农村统筹资金的合并将会影响国家农业税收政策的执行。由此而决定的是：农业税收入是作为国家总体预算收入的一个主要部分而存在，不能成为乡镇固定的财政收入来源，而农村统筹则是"取之于乡，用之于乡"的收入，属于乡镇的固定收入。

3. 就建立新的"农村公益事业建设税"而言，农民的纯收入的确定是一个相当困难的事情（主要是技术上或管理水平方面的原因）。目前对农民负担的考核和"公益建设税"的收取，都是基于农民人均纯收入的，但由于农村经营方式的多元化和农村劳动力的转移，农民纯收入的确定是相当困难的。况且，税收的征收往往是以人均纯收入进行的，而不是每个人的实际所得，也容易造成苦乐不均的情况。在这种情况下，能够较为清晰确定的恰恰是那些耕作在土地上的、收入微薄的农民。从改革试点的情况来看，农民上年纯收入的计算有的地方按乡级上年人均纯收入标准按人头平均分摊税收，有的地方将税费任务按农民承包土地的多少落实到农户，有的地方在一个乡的范围内把人均纯收入不同的行政村分为几种类型。但总的来说这些办法未能真正反映不同农户的收入差异，因而难以公平税负。可见，科学、合理、公平地确定每一个农户的纯收入难度较大，不易操作。更值得注意的是，部分地方领导，出于种种原因（我们暂且认为这主要是出于"政绩观念"的原因），利用农民纯收入计算方面的困难，有意扩大农民的纯收入，造成农民名义负担和实际负担的不一致。从表面上看，农民负担并没有突破5%的界限，但实际上可能并非如此。显然，农民纯收入的有效确定是"农村公益建设税"能否成功的关键。

4. 乡统筹和村提留是否均可以纳入"费改税"的范畴？如果说乡统筹资金在乡一级政府确立的条件下，在农村税费混乱的情况下，改为相应的税收，是有充分的理由的话，村提留实际上是村集体为改进自身福利而进行资金的必要集中。将村提留作为"费改税"内容的一个重要理由是：村提留在村有乡管（或代管）的现实情况下（实际上往往成为乡政府占用），早已不是可以由村集体自由使用的收入。但这正是资金乱占用的事例，而不是改为税收的理由。还有一种不无道理的担忧是：如果村提留不纳入"费改税"考虑之中，可能难以堵住农村收费扩张的漏洞。但若纳入"费改税"范畴，在这些收入难以如期如愿返还的情况下，农村一些必要的集体性支出仍然不得不寻求筹资或收费的路子。这是典型的税外加费。况且，村提留是否值得存在，以及村提留资金的具体管理，应该是由农民自己决定的事情。在能够有效约束政府的收入分配行为，充分发挥村级民主选举决策机制（在村级受益范围有限的情况下，直接民主制度是易于建立且十分有效的）、实行村务公开的条件下，村提留作为一种集体性收费的存在更能够发挥其积极作用。简而言之，不能为了单纯防止乱收费而置收费与税收的界限不顾。

5. 有的学者认为，在取消乡统筹的同时，重新堪定农业税以增加税收收入是一种较为可行的办法。我国的农业税条例是在1957年颁布的，40多年来一直未作实质性的调整。可见，农业税制度严重落后于农村经济形势的变化，致使当时名义税率（15.5%）和实际税率（2.5%）的差距很大，计税耕地（13.5亿亩）与实有耕地（原国土局调查结果为20亿亩）的差距也很大，计税产量也大大小于实际产量。这样，在不增加税负，甚至在税负降低的条件下，通过据实勘察耕地面积和实际产量，即可以在取消乡统筹的同时达到预期的效果。如果这种改革有推广的条件的话，显然更易于为农民接受。因为据实调整常年产量和实际耕作面积，合理合法，无可非议。另外，农民常年耕种集体土地的租金或承包费一直没有在经济上体现出来，通过"明租"或收取承包费的方法又可以合理合法地筹集部分资金以取代村提留的资金筹集方式也同样易于为农民接受。"明租"和收取承包费的过程也是立费的过程。对农民来说，由于是基于交换关系，因此对所谓"负担"的感受也就不同。①

6. 对进一步深化农村税费改革提出的一些值得关注的问题。有的学者认为，农村"费改税"改革试点的经验是可贵的，方向也是值得肯定的，但仍需要解决一些深层次的问题，主要有：

（1）公平税负问题。主要是指农业人员和非农业人员之间的对比。应该说，从事非农业业务的人员，其行为或收入纳入其他税种的征收之内，但考虑到我国目前的税收征管水平，这方面的问题如果得不到重视，可能会造成农民的抵触心理。另外，即使那些离土在籍的农民，实际上仍然能够享受到或有机会享受到农村公益事

---

① 参见岳连宏、张建华：《农民负担"费"改"税"的可行性研究》，载于《改革》1999年第4期。

业迅速发展的益处，因此，必要的受益税或受益费看来还得承担。

（2）支出管理问题。首先，"费改税"后形成的税收收入应取之于乡，用之于乡，上级不得随意抽取；其次，要更加注重统一管理。农村统筹资金的多头管理在目前是普遍存在的，甚至在试点改革区也不同程度地存在着。因此，在费改税后，这部分资金应该统一由乡镇财政进行管理，以充分发挥乡镇财政的职能作用，更好地支持农村社会公益事业的发展。最后，要强化对资金使用的监督。改革是否能够最终成功，关键是要看改革的成果是否能够经得住考验。"费改税"改革使农村统筹资金的使用更便于监督，但并不意味着一定能够监督得好。因此，必须充分发挥村民、乡镇人代会的监督作用，以确保资金的高效使用，确保改革的成功。

（3）乡级政府机构的精简和职能定位。乡级政府机构的人员臃肿往往成为引发乱收费、加重农民负担的重要原因。结合"费改税"改革，要在合理定位乡级政府职能的基础上有效精简政府机构为减少或杜绝农村乱收费问题提供条件。

五、农村税费改革试点的逐步扩大

2000年以前，我国农村税费的制度性改革探索起着承前启后的作用，一方面结合治理整顿收费逐步规范了农村"三乱"行为，另一方面为以后的农村税费制度改革提供了思路。湖南武冈的"税费分流，规范收费"的方式为理清农村收费，规范收费行为和控制农民负担水平起了积极的作用。存在的问题主要是"农村公益事业建设税"所针对的农民纯收入难以精确核定和计量，容易造成因过分夸大农民纯收入而难以有效控制农民的实际负担；河北正定的"公粮制"和安徽太和等地的"税费合一"，在简化农村税费征收方面作了有益的尝试；安徽怀远的农业税及其附加的改革模式，可以说是借鉴了前几种改革模式而形成了的较为成熟的制度创新，成为后来农村税费改革扩展推广模式的雏形。

2000年初，中央决定在具有代表性的农业大省安徽省进行全面试点，标志着全国农村税费改革全面试点和推广扩大工作正式启动。新一轮农村税费改革，基本上把农业税税率定为7%，附加上限定为20%，①就是要把改革前的农业税费负担水平调整到8.4%，原来300亿元的农业税调整后加上新的农业税附加为480亿元左右；把其他乡统筹、村提留的600亿元和乱收费将一律减掉，切实保证降低农民负担。

（一）扩大试点的基本情况

2000年，中央决定把安徽省作为农村税费改革试点，在全省范围内推进农村税费改革。安徽省的税费改革：一是大幅度减轻了农民负担。截至2001年底，全省农民人均政策性负担为70.4元，比改革前减少39元，减幅达35.6%。2001年与改革前相比，全省减少农民政策性负担19.4亿元；减少"两工"负担近25亿元（按每个工值6.8元计）。如果加上停止向农民收取部分还贷债务、规范涉农收费和制止农村"三乱"，全省减轻农民负担的总额在100亿元以上，人均减少200多元。二是基本确立了由农业税及其附加税、"一事一议"筹资筹劳为主要内容的新税费制度框架，新的农民负担制度体系正在逐步形成。其主要内容可以概括为"三个取消，一个逐步取消，两个调整和一项改革"即"取消屠宰税、取消乡镇统筹款、取消教育集资等专门面向农民征收的行政事业性收费和政府性基金；用三年时间逐步减少直至全部取消统一规定的劳动积累工和义务工；调整农业税政策、调整农业特产税征收办法，规定新农业税税率上限为7%；改革村提留征收和使用办法，以农业税额的20%为上限征收农业附加税，替代原来的村提留"。三是基本保障了农村义务教育和农村基层组织正常运转，逐步建立了农村义务教育投入保障机制和乡村两级运转机制。四是推进了农村的各项改革。农村税费改革除了包括取消农民不合理负担、调整农业税和农业特产税政策、改革村提留征收使用办法等以外，同时

---

① 2000年1月，国务院第57次总理办公会议原则上议定了农业税税率为7%，农业税附加的上限为20%。

还推进了乡镇机构改革、村级改革、农村义务教育改革和县乡财政体制改革等相关配套改革，并规范了农业税收征收管理，明确了涉农规费和农业生产经营服务性收费行为，强化了农民负担监督管理机制。五是调动了农民发展经济的积极性。农村税费改革使对农业的投入明显增加，农民收入逐步增长。六是改善了党群、干群关系，维护了农村社会稳定。

从 2001 年 2 月起，江苏省在全省范围内推进农村税费改革，并取得较为显著的阶段性成果。主要体现在：一是农民负担明显减轻。2001 年全省农民税费负担总额为 33.49 亿元，人均负担 79.6 元，比上年减少 59.3 元，下降 42.7%；农民承担的"两工"为 2.3 亿个标准工日，其中以资代劳金额 5.27 亿元，分别下降 44.13% 和 39.43%。农业税、农业特产税以及两税附加征收顺利，是近几年征收情况最好的一年。农民自觉纳税的意识大大提高，定时定点缴纳农业税的金额达 12.01 亿元，占应征税额的 43%。二是通过乡村合并、加大财政转移支付力度、发展集体经济等一系列配套改革，基本保证了农村基层组织正常运转。三是农村义务教育经费得到基本保证。2001 年各级财政预算内安排的农村义务教育经费达到 74 亿元，比上年增加 18.7 亿元，增长 33.6%，不仅弥补了农村教育附加和教育集资的缺口，还增加了农村义务教育的投入。

2002 年 4 月，据国务院通知精神，新增试点省份分为两类，一类由中央财政向其分配农村税费改革的专项转移支付资金，这些地区包括河北、内蒙古、黑龙江、吉林、江西、山东、河南、湖北、湖南、重庆、四川、贵州、陕西、甘肃、青海、宁夏等 16 个省市、自治区，另一类是沿海经济发达地区，如上海市和浙江省，不享受中央转移支付资金，可以自费进行改革试点。从 2003 年开始，农村税费改革在全国范围内铺开，取得了显著成效。据农业部经管司有关人士介绍，根据来自开展试点的 11 个省份的报告，减负最少的在 30% 以上，减负多的达到 70%~80%。2003 年农村税费改革全国共减轻农民负担137亿元。①

我国减轻农民负担工作之所以取得新的进展，主要是各地政府在农民负担监督管理方面探索出了一些有效的方法。一是统筹城乡发展，增加对农民的支持。一些发达地区根据自身条件，把减轻农民负担的重点逐渐转到增加政府对农民的扶持上来。二是取消农业特产税。2003年，全国有14个省（区、市）通过取消特产税和降低特产税税率，为农民减轻负担19.46亿元。三是实施负担监督和重点监控制度，有效地防止了负担反弹情况的出现。

（二）中央支持农村税费改革的专项转移支付

农村税费改革试点刚开始时，中央在《中共中央国务院关于进行农村税费改革试点工作的通知》中没有强调要给试点省进行中央财政转移支付，主要是立足于两点：一是确定7%的农业税税率和占农业税20%的农业税附加比例较高，已经考虑到因"三项取消"给地方财政收入带来的影响；二是中央希望试点地区能够立足自身，自我消化。但2000年安徽省的试点工作暴露出因地方财政缺口影响农村基层组织正常运转和农村义务教育投入等严重问题，引起中央的高度重视。为了补偿改革试点遗留的缺口，中央财政最终向安徽省提供了11亿元的专项转移支付。2000年底，"国务院已经决定，中央财政每年拿出200亿元用于对地方转移支付，解决农村税费改革后出现的基层经费的正常开支缺口"。按照转移支付办法，截至2000年底，中央财政核定安徽省补助11亿元；2001年，针对安徽省方案实施后新出现的减收因素，将对该省的补助增加到17亿元（包括农村教师工资补助），并对其他省份106个试点县（市）转移支付补助16亿元，还对全国21个省发放农村教师工资补助50亿元（包括安徽省）；2002年，国务院新增16个省份扩大改革试点后，中央财政新增安排165亿元用于补助16个省份改革，使2002年中央财政安排的转移支付总额增加到了245亿元（包括50亿元的农村教师工

---

① 新华网，2004-01-02。

资专项补助)。2003年,随着农村税费改革的全面推广,中央政府的转移支付也随之扩大,达到305亿元。

(三)扩大农村税费改革的成效和问题

农村税费改革的扩大和全面推广,系统性规范了农村公共收入制度,有效减轻农民负担,成为解决"三农"问题的重要一环。通过对20个全面进行农村税费改革试点的省份的有关统计数据的测算,改革前的1999年,农民承担的法定税费负担分项总计为:农牧业税及其附加152.1亿元,农业特产税及其附加85亿元,屠宰税25亿元,乡统筹230.4亿元,村提留193.5亿元,农村教育集资62.3亿元,6项合计总额为748.30亿元,人均负担约112.6元。根据这20个试点省份上报的农村税费改革试点方案所测算,改革后的2002年,农民承担的法定税费负担分项总计为:农牧业税306.8亿元,农业特产税40.1亿元,农牧业税和农业特产税的附加72.6亿元,3项合计总额为419.5亿元,人均负担约61元。根据上述统计计算,这20个税费改革试点省份,改革后的农民负担水平比改革前减轻约45.8%。[①]

但农村全面试点改革的过程中也暴露出一些问题,需要逐步解决。主要问题有:

1. 农村税费改革后,土地"税负平摊"和"税负不公"问题没有解决。农村税费改革前,各地普遍存在少报、漏报土地及新开垦土地和没核减工商开发、水利工程、修路等非农占地的现象,早已出现因"有地无税"、"有税无地"等土地税负"不公"问题,还由于农业特产税本身存在的"五难"、"四多"、"一高"问题,无法实施依率据实征收,不得不采取按人按地平均分摊的办法。但农村税费改革后,土地"税负平摊"和"税负不公"问题,仍然没有解决。主要有:(1)从事农业生产的实际土地面积是不断变化的。按照税费改革的政策规定,农业税计税面积要坚持以二轮承

---

① 朱守银、张海阳、阎辉:《农村税费改革试点和乡村管理体制改革跟踪研究报告》。

包土地面积为依据。虽然政策允许按照实际情况进行个别调整,但由于新开垦土地和工商业开发、水利工程、修路等非农占地不断发生,实际农业土地面积是不断变化的,不可能对计税面积进行准确、及时的调整,因此就不可能从根本上解决因土地面积变化带来的"税负不公"问题。(2)按地平摊农业税,带来土地"税负不公"。从调查情况看,虽然政策要求实行地区差别税率和计税常产,但绝大多数试点省至少到县一级执行的都是统一税率,至少在乡镇一级都是执行同一计税常产。由于不同地区乃至不同农户之间的土地质量不同、经营水平不同,土地农产品产出水平差异较大,如果对不同地区、不同农户按同一税率和计税常产平摊农业税收,就会带来土地"税负不公"。

2. 农村义务教育经费保障遇到困难。由于制度改革的不衔接,农村税费改革在一定程度上使农村教育经费短缺雪上加霜。农村税费改革涉及教育方面主要是"两个取消",即取消农村教育集资、取消农村教育费附加。这两项教育经费来源取消后,使目前本已严重不足的教育经费更加短缺,给农村基础教育的发展和农村学校的正常运转带来重重困难。以安徽省为例,农村税费改革之前,农村教育投入主要来源于乡镇两级,即教育费附加、教育集资和财政拨款(乡级财政)。由于国家投入甚少,乡级财力薄弱,农村教育费附加和教育集资实际上是农村义务教育主要经费渠道。1994~1998年,安徽省农村教育费附加平均每年为7.1亿元,农村教育集资平均每年3.83亿元,上述两项合计平均每年约11亿元,对农村学校消除危房、改善办学条件、扩大规模,实现"两基"教育起到了决定性作用。税费改革取消了农村教育费附加和教育集资,这11亿元就没有了。按照规定,税费改革后,乡村两级办学和危房改造所需资金应在财政预算中安排,但像安徽省这样的农业省,第二产业和第三产业不发达,乡镇财力十分薄弱,税费改革后,县乡财政收入减少,发工资都难,加上新的农业税又没有对义务教育投入规定比例规定,导致农村义务教育投入普遍减少。在税费改革中,尽管中央政府给予地方专项转移支付补助,但迄今为止,农村义务教育的经费困境仍然是制约农村义务教育实施的重要障碍。

3. 农村税费改革后,乡村两级财力缺口较大。实行税费改革后,乡、村可用财力都有不同程度的减少,减少幅度最大的是村级财力。就乡级财政来说,改革后,新的农业税收入要比原来征收的农业税与统筹之和要少。但因为乡镇机构改革需要一个过程,所以支出在短时间内不会大幅度减少,这就造成改革后的一段时间内,收入相对减少而支出不减少的局面,加大了乡财政收支矛盾。就村级财务来说,收支矛盾更为突出。税费改革后,村干部报酬、五保户供养和村办公经费,除原由集体经营收入开支的仍继续保留外,凡由农民上缴村提留开支的,统一采用新的农业税附加、农业特产税附加方式收取,但附加比例最高分别不超过正税的20%。附加比例偏小,改革前后相比,村级收入减幅达到60%~70%,实现正常运转难度较大,这在一些小村表现更为明显。由于村级财务出现了严重缺口,使一些农业生产基本建设投资、公益事业项目投资受到严重影响,会引发诸多问题。

4. 乡村负债沉重,债务难以消化。由于历史遗留问题较多,多年来农村兴办农田水利设施建设、农村合作基金会、农业开发和农村教育普九达标等生产公益事业,形成乡村大量负债现象,村欠户、户欠村,债务关系复杂。据统计,目前全省乡村两级债务为110多亿元,乡均负债220万元,村均负债14万元。农村税费改革前,乡村主要从收上来的乡统筹村提留中拿出一部分来偿还债务。改革后,取消了乡统筹和集资,乡村可用财力下降,筹资渠道和筹资数额减少,偿债能力受到很大限制,偿债压力非常大。

5. 农村基础设施建设与公益事业发展面临新的困难。由于对农村的投入严重不足,长期以来,农村道路、水利、电力等基础设施建设,以及乡村卫生、教育和文化事业发展等,主要是依靠农民出钱出工兴办,这一方面确实加重了农民的负担,另一方面客观上对推进农村基础设施建设和农村社会事业发展也起到了显著的推动作用。税费改革后,因取消"三提五统",而财政转移支付仅能使乡镇维持"保运转、保吃饭",至于农村基础设施建设则失去了资金来源,加之农村"一事一议"难度大,造成新的项目难以启动,落后局面无法改观,是制约贫困地区经济和农村社会发展的主要障碍。

6. 农村税费改革后农民负担反弹的隐患依然存在。农村实行税费改革后,农民负担明显减轻,已得到广大农民群众的拥护和支持。但是,防止农民负担反弹的工作仍很突出。税费改革前长期存在的加重农民负担的三大顽症并没有从根本上消除:一是基层行政事业单位人员队伍庞大、人员经常性支出压力过大,县、乡税收增长乏力,虽然这次税费改革中央和省转移支付了部分资金并采取了一系列配套措施,但仅能在一定程度上缓解这一矛盾。二是一些地方和部门领导,为了某种目的,超出财政承受能力上一些项目,要求农民出钱出工出地,直接加重农民负担。三是一些单位为了小团体的甚至个人的利益,不顾中央三令五申,违规犯禁加重农民负担,有些地方仍存在向农民乱收费和"搭车收费"的现象,如水电费价格过高、中小学收费项目繁多、报刊摊派现象屡禁不止。有的地方甚至超过"一事一议"上限向农民集资等。

六、取消农业税及其影响

2004年3月5日,国务院总理温家宝在十届全国人大二次会议上作《政府工作报告》时宣布:"从今年起,中国逐步降低农业税税率,平均每年降低一个百分点以上,五年内取消农业税。"当年,中央决定在黑龙江、吉林两省进行免征农业税改革试点,河北、内蒙古、辽宁、江苏、安徽、江西、山东、河南、湖北、湖南、四川等11个粮食主产省(区)的农业税税率降低3个百分点,其余省份农业税税率降低1个百分点。农业税附加随正税同步降低或取消。2005年,592个国家扶贫开发工作重点县一律实行免征农业税;已经明确免征农业税的省份达到28个,河北、山东、云南3个省也有210个县(市)免征农业税,享受免征农业税实惠的农民达到8亿人。2005年12月29日第十届全国人民代表大会常务委员会第十九次会议决定：第一届全国人民代表大会常务委员会第九十六次会议于1958年6月3日通过的《中华人民共和国农业税条例》自2006年1月1日起废止，延续了两千多年的农业税从此彻底退出历史舞台。

取消农业税，对我国社会经济发展有着深远的影响。首先，取消农业税，减轻农民负担，有利于进一步加强农业基础地位，增强农业竞争力，提高农业综合生产能力和农产品的国际竞争力，促进农村经济健康发展。其次，取消农业税，有利于统筹城乡发展和加快公共财政覆盖农村的步伐，逐步实现基层政府运转、农村义务教育等供给由农民提供为主向政府投入为主的根本性转变。最后，从农村税费改革的角度看，有利于清楚以农业税为平台和载体的各种不合理税外收费，从而为从根本上规范农村收费提供了坚实的基础。按照原财政部长金人庆的说法：2006年全面取消农业税后，与农村税费改革前的1999年相比，农民每年减负总额将超过1000亿元，人均减负120元左右。事实上，自取消农业税后，一些地方宣称已经实现了农民种田的"零负担"。不过，取消农业税以后，并没有完全根绝面向农村、面向农民的不合理收费行为，随着社会主义新农村建设运动各项工作的次第展开，农民在参与社会主义新农村公共基础建设和享受各项公共服务的过程中仍然需要密切关注其负担情况，切实防止农民不合理负担的反弹。

第六节 "费改税"与教育收费体系的规范化

一、教育收费管理情况和"费改税"的必要性

（一）教育公共属性的简要分析

教育从广义上可以定义为人类各种形式的学习活动；从狭义上

可以定义为在被称为"学校"的特殊机构中所发生的学习过程。

总的来说，教育并不是纯公共货物，也不是纯私人产品，而是具有极强外溢性的准公共货物。教育的溢出效应主要反应在：（1）教育能对人的社会化起推动作用。通过教育，人类可以摆脱基于生物本能的行为方式和行为准则，发展成为具有人性的行为方式与行为准则。因此，接受一定程度的教育被视为人生的权力。（2）教育，哪怕是最低限度的教育水平，也是实现民主社会的重要条件。（3）有着良好教育程度的公民能使社会运行的更好。因为教育，特别是通过传授法制、伦理道德，陶冶了人们的崇高情操与情趣，规范了社会秩序，节约了政治成本。（4）教育是人力资源开发的重要形式，国民收入水平与教育程度高度相关。美国经济学家计算表明，美国1929~1957年教育对经济增长的贡献率为30%。1950~1962年间，美国、英国、法国、原联邦德国、比利时、丹麦、荷兰、挪威和意大利等9国的生产量年平均分别增长3.32%、2.29%、4.92%、7.26%、3.20%、3.51%、4.73%、3.45%和5.96%，这些国家经济增长中得益于劳动力质量提高的百分比分别为15%、12%、6%、2%、14%、4%、5%、7%和7%。1940~1960年，前苏联国民经济增长中约30%是由劳动者受教水平提高获得的。1930~1955年间，日本国民收入增长25%是通过增加教育投资取得的。[①] 有鉴于此，政府理应介入教育投资。

政府对教育的支出还与增进社会公平有关。人们成年后的收入与地位很大程度上取决于人们年轻时所受的教育水平（这也是其具有私人物品属性的表现）。但教育显然受家庭预算的制约，通常的情况下总是贫困的家庭因缺乏收入而难以享受较好的教育。这就不可避免地造成收入分配的不公，一旦政府参与人力资本投资，即对贫困家庭的子女给予教育资助，那么就会有助于减少这类社会不公平的现象。

---

① 汪洋主编：《收费管理概论》，中国物价出版社2002年版。

政府对教育的介入，对教育的支出必然要以相应收入来源来支撑。既然教育是一种准公共货物，一般来说应采取政府税收补贴和向相应的受益者收费相结合的模式更具效率。因此，随着经济体制的改革，市场经济的发展，我国的高等教育及许多其他相关技术业务教育逐渐采取在向受益者收费的基础上政府给予一定的财政补助形式来进行。但是，诸如九年义务制教育，它既是一种政府承诺，实际上也是更接近于公共货物的外溢性特征，是属于国家公共事业建设的内容，因而理应采取税收的形式来资助。

（二）我国教育收费管理情况

为了加快我国教育事业的发展，弥补国家教育预算支出的不足，我国从1984年起，陆续开征了各种教育性收费。教育收费项目主要有：教育费附加、农村教育事业附加、①地方教育发展费、高等教育附加、地方教育基金，教育事业附加和教育集资等。这些教育性收费对促进我国教育事业的发展无疑起了重要的作用。但是，这些收费项目，一是因为几乎都是附加于其他税收之上，难以形成统一的稳定的税基，也难以精确计量加总的负担程度；二是由于收费种类零乱，收费管理缺乏规范性，难以形成集中稳定的收入来源。从实际征收情况来看，除教育费附加外，其他种类的教育收费项目混乱，功能异化，影响很坏。这些收费项目，因城乡不同、学段不同，中小学收费项目也不尽相同，大体是：义务教育阶段的小学、初中的收费项目有杂费、住宿费、借读费、课本费、练习本费、体检费、校外和节假日活动费、校服费等。非义务教育阶段的普通（职业）高中的收费项目有学费、住宿费、借读费、择校费、职中实习实验费、课本费、练习本费、体检费、校外和节假日活动费、校服费。更有甚者，许多集资办学管理较为混乱，收费不少，效果不佳。根据教育部提供的数据显示，教育收费治理10年来，截至2003年7月底，全国共发现教育乱收费问题2566个，清理取

---

① 农村教育附加和教育集资随着农村税费改革的深化被取消。

消违规收费项目累计361项，1095人受到党纪政纪处分。从全国的情况看，乱收费情况已经很普遍。据一些教育专家保守测算，十年来教育乱收费总额超过2000亿元。① 这也反映了对教育收费的管理存在着不少问题。

（三）近年来在治理教育收费方面的政策措施

近年来，我国在规范教育收费方面进行了很多努力，其主要路径是：一方面严格管理各项合理收费、坚决取缔各种乱收费，另一方面通过加强财政预算支出来替代一些收费项目。

2001年教育部、国家计委、财政部发布《关于坚决治理农村中小学乱收费问题的通知》，认为当前在一些地方农村中小学乱收费现象仍然存在，有的问题严重，主要表现在：一些地方政府和部门越权设立向学生收费的项目；一些教育部门和学校违反规定自行提高收费标准，强行由农村中小学校代收各种费用；一些单位向学校摊派费用；学校用书不规范、课本费偏高等。这些做法加重了农民负担，影响了农村教育事业的发展，损害了政府形象。规定从2001年起，各省、自治区、直辖市要结合农村中小学实际，在贫困地区试行"一费制"收费办法。其具体内容是，在全面清理农村中小学乱收费，严格核定杂费、课本费标准的基础上，综合考虑两项收费，核定一个最高收费标准，只向学生收取一项费用，不再向学生收取任何其他费用。2003年国务院办公厅转发教育部等部门《关于2003年治理教育乱收费工作实施意见》的通知，要求全面清理教育收费项目和收费标准，在国家扶贫开发工作重点县的农村小学和初中坚决实行"一费制"收费办法，严格规范学校收费、代收费行为，坚决禁止中小学校以组织举办辅导班、补习班、"提高班"或"超常班"等为由向学生收取费用，禁止"搭车收费"和各种形式的摊派。为加强对治理教育乱收费工作的组织协调，统一领导，由教育部牵头，国务院纠风办、国家发改委、财政部、审

---

① 《十年教育乱收费2000亿元整顿风暴席卷全国》，人民网，2003-09-02。

计署、新闻出版总署6部委建立了治理教育乱收费部际联席会议制度，加强了对教育收费的管理和规范。2003年8月，国家发改委会同教育部、国务院纠风办、监察部、财政部、审计署和新闻出版总署发出《关于开展全国治理教育乱收费专项检查的通知》，决定自2003年9月15日开始，在全国范围内开展治理教育乱收费专项检查。检查的范围是：高等学校、中等职业学校和中小学校，以及向学校摊派、乱集资、乱收费的地方政府、教育行政部门及其他有关部门；专项检查的重点是城市部分高等学校、重点中小学校。检查时限是2002年春季开学以来发生的收费、摊派等行为。检查的主要内容有：违反规定擅自设立收费项目、提高收费标准、扩大收费范围收费；国家已明令取消的收费项目继续收费；中小学校违反规定将捐资、赞助等费用与招生入学挂钩；高等学校违反规定向学生收取赞助费、点招费、扩招费、转专业费等费用；公办高中不按规定执行"三限"（即限分数、限人数、限钱数）政策；国家扶贫开发工作重点县农村小学和初中不按规定实行"一费制"收费制度；不实行教育收费公示制度；未按规定购领、使用财政部和省级财政部门统一印（监）制的行政事业性收费票据；未按财政部门批准的预算安排和使用教育收费资金；地方政府及有关部门违反规定向学校摊派费用，以及通过学校搭车收费、违反规定挤占、挪用、平调、截留学校收费资金等乱收费行为。2003年7月，国家发改委、财政部、教育部发布《关于做好2003年教育收费公示工作的通知》，要求各级各类学校全面实行教育收费公示制度，[①]确保教育收费公示质量，严禁公示非法收费项目和标准。从2001年开始，我国开始实施农村义务教育的"两免一补"政策，2003年《国务院关于进一步加强农村教育工作的决定》，要求加大财政投入和落实农村义务教育"以县为主"管理体制的要求，完善经费

---

① 教育收费公示制度：要求采用公示栏、公示牌、公示墙等方式公示收费项目、收费标准、收费依据（批准机关和文号）、收费范围、减免政策以及投诉、举报电话等。公示栏、公示牌、公示墙等应长期、固定设置在学校醒目位置，方便学生和家长阅览。

保障机制建立健全资助家庭经济困难学生就学制度，保障农村适龄少年儿童接受义务教育的权利。要求2007年，争取全国农村义务教育阶段家庭经济困难学生都能享受到"两免一补"（免杂费、免书本费、补助寄宿生生活费），努力做到不让学生因家庭经济困难而失学。2004年，在国家扶贫开发工作重点县的农村中小学实行"一费制"收费办法的基础上，经国务院批准，相关部委联合下发了《关于在全国义务教育阶段学校推行"一费制"收费办法的意见》，决定从2004年秋季开学时，在全国义务教育阶段学校推行"一费制"收费办法。当年除5个省选择部分地区进行试点外，其他26个省份均在本省全面推行。经过努力，2005年秋季开学时，全国所有公办义务教育阶段学校全部实行了"一费制"的收费办法。由此，规范了学校收费行为，减轻了学生的经济负担，进一步促进了政府对义务教育投入责任的落实。

为了从根本上解决农村教育乱收费问题，2005年12月，国务院下发《关于深化农村义务教育经费保障机制改革的通知》，按照"明确各级责任、中央地方共担、加大财政投入、提高保障水平、分步组织实施"的基本原则，逐步将农村义务教育全面纳入公共财政保障范围。2006年春季开学，西部农村义务教育阶段学校全部免除杂费，2007年春季开学，中部和东部农村义务教育阶段学校也免除了杂费，学校公用经费标准逐步提高，农村中小学运转困难的情况得到缓解，农村中小学乱收费最主要的根源正一步一步得到消除。与此同时，高校收费管理进一步完善。2006年5月，教育部、国家发改委、财政部下发了《关于进一步规范高校教育收费管理若干问题的通知》，将高校的行政事业性收费规范为学费、住宿费、考试费三类；对高校收取服务性收费和代收费的行为进行严格规定，必须坚持自愿和非营利原则。高校的收费政策进一步明确。此外，那些"改制学校"收费政策进一步明确。2007年3月，国家发改委下发《关于价格主管部门进一步加强教育收费管理有关问题的通知》，要求继续清理整顿改制学校收费，凡没有做到

"四独立"，即独立法人、独立的经费核算和人事管理、独立的校园校舍、独立进行教育教学，并取得民办学校资格的，一律执行当地同类公办学校的收费政策。

近年来，我国在规范教育收费的过程中，也日益加强规章制度的建设，逐步规范了学校收费行为。其内容主要有：一是明确收费政策，加强资金管理：（1）对收费政策进一步作出了明确规定；（2）严格执行教育收费"收支两条线"管理规定。多数省份成立了教育收费结算中心，提高了资金使用率。（3）严禁截留和挪用教育收费资金。下发了《关于严禁截留和挪用教育收费资金，加强学校收费资金管理的通知》，确保学校收费资金用于发展教育事业的发展。二是实行教育收费听证制度。2004年，国家发改委、教育部联合下发了《关于建立和完善教育收费决策听证制度的通知》，要求各地在制定、调整教育收费标准前举行听证，广泛听取社会各界意见。有力地规范了政府教育收费决策行为，促进了教育收费决策的民主化和规范化。三是实行收费公示制度。要求各类学校严格按照《教育收费公示制度》的要求，通过各种形式，向社会公示收费项目、标准等。四是建立了教育乱收费责任追究制度。近年来，全国已有20个省份的省纪委、监察厅制定了教育乱收费责任追究办法。为了进一步指导全国工作的开展，目前，由国务院纠风办负责起草的《关于对教育乱收费责任追究的暂行办法》初稿已经形成。五是实行高校教育成本监审办法。2003年，国家发改委会同有关部委下发了《关于开展高等学校教育成本有关情况调查审核工作的通知》。2005年，国家发改委又专门发布了《高等学校教育培养成本监审办法（试行）》，指导各地合理制定和调整学费标准，提高了高校教育收费决策的科学性。六是实行教育行风评议制度。近年来，各地每年都将教育系统纳入当地行风评议范围。吉林、黑龙江、上海、天津和河北等省市2005年在行风问卷社会调查中，群众满意率均达到90%以上。据国家信访局等3个部门统计，2005年有关教育收费投诉分别比2004年下降30.3%、

29%和31.4%。一些地方实现了教育收费"零投诉"。

由此可见，经过不懈的努力，治理教育乱收费工作取得一定成效，随着农村义务教育经费保障机制改革的落实和各级政府加大对教育的投入，必将有效促进治理教育乱收费工作深入开展。但是，引发教育乱收费的深层次问题还未得到根本解决，已取得的治理成果还不巩固，面临的形势依然严峻。

二、教育"费改税"的建议方案

从我国教育收费的现状来看，随着教育收费的逐步规范管理，大量收费项目的取消和取缔，剩下来的主要是具有强制性质的教育附加项目。这些收费实际上只是具有非税收入的形式而已，因为付费人和收益性已经脱离了直接的对应性，因而是具有准税收性质的，但相对而言却缺乏税收管理的严肃性和规范性。因此，将教育性收费改为教育税可以说也是顺理成章的事情。另外，从我国财政收入状况来看，如果不将教育收费改为教育税征收，而是直接取消各种教育附加，那么国家财政一时难以从现行税制中筹集必要的资金来弥补这一差额。因此，将教育性收费改为教育税这种"专税专用"的税收，在不改变（或不增加）税收负担的条件下也是可行的。教育税的征收能够提高教育性政府收入的法律地位，防止出现目前这种征收过程中的随意性，克服由于地区经济条件和经济发展水平不同而使教育性收费苦乐不均的弊端，确保教育经费的足额征收和教育事业的发展。

在国际上，开征教育税的国家（如韩国、加拿大等）并不多。因此我国教育收费的"费改税"可供借鉴的先例也很少。目前，在教育收费或基金改征教育税时，如何确定计税依据，主要存在两种不同的意见：

一种意见认为，为减少费改税后的震荡和纳税人的心理承受能力，仍按现在的流转税额作为计税依据，只要在税率上进行适当调整（如高调）就可以了。这样做，既减少了重新测算税基的麻烦，又有利于费改税后的平稳过渡。但这样做也有其缺点，首先，以

"三税"为税基开征的教育税要受到流转税的制约,税收来源没有可靠的保证,而且收入规模太小,适应不了教育事业发展的需要。其次,以"三税"为税基计征教育税,税收要素不独立。再者,筹集的教育资金各地多寡不均,从而会加剧各地教育经费的差距。由于"三税"的税率差别较大,如消费税最高为45%,而营业税最低为3%,由此而设的教育税收入就会相差十多倍。一些产业结构比较简单、工商业不够发达的地区,税源就会不足,教育税收入就会很少,入不敷出;而一些产业结构复杂、生产高税产品多的地区,如生产烟酒等产品的城市,税源相对富裕,从而教育税充足。最后,现行的分税制将使得教育税的征管难度加大。由于教育税是地方税种,按分税制要求,教育税应由企业所在地地税局征收,但根据如今的税收征管办法规定国税局征收增值税和消费税,地税部门很难清楚掌握企业是否足额申报、是否减免税等纳税申报情况。这样,人为地加大了教育税的征管难度。

另一种意见认为,费改税后应该重新考虑和测算税基问题。现行的各种教育性收费,主要是以增值税、消费税、营业税以及纯收入(农民)、销售收入为计税依据。教育税作为一种独立的税种,应该有与其相适应的、相对稳定的税基。因此,绝对不能再用目前这种税上征税的做法。从现实情况来看,教育税的税基应以纳税人的销售收入、营业收入以及有经营收入的单位和个人收入作为税基。在税率的设计上,为今之计,应以不增加现行教育收费的负担为前提。开征教育税的具体方案是:(1)纳税人:流转税的纳税人;有经营收入的单位和个人。(2)征税对象:销售收入、营业收入和经营收入;农民上一年的纯收入。(3)计税依据:销售收入额,营业收入和经营收入额;农民上一年的纯收入额。(4)税率。以不增加(或不超过)原教育收费总体负担为原则相机设定的税率(各省可按实际情况具体确定)。(5)征收机关:税务部门。(6)支付方式:由财政拨付。

此外,还有的学者认为把财产或者所得直接作为教育税的税基来设计征收。这些探讨尽管目前还不很成熟，但对教育税的设计和改革是大有益处的。

三、教育税与教育收费管理

随着知识经济的到来，适当集中部分资金发展教育是当前我们面临的重要课题。因此，教育收费并不可能完全杜绝，甚至还要适当鼓励。近年来，我国高校收费制度的改革就是明显的例证。有趣的是，在部分教育收费（主要指不针对具体受益者的具有准税收性质的收费）改为税收征收（甚至会取消一些不合理的教育收费项目）的同时，九年义务制教育以外的教育收费（如高校收费）的扩张也在相对有序地进行，而且，都可以最终归结为政府干预的适应性调整。前者是为了消除政府教育收费的"越位"，后者则是为了弥补公共收费的"缺位"。严格地说，都是规范教育收费的必要措施，也是调整或规范政府干预的必要措施。不同的是，九年义务制教育相对来说，属于公共产品范畴，而其他教育则基本上属于准公共产品，甚至还有的属于私人产品范畴。笔者无须在此细化这些教育服务的属性划分，所要强调的是这两种变革都是规范收费的必要措施，同时也意在说明有些收费与税收的不可逆性。不过，这里探讨的重点仍然是在教育收费改为税收以后，非合理收费的防止或杜绝的问题。

首先，开征教育税后，值得注意的重要问题是要加强对社会集资办学的管理。从原则上讲，集资办学如属政府行政强制性的（或变相强制性的）应该严厉禁止，更不允许假借教育之名，行非规范筹资之实，否则难免形成税外收费的局面，加重社会负担，影响民众情绪。

其次，教育税形成的收入应尽可能首先满足九年义务制教育的支出需求。这是政府承诺的公共服务。我国现在许多地区因缺乏经费难以真正普及九年义务制教育。有些地区的学校（如重点学校或者实验班）不得不收取赞助费、集资费来维持教学。因此，教育税这种"专税专用"的税收收入不应更多地投入高等教育，而应偏重于中小学教育的投入。这也有利于逐步消除越来越多的赞助费、择校费和集资费等收费项目,为义务教育的普及奠定良好的基础。

再者,教育税的归属问题也值得考虑。义务制教育实际上主要是地方政府部门的事情,按照受益范围原则,教育税显然应该有很大的理由由地方掌握。目前,各地就教育收费采取层层加码的事实也从反面证实了这一点。然而,九年义务教育是全国性的标准,在我国地区经济发展极不均衡的情况下,教育税归属于中央政府并通过转移支付方式进行相应的返还显得极为必要。况且,接受最为基础的教育既是每个公民的权利,也是社会公共服务均等化的必然要求。这就存在着权利义务、硬性化指标等方面的制约。如果分配不合理,难免会促使一些地方重新祭起"乱收费"的大旗。

最后,教育虽然在市场经济发展到的今天日益成为一种产业,但即使在市场经济非常发达的西方国家,由于存在着教育的外溢性,为了鼓励私人办学,政府也往往给予相应的税收优惠或税收补贴。而且,为了防止教育欺诈,必要的限制性或管制性措施也屡见不鲜。因此,私人办学的教育性收费有时也往往被认为是具有公共规制的性质,尽管其市场结构的特征极为明显。特别是在我国目前市场发育不全的情况下,这方面的规制更值得重视。

第七节 社会保障税的建立

一、社会保障"费改税"的必要性

自从我国的社会保障筹资模式由以前的社会统筹模式转变为目前的"社会统筹与个人账户相结合"的模式以来,社会保障基金规模已达到相当规模。这种新的机制的建立改变了过去那种全部由国家、企业(单位)包下来的做法,既有利于缓解财政压力,也有利于劳动的合理流动。

专栏 6-1　　2006 年我国社会保障基金收入创造新纪录

> 据新华社天津 1 月 24 日电　记者从召开的全国养老保险暨社会保险局长座谈会上了解到，2006 年全国养老、医疗、失业、工伤和生育保险基金收入保持高速增长势头，五项基金总收入 8517 亿元，扩面征缴创造新纪录。
>
> 2006 年，全国社会保障基金扩面任务全面超额完成，分别达到 1.8649 亿人、1.5737 亿人、1.1187 亿人、1.0235 亿人和 6446 万人，比上年增长 6.64%、14.1%、5.1%、20.7% 和 19%。
>
> 其中，工伤保险参保人数突破 1 亿人大关，成为第四个参保人数过亿的险种。农民工参加医疗、工伤保险实现突破，有 2367 万人和 2538 万人分别参加医疗、工伤保险，比上年底增加 1878 万人和 1286 万人。
>
> 社会保障基金收入保持高速增长势头，2006 年，养老、医疗、失业、工伤和生育保险五项基金总收入 8517 亿元，同比增收 1549 亿元，同比增长 22.2%；养老、医疗、失业、工伤和生育保险基金收入分别达到 6223 亿元、1728 亿元、385 亿元、119 亿元和 62 亿元，分别比上年增长了 22.2%、22.9%、15.8%、28.3% 和 41%。
>
> 基金支撑能力进一步增强，累计结余达到 8006 亿元，比上年年底净增 1956 亿元。
>
> 资料来源：http://qqwto163.bokee.com/viewdiary.14847887.html。

但是，这种新的筹资方式在实际运行中存在着不少问题，首先是社会保障基金管理的"条块分割"问题。"条块分割"是我国经济管理体制的痼疾，而当前在社会保障基金管理上也存在着严重的"条块分割"，基金的收支管理停留在县、市或省级"块块"管理和 11 个行业部门"条条"管理上，而基金的行政管理则是"五龙治水"（即劳动、人事、民政、财政、卫生等部门）。在"条块分割"状态下，社会保障资金的筹集和使用缺乏统一的、严格的监督措施，出现了地方竞相自行提高缴费率、随意挪用、变相提高管理费提取比率，以及不按支付条件支付等问题。其次，由于分散管理，出现了各地社会保障缴费率的参差不齐和超过中央规定缴费率的现象。例如，尽管国务院规定养老保险缴费最高不超过25%，但各地在实际执行中，养老保险缴费率一般都超过25%，有的地方高达38%。参差不齐的社会保险缴费率，不利于劳动力在地区间、部门间的横向流动，也不符合社会保险均等化、规范化的原则。再次，由于现行社保制度缺乏法律保障和规范管理，阻碍了社会参保比例的提高。

从现实情况来看，由于经济发展、体制改革和结构变迁，我国在未来可预期的年度里将出现大量的转岗和失业现象，我国的社会人口结构也将出现老龄化现象。这样，依靠收费筹集社会保障资金的制度日益暴露出保障层次参差不齐、范围窄、缺乏规范性、预算约束软化、征收效果不理想等问题。因此，改革现行社会保障基金管理方法，尽快建立和完善社会保障制度是很值得探讨和期待的事情。

二、"费改税"的方案选择

世界上社会保障筹资形式主要有三种，即开征社会保障税、社会保障统筹缴费和建立预算基金账户制。目前我国采用的是社会保障统筹缴费。但由于上述原因，我国现行的社会保障筹资方式很难为社会保障提供及时足额的资金。而建立预算基金账户制，由于其方法是将雇员的缴费和雇主的缴费存入个人账户，强调权利和义务对等，在性质上更接近于商业性保险，故只适用于人口较少、经济发展水平较高的国家。开征社会保障税，可以利用税收的严肃性，增强筹资的强制性，克服费用筹资不足与管理不善的问题，从而满足社会保障事业的资金需求。目前，世界上已有70%的国家通过开征社会保障税来筹集社会保障基金。美国的保障税税收已占联邦收入的38%以上，仅次于个人所得税，居各税的第二位。德国、法国的社会保障税分别占中央财政收入的45.39%和45.67%。从国外社会保障税的课征对象看，主要是工资、薪金，税收负担大都由雇主和雇员共同承担，国家也给予相应的补贴。国外的社会保障税一般由税务机关统一征收，纳入财政预算，然后集中到社会保障机构统一管理使用。

基于我国国情，参照他国经验，可以认为，将现行的社会保障统筹缴费改为社会保障税是一种较为合理的选择。开征社会保障税可以消除目前的多头管理，"五龙治水"的弊病，形成统一的规范管理，同样也可以消除各地差异较大的缴保费率，形成科学合理的税率。而且在立法先行的基础上，可以将尽可能多的社会职工纳入社会保障体系。更为重要的是，开征社会保障税，可以以较低的成本来筹集和使用社会资金，增加社会的安全与稳定。从可行性来看，开征社会保障税的最大阻力并非设立社会保障税的技术问题，而是既得利益集团的政治阻力。这就要求我们面对形势发展的需要首先统一认识。

在如何设立社会保障税方面，目前主要有两种可供选择的具体思路。

1. 将目前我国的养老、失业、医疗三大保障制度均单独作为一种独立税种设立，亦即分别设立养老保障税、失业保障税和医疗保障税。鉴于目前养老基金改为税的条件已经成熟，可先将养老保障税建立起来，失业和医疗两种保障税待条件成熟后再行开征。

这样做有利于解决目前养老基金问题多、管理较乱的问题，从战略策略上也是实行"吃一个，挟一个，看一个"的方针，有利于减缓矛盾，使改革较为顺利地进行。其不利因素是，过多增设新税种，有违简化税制、优化税种原则。这也增加了税收征管和税种划分的难度。

2. 建立全国统一的社会保障税，把养老、失业、医疗分别作为税目，形成大一统的社会保障税体系。其优点是：较少地增设新税，减轻了征管的难度，便于统一全国的社会保障体系，也有利于均衡估算各税目的征收比例。其缺点是，一揽子改革增加了获得更高改革支持率的难度。

但总的来说，第二种设想比较可行。因为形势需要我们尽快建立起科学规范的社会保障机制，认识的统一也只是个时间问题。

社会保障的纳税人是企事业单位和有固定收入的职工个人；课税对象和课税范围是纳税人的工资总额，包括工资、奖金、津贴、补贴及其他纳入工资薪金所得的收入；计税依据是企事业单位的工资总额、职工工资的收入总额；税目和税率的确定则要视采取哪种改革设想和养老、失业、医疗与职工工资的比照关系相应设定。社会保障税的征收由国家税务机关征收，其管理由财政负责，其支付方法是由国家采取转移支付手段向各级政府拨付。

三、社会保障"费改税"面临着的现实问题

主要问题是：（1）国家、企业和职工的负担问题。从国有企事业单位的情况来看，一方面国有单位除承担职工的工资外，"企业办社会"的现象仍未有效根除，另一方面，职工的货币工资收入水平相对较低。因此，按职工工资总额以既定的税率征收的社会保障税收入难以应付即将到来的下岗和失业高峰，这无疑会加大国家财政的负担。如果提高税率，那么，企业和职工的负担会进一步加大。尤其在企业经营状况不佳的情况下，问题更加严重。由此看来，社会保障税的开征和完善，需要相应变革企事业单位的工资福利体制，逐步消除"企业办社会"的现象，合理化工资制度。只有这样，才能为社会保障税提供科学合理的计税依据，才能有效解决企业和职工的负担问题。（2）社会保障税开征后的征管难度和征管能力问题。建立浩繁的职工个人账户和企业账户是一个艰巨的工作。尽管我们通过近几年来的工作，已取得了一些成效和积累了一定的经验，但是社会保障税的开征是一项更为广泛的工作。如果工作不细、征管不力，将会进一步拉大社会保障税这种"专税专用"的收支缺口。（3）征税限额如何确定。社会保障税一般来说只是对一定限额以下的所得部分征税，超过这一限额部分的收入免税。而我国，职工工资水平差异很大，这就增加了征税限额确定的难度。（4）社会保障税和商业性社会保险的衔接问题。养老、失业、医疗等商业性社会保障事业相对于政府性社会保障来说在目前是超前发展的。开征社会保障税必然要存在着和商业性社会保险的衔接问题，这不只是资金分散与统一的问题，而且涉及整个社会性保险体系的规范有序以及由此决定的社会安全网的建设。（5）中老年职工的个人账户补偿问题与财政负担能力。目前这些职工的"空账"问题较为突出。这实际上是政府的隐性负债，是国家对职工的养老负债显性化、契约化的必然现象。（6）目前各地社会保障统筹程度参差不齐，标准不一，也会影响和制约社会保障税制度的建立。目前，我国社会统筹程度最高的养老保险也只是在若干省（如陕西、辽宁等）达到省级统筹程度，大部分还是以市、县为主的统筹，而且各地缴费率标准差异较大。例如，辽宁基本养老保险缴费依然遵循了"统账结合"的模式，但在个人账户中只将个人交纳的8%部分充入，在辽宁之外的其他试点地区，个人账户的充实率甚至没有达到8%的比率，有的是6%，有的甚至是3%，其主要原因在于各地财政能力问题。就医疗保险的社会统筹程度而言，能够在市一级达成统筹的地区不但少而且仍然在试点之中，如河南地区。由于我国社会保障体系资金统筹程度的差异和缴费标准的差异，在深化这方面的改革中，不但可能会加大"费改税"的难度，甚至可能不得不进行"税、费分流"式的改革。

第八节 "费改税"与房地产税费体系改革

最早提出物业税概念的官方文件是2003年10月中共十六届三中全会的会议公报：在条件具备的时候对不动产开征统一规范的物业税。2006年3月颁布的《中华人民共和国国民经济和社会发展第十一个五年规划纲要》明确指出：要改革房地产税收制度，稳步推行物业税并相应取消有关收费。这说明我国房地产税费制度改革已经上了议事日程。如果说10年前进行房地产税费体系改革的目的重在抑制当时乱收费现象，那么时至今日，房地产税费体系改革则又被赋予新的内容。开征物业税有利于调整富人和穷人在资源占有上的利益关系，维护社会公平；有利于抑制过度享受性、奢侈性的住房消费，鼓励适度合理消费，促进节能省地型住宅和公共建筑的发展；有利于让公共部门有更多机会分享土地增值的收益，实现孙中山先生所说的"涨价归公"的原则。

一、我国现行的房地产税收体系和存在的主要问题

我国现行房地产税制的基本框架是在1994年全面结构性税制改革后形成的，涉及的税种主要有13种，包括直接以房地产为课税对象的7种，即土地增值税、城镇土地使用税、耕地占用税、房产税、城市房地产税、固定资产投资方向调节税和契税；与房地产紧密相关的税种6种，即营业税、企业所得税、个人所得税、印花税、城市维护建设税和教育费附加。

目前房地产税费制度不仅税收种类杂，征收环节偏重于交易环节，而且相关收费晦暗不清，很不规范。概括起来，存在的主要问题有：

1. 房地产行业税费过高。目前，建筑用房地产业的税费名目繁多，负担较重。远高于国内其他行业，也高于世界其他国家的房地产行业，加大了开发建设成本，在一定程度上抑制了住房消费。房地产开发业税多，但费比税还多。从房地产开发企业的收费项目上看，有的地方收费项目多达几十项，如城市基础配套费、临时用工管理费、建筑垃圾清理费等。从收费比例上来看，有的开发项目的收费占成本费用的60%以上。名目繁杂的各种收费压得房地产开发商喘不过气来，而各个收费部门具有的监督制约职能，又迫使房地产开发商不敢不交，形成了以费挤税的局面。税费负担过重，从某种程度上制约了房地产开发业的健康发展，迫使有些房地产开发商去投机和偷漏税款。[①] 还有的资料表明，国外房地产价格中这

---

① 《对房地产开发业涉税违法成因的分析》，中国税网，http://www.ctaxnews.com.cn/was40/user/scpt/read_sw.jsp? id=407, 2004-11-04。

四部分比重约为73%、10%、10%和7%，而在我国则分别为41%、40%、10%和9%。占房地产开发成本40%左右的各项行政收费关乎政府各相关部门的切身利益，因此，在我国房地产开发过程中，有"头税轻，二税重，三税、四税要了命"的说法，所谓三税、四税指的就是各种收费。①

2. 现行税制在房地产流通环节过于复杂，税负过重。在房地产保有环节税种较少，税负较轻。在房地产开发、销售过程中各种税收、收费较多，各个地方也参差不齐。这无形中增加了建房成本，也助长了不正之风。而在房地产保有阶段，只有房产税、城镇土地使用税、城市房地产税和耕地占用税等4种税，而且是在一次减除原值10%~30%之后征收。这种税制设置产生了三大消极作用。一是土地闲置、浪费严重。保有阶段税少、税负轻，流通环节税重，就相当于给土地保有者的无息贷款，实际上鼓励了投机。二是进入流通时，土地承受过高的税负，从而助长了土地的隐形交易，逃税现象严重。三是在保有阶段发生的增值部分，由于没有税收的调节机制，使政府无法参与增值价值的再分配，而流向了保有者，导致炒作泛滥，拉大了贫富差距。

3. 计税依据不合理。一是在我国土地使用税的征收，不是按价值，而是按面积，这种征税形式不能随着课税对象价值的上升而上升，具有税源不足而缺乏弹性的缺陷。二是从价计征与从租计征的不公平性。从价计征的房地产税，是依据房地产原值减去10%~30%后的余额，以1.2%的税率计征，而这种价值是历史成本，不反映市场价值；从租计征的房地产税，是以租金的收入率乘以12%的税率计征，因此，与按历史成本从价计征相比，从租计征显然税负过重。

二、开征物业税的必要性

物业是指已建成并投入使用的各类房屋及与之配套的设备、设

---

① 赵黎明：《物业税税制设计研究》，http://www.51kj.com.cn/news/20070806/n126039.shtml。

施场地。通常情况下，物业是房地产（不动产）的别称。物业税是指房地税或不动产税，是针对土地、房屋等不动产，要求其承租人或所有者每年都要缴付一定税款，而应缴纳的税值会随着不动产市场价值的升高而提高，这个市值是专业评估机构评估出来的。物业税以土地、房屋为征税对象，是一种财产税。在不同国家、地区其名称不尽相同，有的称"房地产税"，有的称"不动产税"，有的则称"物业税"。所谓"物业税"，一旦开征物业税，它就成为财产税体系的重要组成部分。

专栏 6-2　物业税"空转"试点扩至十省市　预计 2008 年正式征收

备受瞩目的物业税推进工作正在有序展开。昨天，上海证券报获悉，国家税务总局和财政部已于近日批准安徽、河南、福建、天津四省市为房地产模拟评税试点地区，至此，包括首批的北京、辽宁、江苏、深圳、宁夏、重庆，已有十省市开始物业税"空转"运行。

2006 年 10 月，国家税务总局相关负责人公开表示，国家正在对房地产改革和推进物业税进行研究，并在部分地区开展房地产模拟评税的试点工作，为物业税的开征积累经验。此后，第一批六省市试点区域消息传出，有市场人士预测，物业税正式征收可能在 2008 年。

专家介绍，尽管征收物业税目前还没有明确的时间表，但基本框架已经确定：将现行房产税、城市房地产税、土地增值税以及土地出让金等收费合并，转化为房产保有阶段统一收取的物业税。也就是说，把现在买房子时需交的税，放到买房子后按年交。目前，物业税的模拟"空转"已经在北京、深圳、重庆等几个城市试点，虽然没有实际征税，但一切步骤和真实收税流程相同，由财政部门、房产部门以及土地管理部门共同参与，统计物业数量，并进行评估和税收统计。

国税总局官员此前表示，目前我国不动产征税存在内外税制不统一，房、地分设税种，计税依据不合理，对房地产征收的税费比较多等问题。开征物业税，不仅有利于各类企业公平竞争，也有利于解决房和地分别征税带来的税制不规范等一系列问题，并可能成为房地产市场的内在稳定器。"大家都想着未来价格上涨带来的好处，同时又不支付物业持有成本，这

> 就鼓励了投资性需求的膨胀。"经济学家樊纲此前评价,开征物业税将有利于减少市场上大量存在的闲置房,也有利于减少奢侈品需求;并稳定政府税收来源,避免"土地财政"。
>
> 但是,此次纳入的安徽等地专家仍表示,虽然已经进入试点,省内全面开征物业税条件仍不成熟。其中起征点设计、免税标准和税率等技术问题还需要征求各方面意见。即使开始征收,也不会所有房产一并征收,有可能从大面积户型开始征收,且征收比例较小。
>
> 资料来源:金融网 http://www.financeun.com/Ccaijing/news/20071012/20071012945064115.shtml,2007-10-12,作者:于兵兵。

可见,此次物业税改革的思路是,在物业税下分设土地税和房屋税,将耕地占用税和城镇土地使用税合并,转化为在房地产开发阶段征收的土地税;将房产税、城市房地产税、土地增值税以及土地出让金合并,转化为在房产保有阶段统一收取的房屋税,也就是说,通过征收物业税,把原来买房子时需一次性缴纳几十年的土地出让金等大量税费,放到买房子后按年缴纳,并由专门的评估机构评估土地和房屋市值,这样每年缴纳的物业税都是合理而透明的。

开征物业税的必要性,简单地说,主要在于:一是有利于各类企业公平竞争;二是有利于解决房和地分别征税带来的税制不规范的问题;三是按评估值来征税,能够比较客观地反映房地产的价值和纳税人的承受能力,也有利于解决现行房地产税收制度存在的计税依据不合理的问题;四是有利于正确处理税和费的关系,清费立税,促进房地产市场的健康发展。近几年来,我国房地产二级市场上住房价格高攀不下,高房价成了全社会关注的问题。这与我国现行物业税制不完善和财产保有环节的税收缺失相关。必须通过物业税收改革对房地产市场进行宏观调控,有效地调控房价,清理整顿税费,降低房价,促进房地产市场的均衡发展。五是有助于解决地方财政的困难,增强其财政能力。在分税制条件下,县乡财政困难，最根本的原因是缺乏长期稳定的地方税源。而物业税目标模式的确立，就是要满足省以下特别是县市地方政府提供基本公共服务之需。提高在县级财政的地方税收比重。国际上实行财产税的国家基本上都把不动产税作为地方政府的主体税。在我国，由于现行不动产保有环节的房产税、土地使用税、城市房地产税和土地使用费，以及房地产开发、转让时的土地增值税均为地方税，土地出让金也大部分归地方政府使用。

三、开征物业税及其基本框架设计需要深入考虑的一些问题

物业税改革实际上是一项涉及各方面利益的改革，需要注意的问题很多。结合各方面的观点，这里简要作一些归纳：

1. 需要注重不同土地制度下的税制设计差异性。房地产（物业）税收是建立在一定的土地制度基础之上的。在市场经济发达国家，如美国、英国、加拿大、法国和荷兰等，由于土地、房屋多为私有，因此土地房屋税收关系比较明确，因此房屋和土地是统一征税的。我国由于实行土地公有制（主导的是国有制），因此土地出让的是使用权，与此相关的是土地租金而不是真正的价格。因此，我国究竟采取土地和房产分征模式还是统一模式，还是值得进一步考虑的事情。

2. 土地租让方式差异与物业税设计。从财产税的角度来看，涉及两种土地使用和管理制度。一种是土地批租模式；另一种模式是对土地的供应量和交易基本不设限，但使用的土地要定期进行评估，在评估价格的基础上征收财产税（物业税）。我国实行的是"批租制"，即在土地使用权属于国家的前提下，规定用地者可以向政府购买一定期限的土地使用权。根据土地的不同用途，批租期限从50~70年不等，而其大部分税费，用地者须一次性支付。依据这一制度，房产所有者在购入房地产时，其房价中已经包含了土地批租期限内的几乎全部的房地产税费。土地批租制给各级政府带来了丰厚的财源，可以用来改善公共服务和城市基础设施。不过这种做法实际上是将后40~70年的土地收益一次性收取，是本届政府在花后届政府的钱,是"寅吃卯粮"搞建设,其后果必然导致土地的滥用。而在"物业税"的模式之下,房地产业的税收征收环节后移,这样可以令房价下降;业主购房之后,每年再缴纳相应的税金。这样一方面可以降低居民的置业门槛;另一方面还可以为地方政府提供连绵不断的、稳定的税源,使地方政府改变其短期行为,更加关心投资环境,树立可持续发展的投资理念,达到合理配置城市土地资源的目的。现在问题是我国在开征物业税后怎样才能实现土地批租制向"物业税"模式的转变,在此之前的房屋购买者需要采取什么样的方式进行公平过渡。

3. 物业税税基能否包含土地出让金?目前,土地财政在全国范围内大行其道,物业税税基如果将土地出让金纳入其中,确实有助于抑制土地财政和在一定程度上抑制房价。但在城市化的高速发展阶段,"出让金"被改为在土地出让期内(50~70年)每年征收一点物业税,根本就"远水解不了近渴",取消土地出让金无疑将出现城市发展停滞不前的现象。而且,即使土地出让金并入物业税,实质上对房价的影响也非常有限。例如,一宗土地出让金为500万元每亩的土地,拆迁费用每亩要六七百万元甚至上千万元。土地出让金折算到每套商品房的价格中的比例一般不到1/10。这对房价影响不是很明显。在这样的情况下,如何协调好地方和部门的利益依然是一个值得考虑的事情。

4. 如何做好物业税开征所需要的房地产评估工作?开征物业税,就必须进行房地产评估工作。目前,我国房地产税费的征收实际上由土地管理部门和税务部门双重管理。例如房地产税由税务部门征收,而土地出让金则须向土地部门缴纳。开征物业税后,必须按照国际惯例定期进行土地评估,届时这项具体而又基础性的工作究竟由谁来承担尚不清楚,而且,评估的可信度程度还与评估制度设置有关。

5. 如何合理配置中央与地方的税收管理权限?物业税是一种地域性和时效性较强的税种。由于各地土地、房屋价值不同,居民收入水平不同，物业税的起征或者免征也会因之不同。另外，房地产价值变动程度等方面差异很大，呈现出很强的地域性特征，更加适宜地方政府管理，但我国目前的税权基本上集中在中央政府，所以需要仔细斟酌和协调。

6. **其他方面需要考虑的一些细节。** 建立物业税目标模式的制度安排和政策设计时必须充分考虑以下细节：由哪级政府来确定法定物业税率；税率应该定多高；税基定多广；是否与纳税人收入成正比；是否应与由其支付的公共开支及纳税人的获利相对应；是否作为从富人向穷人进行财富再分配的工具；是否调节对房地产业的投资环境；对经济有哪些影响和冲击；提高税收管理质量；处理地区之间税收不平衡；是否具有调整城乡价格体系、强化对财富的调节和缓解收入分配领域中的不合理状况等积极作用；如何预防物业税成为普通老百姓的一种负担等。

由此可见，开征物业税涉及的问题很多。而且，我国目前物业税改革的试点均为"空转"式试点，充其量只涉及技术方面的问题。物业税改革一旦转为实际运转时必然夹杂着错综复杂的利益均衡问题，而利益问题恰恰是核心问题。

第九节 结　　论

综上所述，可以看出，我国近年来在治理和规范收费过程中取得了显著的成就，但在"费改税"方面还鲜有战绩，各项相关工作大多数只是在协调或者筹划之中，这是一个长期而又复杂的过程。因此，除近期拟改的几项改革以外，还应在继续深入清理整顿现行各项收费的基础上，逐步创造条件，逐步进行其他项目的费改税工作。由于篇幅有限、资料有限，这里就不再一一叙述。当然，具体某一项"费改税"方案是否实行，何时实行，怎样实行则要依具体情况而定。"费改税"改革首先要基于收费项目的清理整顿情况，其次要视立税的条件是否成熟，再者还要视税制的优化情况以及中央与地方、地方各级政府间的税种划分情况而定。贯穿这一过程始终的是收费的清理、整顿和规范化管理过程。

不过，收费制度的改革和"费改税"工作应注意如下问题：

1. 收费管理混乱和收费本身的存在是不同的概念。不合理的收费，无论涉及多大金额，多少人的利益也必须忍痛割爱，坚决清除。合理合法的收费必须规范管理。和一般的规范性收费而言，我国目前存在收费混乱状态的根本原因在于收费管理权的失控和监督不严。因此，应该吸取教训，从严掌握收费项目和收费权限，充分发挥收费的应有作用。

2. "费改税"的方案设计应重在区分税和费的不同内涵及其适用范围。有些收费，比如必要的证照费和行政规费，尽管目前看来管理较为混乱、收入零星，但仍是收费范畴。因此，只能通过规范收费管理来解决，而不是简单地一律取消（也就是说，既不能乱收费，也不能胡乱取消本该收费的项目），更不宜改为税。

3. "费改税"要和税制的优化调整相适应，"费改税"要尽量遵从税制简化和优化原则。要从现行税制出发来设计费改税的方案，更要考虑未来几年税制本身的发展方向，要有科学性，且要保持一定的超前性。但是，"费改税"也不能过分强调不增新税原则，否则反而有可能会对现行税制造成负面影响，也同样会影响收费规范化的进程。

4. 我国正处于经济转轨过程中，政府对经济的干预程度是与市场经济的成熟状况密切相关。因此，收费的设立、取消和转化是与政府的干预程度和审批权限有内在的联系。在一定程度上，可以说，公共收费的规范化过程也同时是政府职能转轨和行政性放权的过程。

参考文献

[1] 《马克思恩格斯选集》，人民出版社 1972 年版。
[2] 斯密著：《国民财富的性质和原因的研究》，商务印书馆 1997 年版。
[3] 赵振东、张念瑜主编：《收费理论与收费管理》，中国物价出版社 1995 年版。
[4] 武世安等著：《中国收费研究》，中国财政经济出版社 1997 年版。
[5] 陈绍森主编：《收费管理学》，中国财政经济出版社 1997 年版。
[6] 李双成等编著：《费改税》，中国审计出版社 2000 年版。
[7] 解学智著：《所得课税论》，辽宁人民出版社 1992 年版。
[8] 高培勇主编：《"费改税"经济学界如是说》，经济科学出版社 1998 年版。
[9] 苏明著：《财政支出政策研究》，中国财政经济出版社 1999 年版。
[10] 贾康主编：《税费改革研究文集》，经济科学出版社 2000 年版。
[11] 梁朋著：《财税体制改革》，广东经济出版社 1999 年版。
[12] 安东尼·B·阿特金森、约瑟夫·E·斯蒂各里茨著：《公共经济学》，上海三联出版社、上海人民出版社 1995 年版。
[13] 穆斯格雷夫著：《美国财政理论与实践》，中国财政经济出版社 1987 年版。
[14] 平新乔著：《财政原理与比较财政制度》，上海三联出版社 1996 年版。
[15] 布坎南著：《公共财政》，中国财政经济出版社 1991 年版。
[16] 罗森著：《财政学》，中国财政经济出版社 1992 年版。
[17] 项怀诚主编：《1999 中国财政报告》，中国财政经济出版社 1999 年版。

[18] 彼德·M·杰克逊主编:《公共部门经济学前沿问题》,中国税务出版社 2000 年版。
[19] 国务院减轻企业负担办公室新闻组:《中国企业治乱减负报告》,河北人民出版社 2000 年版。
[20] 植草益著:《微观规制经济学》,中国发展出版社 1992 年版。
[21] 樊纲著:《市场机制与经济效率》,上海三联出版社 1997 年版。
[22] 王传纶、高培勇著:《当代西方财政经济理论》,商务印书馆 1995 年版。
[23] 丹尼斯·卡尔顿、杰弗里·佩罗夫著:《现代产业组织》,上海三联出版社 1997 年版。
[24] 克拉克森、米勒著:《产业组织:理论、证据和公共政策》,上海三联出版社 1989 年版。
[25] 科斯等著:《财产权利与制度变迁》,上海三联出版社 1996 年版。
[26] 陈郁主编:《企业制度与市场组织》,上海三联出版社 1996 年版。
[27] 布坎南著:《民主过程中的财政》,上海三联出版社 1992 年版。
[28] 科斯等著:《论生产的制度结构》,上海三联出版社 1994 年版。
[29] 丹尼尔·F·史普博著:《管制与市场》,上海三联出版社 1999 年版。
[30] 秦晖著:《政府与企业以外的现代化》,浙江人民出版社 1999 年版。
[31] 施蒂格勒著:《产业组织和政府管制》,上海三联出版社 1996 年版。
[32] 奥肯著:《平等和效率》,华夏出版社 1999 年版。
[33] 斯密德著:《财产、权力和公共选择》,上海三联出版社 1999 年版。
[34] 张军著:《现代产权经济学》,上海三联出版社 1996 年版。
[35] 奥尔森著:《集体行动的逻辑》,上海三联出版社 1996 年版。

[36] 范里安著：《微观经济学：现代观点》，上海三联出版社1998年版。
[37] 萨缪尔森、诺德豪斯著：《经济学》，中国发展出版社1992年版。
[38] 诺斯著：《经济史中的结构变迁》，上海三联出版社1997年版。
[39] 沃尔夫著：《市场或政府》，中国发展出版社1994年版。
[40] 王俊豪著：《中国政府管制体制改革研究》，经济科学出版社1999年版。
[41] 刘树杰著：《垄断性产业价格改革》，中国计划出版社1999年版。
[42] 施蒂格勒著：《价格理论》，商务印书馆1992年版。
[43] 余永定等著：《西方经济学》，经济科学出版社1997年版。
[44] 项中新著：《均等化：基础、理念与制度安排》，中国经济出版社1999年版。
[45] 史蒂文斯著：《集体选择经济学》，上海三联出版社1999年版。
[46] 华民编著：《公共经济学教程》，复旦大学出版社1996年版。
[47] 斯蒂格里茨著：《经济学》，中国人民大学出版社1997年版。
[48] 平狄克、鲁宾费尔德著：《微观经济学》，中国人民大学出版社1997年版。
[49] 曼昆著：《经济学原理》，北京大学出版社1999年版。
[50] 吉利斯等著：《发展经济学》，中国人民大学出版社1998年版。
[51] 世界银行：《1988年世界发展报告》，中国财政经济出版社。
[52] 财政部综合司、预算司、国库司等编写：《财政管理体制改革》，中国方正出版社2004年版。
[53] 伍世安著：《公共事业与税费政策》，中国财政经济出版社2002年版。
[54] 阿耶·L·希尔曼著：《公共财政与公共政策》，中国社会科学出版社2006年版。
[55] 吴孔凡著：《取消农业税与农村税费制度研究》，中国财政经

济出版社 2006 年版。
- [56] 于国安主编：《政府非税收入管理》，经济科学出版社 2004 年版。
- [57] 邹农俭、吴业苗著：《税费改革——农村治理模式的跃进》，社会科学文献出版社 2007 年版。
- [58] 朱利安·勒·格兰德等著：《社会问题经济学》，商务印书馆 2006 年版。
- [59] 邓淑莲著：《中国基础设施的公共政策》，上海财经大学出版社 2003 年版。
- [60] 杨君昌主编：《公共定价》，上海财经大学出版社 2002 年版。
- [61] 斯蒂文·兰德博格著：《价格理论与应用》，机械工业出版社 2003 年版。
- [62] 中华人民共和国财政部编著：《公共财政与百姓生活》，2007 年版。
- [63] 王存主编：《2004 年中国收费大观》，中国经济出版社 2005 年版。
- [64] 王存主编：《2005 年中国收费新视角》，中国经济出版社 2006 年版。
- [65] 王存主编：《2006 年中国收费万花筒》，中国经济出版社 2007 年版。
- [66] 汪洋主编：《收费管理概论》，中国物价出版社 2002 年版。
- [67] 贾康等主编：《新世纪中国财政改革大思路》，2005 年版。
- [68] 上海财经大学公共政策研究中心：《2006 年中国财政发展报告》，上海财经大学出版社 2006 年版。
- [69] E. S. 萨瓦斯著：《民营化与公私部门的伙伴关系》，中国人民大学出版社 2002 年版。
- [70] 约翰·L·米克塞尔著：《公共财政管理：分析与应用》，中国人民大学出版社 2005 年版。
- [71] Modern Public Economics, Raghbendra Jha, First Published

1998 by Routledge.
[72] Public Finance and Public Choice, John Cullis and Phlip Jones, Second Edition, Oxford University Press 1998.
[73] Topics in Public Economics, Edited by David Pines, Efraim Sadka, and Itzhak Zilcha, Cambridge University Press 1998.
[74] State and Local taxation and Finance, M. David Gelfand, Peter W. Salsich, JR. West Publishing Co. 1985.
[75] Public Finance in A Changing World, Edited by Peter Birth Soernsen, First Published, 1998, by Macmillan Press LTD.
[76] Financing State And Local Governments, Third Edition, Jamesa. Maxwell and J. Richardaronson, The Brookings Institution Washington, D. C. 1977.
[77] User Charging For Government Services Occasional Paper, NO. 22, OECD 1998.

（此外，作者研究过程中还参阅了近年来的相关中文报刊杂志、一些内部材料和财政部科研所的研究报告，在此就不一一列出，请谅解——作者注）

责任编辑：高进水　刘　颖
责任校对：曹　力
技术编辑：潘泽新

论公共收费

赵全厚　著

经济科学出版社出版、发行　新华书店经销
社址：北京市海淀区阜成路甲 28 号　邮编：100142
总编室电话：88191217　发行部电话：88191540
网址：www.esp.com.cn
电子邮件：esp@esp.com.cn
北京密兴印刷厂印装
880×1230　32 开　9 印张　240000 字
2007 年 12 月第 1 版　2008 年 8 月第 2 次印刷
印数：2501—4500 册
ISBN 978-7-5058-6757-4/F·6018　定价：20.00 元
（图书出现印装问题，本社负责调换）
（版权所有　翻印必究）

后　记

　　本书是在我的博士论文基础上修改完成的。博士生导师解学智老师在我博士生学习期间的关怀和教诲、论文写作过程中的悉心指导以及毕业以后给予的经常性点拨，是我在财经研究领域能够不断进步的重要源泉。本书出版之际，解学智老师在百忙之中欣然为之作序。对我来说，这是莫大的鞭策和鼓励！同时，我要感谢师母赵白羽老师的关怀和鼓励，感谢张津博士的鼎力支持。

　　感谢财政部财政科学研究所和研究生部的老师、领导和同事们的教导、支持、鼓励和宽容，因为我的成长也包含了他们的心血和付出；感谢我的硕士生导师陈宝森老师，是他引导我完成了从一个工科生向经济研究工作者的重要转变；感谢我的家人，尤其是我的妻子林爱民女士，因为我的成就在很大程度上也意味着他们的牺牲和奉献。

　　感谢经济科学出版社高进水先生和刘颖女士。本书的出版无疑包含了他们的辛勤和付出。

　　书中有关参考资料和文献已经在脚注和参考文献目录中得到体现，不当之处敬请谅解。由于本人学识水平有限，本书的出版只是在公共收费研究领域的一个初浅尝试，不求有功，但求有过。这样，一方面可以达到抛砖引玉的目的，另一方面也寄望得到方家和读者的批评与指正。本人在此先表谢意！

赵全厚

2007 年 12 月于北京